A Close Reading of
Seventeenth-Century English Poetry

영시 마스터 플랜

박영원 지음

신아사

박영원(朴永遠)

인하대학교 영어영문학과 졸업 후 미국 위스콘신대에서 영문학으로 석사학위(D. H. Lawrence 전공), 뉴욕대(NYU)에서 박사학위(John Milton 전공)를 받았고, 현재 충남대학교 영어영문학과 교수로 재직하고 있다. 중세·르네상스 영문학, 셰익스피어, 밀턴, 17세기 영국 시 등을 강의한다. 유학 중 New York All Language Services에서 전문 번역가로 활동했다. 충남대 연구년 기간에는 미국 예일대 신학대학원(Yale Divinity School)에 입학하여 2012년 목회학 석사학위(M.Div.)를 받았고, 현재 안수받은 목사이기도 하다.

저서로는 *Milton and Isaiah: A Journey through the Drama of Salvation in* Paradise Lost (Peter Lang: New York, 2000), 『밀턴의 이해』(공저, 시공아카데미, 2004), 『*Sense and Sensibility*』(번역, 스크린영어사, 2005), *Gisaeng: Speaking Flowers* (조선 시대 기생 시 번역, 서울셀렉션, 2007) 등이 있다.

영시 마스터 플랜

A Close Reading of Seventeenth-Century English Poetry

초판 1쇄 발행 _ 2022년 7월 30일

저　자 · 박 영 원
발행인 · 정 현 걸
발　행 · 신 아 사
인　쇄 · 한승인쇄
주　소 · 서울특별시 은평구 통일로 59길 4 (2층)
전　화 · (02) 382-6411 팩스 · (02) 382-6401
홈페이지 · www.shinasa.co.kr
E-mail · shinasa@daum.net
출판등록 · 1956년 1월 5일(제9-52호)

ISBN: 979-11-92428-25-3(93840)

정가 17,000원

University innovation 대학혁신지원사업

이 저서는 대학혁신지원사업의 지원을 받아 출간되었음.

머리말

어려운 만큼 가치 있는 영어

영문학은 어렵다. 그중 영시는 더욱 어렵다. 대학원 영문학 전공자에게도 어렵고, 중등학교 영어 교사에게도 어렵다. 전문 통, 번역사에게도 어렵고, 영어학을 가르치는 교수에게도 어렵다. 심지어 원어민에게도 어렵다. 이것은 그들을 가르쳐봐서 알고, 그들의 솔직한 고백을 들어서 안다. 물론 영시는 우리가 흔히 접하는 영어와 확연히 달라, 마치 암호처럼 쓰인 비정상적인 언어로 보인다. 오직 시를 전공한 교수가 강의실에서만 가르치는 영어, 강의실을 떠나면 아무도 읽지 않는 영어, 영어 공부와는 전혀 관계없는 별난 영어로 보인다.

이 책은 영시에 대한 이러한 고정관념, 영어 공부와는 전혀 무관할 거란 편견을 깨기 위해 집필했다. 영시 중에서도 17세기 영국 시는 문법이란 규칙에서 벗어나지 않을 뿐 아니라, 내용의 전개는 논리적이고 의미는 크리스털처럼 분명하다. 거기다 묘사는 구체적이고 비유는 깜짝 놀랄 만큼 창의적이다. 이것은 같은 바로크 시대의 복잡하고 어렵지만 듣기에 좋고 보기에 완벽한 음악, 회화, 조각, 건축과 비교할 수 있다. 추상적이고 자유분방한 현대 예술과 달리, 바로크 예술은 웅장함과 역동성, 감각적 풍성함과 극적 긴장감, 균형미와 질서로 이루어진 완벽한 예술이다. 17세기 영국 시가 그렇다. 세상에서 영어를 가장 잘하는 셰익스피어, 밀턴, 존 단이 썼다면 그것은 완벽을 추구한 문학의 진수이고 영어의 끝판왕이라고 해도 과언이 아니다. 독해력을 기르기에 이보다 더 가치 있고 살아있는 영어는 시중에서 찾기 힘들다는 뜻이다.

이런 의미에서 17세기 영국 시는 정해진 틀 안에서 경기하는 테니스와 같다. 라켓으로 공을 쳐 중앙의 네트를 넘겨 상대편 라인 안에 떨어지게만 한다면, 그 공간 안에서는 변화무쌍한 플레이가 허용된다. 마찬가지로 이 시대 시인들은 문법의 틀 안에서 언어적 기교와 문학적 천재성을 최고의 수준으로 발휘한다. 그만큼 문학 하는 즐거움과 영어 공부란 두 마리 토끼를 잡을 수 있는 실용적인 학문임을 의미한다. 단, 그 가치는 꼼꼼하고 정확하고 규칙에 맞게 분석하는 close reading으로만 찾을 수 있는 감추어진 보화와 같다. 그것을 발견하기 위해서는 어려운 표현이나 문장을 붙잡고 끈질기게 고민하는 과정을 거쳐야 한다. 진정한 의미의 공부란 아는 것과 모르는 것을 구분하고, 모르는 것을 알아가는 과정이기 때문이다. 이런 의미에서 학원이나 온라인 강의를 듣기만 해도 공부했다고 생각하는 학습자들에게 이 종이책은 큰 도전이 아닐 수 없다. 혼자의 힘으로 최선을 다했지만 해석의 오리무중에 빠졌을 때, 이 책은 모르는 것을 알려주는 친절한 도우미가 될 것이다.

이 책의 구성을 살펴보기 위하여 셰익스피어 소네트 17번에 나오는 한 문장을 예로 들어 보자. 단, 위에서 언급했듯이 성공의 관건은 아래 설명을 읽기 전에 반드시 모든 역량을 동원하여 두 행의 의미를 스스로 파악하는 일이다. 어려운 단어는 없는데 도대체 무슨 말을 하는 걸까?

So should my papers, yellowed with their age,
Be scorned like old men of less truth than tongue.

• 먼저 구문을 파악하면, So should my papers는 문장 끝에 의문부호가 없으므로 의문문이 아니라 도치된 문장임을 알 수 있다(문장의 종류). 당연히 조동사 should에 붙는 말은 수동태 be scorned(조동사, 태). 여기까지 문장의 골격을 어순대로 쓰면, So my papers should be scorned, "그렇게 나의 종이는 비웃음을 받아야 한다, 웃음거리가 될 것이다."

• 그런데 모욕당하는 것을 like old men, "늙은 남자처럼"이란 직유법을 사용했다(직유). 그리고 늙은이를 뒤에서 수식하는 말은 이 소네트에서 가장 멋진 of less truth than tongue이란 표현이다(비교급). "혀보다 진실함이 적은, 말보다 진실이 적은 늙은 남자처럼."

• 이런 골격에 추가로 삽입된 yellowed with their age는 과거분사로 앞에 있는 papers를 뒤에서 수식한다(분사). 모든 영어 문장에서 주절의 본동사, 종속절의 동사, 관계대명사 절의 동사를 제외한 나머지는 이렇게 현재분사(능동), 과거분사(수동), 형용사로서 앞뒤에 있는 명사를 수식하는 역할을 한다. 참고로 their는 앞의 papers와 수를 일치시킨 3인칭 복수 소유격 한정사다(수의 일치). "나이로 누렇게 된, 세월이 흘러 누렇게 변한."

• 여기서 papers는 무슨 뜻일까?(어휘) 문맥을 통하여 가장 적절한 의미를 찾아야 하는데 시의 두 행만 떼어놓고 보면 무엇인지 알기 힘들다. 그래서 설명하자면 셰익스피어는 이 소네트에서만 자신의 시를 가리키는 말로, verse, numbers, meter, song, rhyme 등을 썼다. papers도 그중 하나이고 이는 시를 은유한 메타포이다(은유).

• 의역하면, "세월이 흘러 누렇게 변한 나의 시는 혀보다 진실함이 적은, 말은 많지만 대부분 뻥인 늙은이의 허풍처럼 멸시를 당할 것입니다." 소네트의 다른 내용은 몰라도 이 짧은 문장 안에서 우리는 동서고금을 막론하고 인정해온 보편적 진리를 발견할 수 있다. 그것은 셰익스피어가 좋아하지 않았던 늙은 남자의 허풍이다. 그는 이것을 "less truth than tongue"이라는 단 네 개의 단어로 압축한다. 거기다 늙은이를 누렇게 변한 종이로 비유함으로써 놀라운 시각적 이미지를 창조한다(이미지).

이렇게 처음엔 어렵게 보여도 이해하고 나면 쉬워지는 게 바로 셰익스피어의 영어다. 두 줄의 짧은 시행 안에 도대체 몇 가지 종류의 문법, 수사법, 시적 요소가 들어있고, 또 얼마나 정교한 문학적 해석이 요구되는지 가히 놀랄만하다. 이걸 보고 누가 영시를 비정상적인 영어라고 부를 수 있을까? 거기다 완벽하게 이해했을 때 느끼는 문학적 희열은 음악, 미술, 건축에서 경험할 수 없는 지적 호기심을 충족시킨다.

그러므로 이 책의 첫 번째 목적은 영시를 읽으면서 영어 실력을 높은 수준으로 끌어올리는 데 있다. 시 한 편을 완벽하게 깨우치면 그 수준의 영어를 읽어낼 독해력이 생기는 "지식 전용"(knowledge transfer)의 법칙은 저자의 경험이 증명한다. 그다음은 17세기 영시를 읽고 작문 실력을 향상하는 것이다. 첫째는 우리말 논술이고, 둘째는 영어로 쓰는 에세이다. 시인들이 전개하는 논리적 사고는 글쓰기에 더없이 좋은 방법론을 제공한다. 우선 topic sentence를 언급하고, 이어서 구체적인 사례를 전개하고, 자신의 아이디어를 앞뒤가 맞게 연결하는 일관성을 유지하면서, 설득력 있는 논리로 결론을 맺는 글쓰기 과정은 시를 철저히 분석할 때 터득할 수 있는 중요한 정보다.

이 책의 또 다른 목적은 영시를 통하여 인문학적 지식을 쌓고 삶을 성찰하고 성숙해지는 것이다. 과거보다 영어교육에 더 많은 시간과 천문학적인 돈을 투자하는데도 요즘 젊은이들의 지적, 교양적 수준은 과거보다 터무니없이 떨어져 있다. 이런 하향 평준화는 아이러니일 뿐 아니라 당연한 결과다. 그 원인은 문제 맞히는 기술과 토익점수를 영어 실력으로 인정하는 우리의 잘못된 기준에 있다. 영어 공부는 국어 공부와 다르지 않다. 학생들의 정신 연령에 맞는 문학을 읽고 고민하면서 언어 구사력을 높이고 어휘를 늘리고 교양을 쌓는 것. 그것이야말로 만국 공통의 진리다. 그러므로 영어 실력은 책을 읽는 능력이지 문제 맞히는 기술이 아님을 알아야 한다. 미국 대학에서 전공 불문 모든 학부생이 영문학 작품을 교양 영어로 읽는다는 사실에서 문학이 대학교육과 언어

교육에 얼마나 중요한 가치를 지녔는지를 알 수 있다.

영시를 잘 이해하기 위해 반드시 필요한 지식은 서양의 기독교 문화다. 우리 문학이 불교와 유교 전통에 뿌리를 둔 것처럼 영문학이나 서양 문화는 기독교 사상과 성경, 헬레니즘과 신화 등에 깊이 뿌리내리고 있다. 유럽의 음악, 미술, 건축 등 모든 예술이 그렇듯이, 17세기 영국 시 역시 종교적 고백과 성찰로 가득하다. 더구나 많은 시인이 케임브리지나 옥스퍼드에서 공부한 목사이기에 기독교적 색채는 작품 속에 배경처럼 깔려있다. 그런 점에서 안수받은 목사이기도 한 저자는 이 시대의 작품을 성경과 신학에 기초하여 분석할 수 있게 최적화되었다고 해도 무리는 아닐 것이다. 시인의 의도 대로 해석하는 것이야말로 비평의 기본이고, 올바른 이해의 근거이기 때문이다.

결론적으로 과정에 대한 이해보다 정답만 요구하는 우리나라 교육은 그동안 창의력을 앗아갔고 획일적 사고를 강요해왔다. 과정을 설명할 수 없다면 결론은 무의미하다. 따라서 이 책은 어려운 영시를 뚝딱 해석해놓은 단순한 결과물이 아니라, 단어에서 문장, 표면적 의미에서 내면적 의미, 직유에서 은유로 확대되는 과정을 추적하는 관찰자의 기록이다. 그 과정을 밟아나갈 때 해석이란 결론은 우리 문학처럼 읽힐 것이고, 영어라는 언어장벽은 문학이라는 인류 공통의 가치 앞에서 여리고 성처럼 무너질 것이다. 특히 영문학 전공자가 문학 해석의 보편적 방법론을 터득하여 이를 다른 시대의 작품이나 장르에 적용할 수 있다면, 이 책의 궁극적인 목표는 달성했다고 본다. 그때 비로소 『영시 마스

터플랜』은 글자 그대로 영어 공부의 기본 계획이 되고 문학으로 언어를 마스터하는 작은 가이드가 될 것으로 기대한다.

끝으로 언어학자의 시각으로 귀한 코멘트를 주신 이창봉 교수님께 진심으로 감사드리고, 저자의 그림을 늘 칭찬하고 좋은 책이 나오도록 조언을 주신 백미현 교수님께 고마움을 전한다. 이 책이 전국의 영문학도들이 소장하고 싶은 전공 필독서가 되기를 함께 소망해주신 신아사 정현걸 사장님, 오래전부터 출판을 권유하신 한규갑 상무님, 편집 과정을 꼼꼼하고 친절하게 이끌어주신 김금란 실장님께 깊은 감사를 드린다. 멀리 미국에서 각자의 일에 최선을 다하고 있는 아들 지현과 며느리 연우, 딸 지예, 그리고 묵묵히 삼시 세끼를 차리는 아내, 온 가족의 화목이 이 책을 가능케 했음을 고백한다.

2022년 6월
박영원

차례

제2장 George Herbert (1593-1633)

제3장 John Milton (1608-1674)

제4장 Andrew Marvell (1621-1678)

제5장 Henry Vaughan (1621-1695)

제6장 Ben Jonson (1572-1637)

제7장 William Shakespeare (1564-1616)

The most effective way to teach
a foreign language is by using literature.

"외국어를 가르치는 가장 효율적인 방법은
문학을 사용하는 것이다."

영시 마스터 플랜

A Close Reading of
Seventeenth-Century English Poetry

제1장

John Donne

(1572-1631)

Introduction

존 단은 1572년 런던 브레드 가(Bread Street)의 부유한 로마 가톨릭 가정에서 태어났다. 당시 영국에서 구교를 믿는다는 것은 전 사회적으로 팽배하던 반 가톨릭 정서를 고려할 때 매우 불안한 일이었다. 마틴 루터(Martin Luther)의 신학적 종교개혁(Reformation)과 달리 정치적으로 이루어진 영국의 종교개혁은 신, 구교 간의 피비린내 나는 충돌로 이어졌고, 엘리자베스(Elizabeth) 시대에 이르러서야 가톨릭과 개혁교회(Catholic and Reformed Church)의 통일은 인위적으로 이뤄진다.[1] 그러나 여전히 남아있던 가톨릭 신자들에게 조상 대대로 믿어 오던 신앙을 하루아침에 버린다는 건 쉽지 않은 일이었을 거라고 쉽게 짐작할 수 있다.

1576년 철물상 운영으로 부유하게 된 그의 아버지는 갑자기 세상을 떠나고, 세 명의 어린 자녀들은 어머니 엘리자베스(Elizabeth)의 손에 양육된다. 엘리자베스는 토마스 모어(Thomas More)의 조카딸이고 극작가 존 헤이우드(John Heywood)의 딸이다. 모어는 대법관(Lord Chancellor) 시절, 헨리(Henry) 8세의 이혼과 로마 가톨릭교회와의 단절을 반대하고 영국 왕을 국교회의 수장(首長)으로 인정하는 지상권 승인 선서(Oath of Supremacy)를 거부한 죄로 참수된 영국 "가톨릭교회의 챔피언"이다.

단은 어려서 예수회 신부들에게 교육을 받고 11세에 옥스퍼드대에 입학하여 3년을 공부하고, 다시 케임브리지대에 들어가 3년을 수학한

1) 이것을 "Elizabethan Religious Settlement" 혹은 "Revolution of 1559"라고 부른다. 이 대타협으로 영국의 종교 분쟁과 개혁은 끝나고 이후로는 영국 국교회(Church of England) 아래서 공통된 기도문과 예배 의식을 채택하여 지금에 이른다.

다. 그러나 그는 졸업의 필수 요건이었던 지상권 승인 선서를 거부하면서 어느 대학에서도 학위를 받지 못한다. 단은 이후 요즘의 법학전문대학원 격인 데이비스 인(Thavies Inn)과 링컨스 인(Lincoln's Inn)에 입학하여 법을 공부한다. 그의 미래는 자연스럽게 변호사나 외교관의 길에 들어설 것으로 기대되었다.

1593년 단의 형제인 헨리(Henry)는 추방된 가톨릭 신부에게 은신처를 제공한 혐의로 체포되어 옥살이하던 중 당시 유행하던 팬데믹으로 사망한다. 그때부터 단은 자신의 가톨릭 신앙에 대해 회의를 가지기 시작한다. 그의 첫 저서인『풍자』(*Satires*)는 그가 문학적으로 공들인 중요한 성과물 중 하나다. 즉시 출판되지는 않았지만, 필사본은 많은 사람의 손을 거치면서 큰 독자층을 형성했다. 같은 시기에 쓰인 단의 가장 중요한 작품인『노래와 소네트』(*Songs and Sonnets*) 역시 출판되기 전부터 필사본이 널리 유통된 것으로 유명하다.

어려서 큰 유산을 물려받은 젊은 단은 여자, 책, 극장, 여행 등에 많은 돈을 낭비한다. 그는 이때 자살을 옹호하는 산문『비아타나토스』(*Biathanatos*, 그리스어로 "삶과 죽음")를 쓴다. 그러나 한참 뒤 영국 국교회 목사로 승승장구할 때, 그는 자신이 방탕하고 방황하던 시절에 쓴 이 책의 저자를 그의 별칭이던 "닥터 단"(Doctor Donne)이 아닌, "잭 단"(Jack Donne)이라고 불러 과거와의 단절을 시도한다.[2)]가장 힘들 때 자살까지 생각했던 그는 이 책에서 자살은 본질상 죄가 아니라는 주장을 펼침으로써, 기독교의 신학적 교리에 반한 사상을 드러냈기 때문이다.

1598년 단은 왕의 옥새를 보관하는 높은 관직의 국새상서(Lord Keeper of the Great Seal)였던 토마스 이거톤(Thomas Egerton)의 개인 비서로 들

2) Jack은 카드에 나오는 J, 즉 knave라는 "악당, 난봉꾼"을 의미한다.

어가 전도유망한 정치가의 길에 들어서는 듯했다. 또 엘리자베스 여왕의 마지막 의회에 브래클리(Brackley) 지역을 대표하여 출석할 정도로 정치에 입문해 있었다. 그러나 서른 살의 단은 이거톤의 질녀이며 런던 왕궁 감옥(the Tower)의 간수인 조지 모어(George More) 경의 열일곱 먹은 딸 앤 모어(Anne More)와 비밀 결혼을 하면서 자신의 밝은 장래를 망치고 만다. 이거톤은 그를 비서직에서 파면했고, 앤의 아버지 조지 모어는 단과 두 사람의 관계를 도와준 친구들을 모두 플리트 감옥(Fleet Prison)에 투옥하여 몇 주 동안 감금한다.

셰익스피어의 드라마에서 보듯이, 당시 비밀 결혼이란 부모의 허락 없이 두 사람만 동의하면 사제 앞에서 간단한 의식을 행하고 동거에 들어가는 것을 말한다. 실직한 단은 매년 늘어나는 가족의 생계를 위하여 극심한 고생을 이어간다. 이때의 경험을 시인은 "존 단(John Donne), 앤 단(Anne Donne), 언단(Undone)"이란 말장난으로 요약한다.[3] 단은 자신의 밝은 미래를 포기하고 사랑을 택할 정도로 아내를 사랑했고, 그녀에게 바치는 많은 시를 남겼다. 단의 어려운 가정 형편을 돕기 위해 그의 문학적 삶에서 중요한 역할을 했던 여인들은 거처를 제공하거나 후원을 아끼지 않는다. 그중 한 사람은 이 책의 두 번째 시인인 조지 허버트(George Herbert)의 모친 막달린 허버트(Lady Magdalen Herbert) 귀족 부인이다. 1609년 단과 그의 장인 사이에 화해가 이뤄지고, 조지 모어 경은 딸의 결혼지참금을 늦게 사 지급한다.

단의 주요 문학적 업적은 주로 결혼 후 어렵게 살던 시기에 완성된다. 그는 반 가톨릭 소책자(pamphlets)의 저자인 토마스 모튼(Thomas Morton)의 변호사가 되어 1604년에서 1607년 사이 모튼의 이름으로 발

---

3) Anne Donne은 아내 Anne More를 위해 살았다는 의미에서 붙인 이름이고, Undone은 "망했다"는 뜻이다.

행된 소논문 작성에 도움을 준 것으로 추정된다. 마흔 살의 단은 마침내 가톨릭 신앙을 버리고 영국 국교회로 돌아서고, 가톨릭을 논박하는 두 편의 논문을 써서 자신의 가톨릭 신앙에 종지부를 찍는 공식 선언을 한다. 특히 『사이비 순교자』(*Pseudo-Martyr*)에서 그는 영국의 가톨릭 신자들은 로마교황을 향한 종교적 충성을 훼손하거나 타협하지 않으면서도 영국 왕 제임스(James) 1세에게 충성을 서약할 수 있다고 주장하여 왕의 인정을 받기에 이른다.

이에 제임스 왕은 단을 목사로 만들기 위하여 그에게 영국 국교회 목사직 외에 다른 분야에 등용될 수 없다고 못을 박는다. 1615년 그는 내키지 않는 마음으로 목회의 길에 들어섰고, 같은 해 국왕 사제(Royal Chaplain)로 임명된다. 1616년 단은 또 링컨스 인의 신학과 교수로 임명되고, 케임브리지대는 그에게 신학박사 학위를 수여한다. 시간이 흐르면서 단의 능력은 여러 면에서 증명된 것이다. 설교자로서 정교한 메타포와 종교적 상징, 드라마에 대한 재능과 깊은 학식, 즉흥적인 위트를 장착한 그의 스타일은 그를 당대 최고의 설교자 중 하나로 세운다. 160편에 달하는 그의 설교는 지금까지 모두 남아 있다.

1617년 이제 어려움을 극복하고 형편이 나아지던 차에 불행하게도 단의 아내 앤 모어는 서른셋의 나이로 열두 번째 아이인 사산아를 출산하다가 죽음을 맞는다. 그중 일곱 명의 자녀만이 엄마보다 오래 살고 나머지는 모두 일찍 사망한다. 단의 전기 작가인 아이작 월튼(Izaak Walton)은 이때 "단은 세상을 향하여 자신을 십자가에 못을 박았다"라고 말한다. 시는 계속 썼지만 단에게 있어 이제 사랑의 시를 쓰던 시대는 지나갔음을 의미한다. 그는 깊은 신학적 지식과 열정적 신앙에서 우러나는 종교시를 쓰기 시작하여, 1618년 『거룩한 소네트』(*Holy Sonnets*)를 완성한다. 주독일 대사관의 채플린으로 2년간 근무하고 돌아온 단은 1621년 영국 국교회의 상징인 런던의 성 바울교회(St. Paul's Cathedral)의 담임 목사로 임명된다.

1625년 제임스 1세가 죽었을 때 단은 왕위를 이어받은 찰스(Charles) 1세 앞에서 선왕의 장례식 설교를 한다. 단 자신은 약한 몸으로 인하여 위중한 질병을 여러 차례 앓았고, 그때마다 죽음을 준비하는 시를 쓴다. 만약 건강했다면 단은 1630년경 영국 국교회의 주교(Bishop)가 되었을 것으로 추측한다. 시나 산문에서 죽음에 대한 주제에 늘 집착했던 단은 1631년 3월 31일 죽기 한 달 전 런던 화이트홀(Whitehall) 강단에서 찰스 1세를 앞에 두고 마지막 설교를 한다. "죽음의 결투"(Death's Duel)라는 제목의 이 설교는 단 자신의 장례식 설교로 불린다.

단의 가톨릭적 신앙 배경은 그의 작품에서 구원의 확신보다, 구원에 대한 염려와 의심으로 나타난다. 그러나 죽음 직전까지 가는 고통을 경험하며 쓴 "질병 속에서 하나님, 나의 하나님께 드리는 찬송 시"(Hymn to God, My God in My Sickness)는 단이 구원의 확신을 고백한 작품으로 여겨진다. 그는 평평한 지도상에서 서쪽(죽음)은 동쪽(부활)과 맞닿아있기에 서쪽을 바라보며 기뻐한다고 말하고, 예수그리스도의 은총이 자신을 감싸 구원에 이르게 해달라고 기도한다. 이 시는 하나님을 향한 찬송이면서, 동시에 평소 다른 사람들에게 죽음을 두려워하지 말라고 설교했던 자신을 향한 설교 텍스트가 된다.

from *Songs and Sonnets*

다음은 단의 시집, *Songs and Sonnets*에서 선택한 작품들이다. 단은 이십 대에서 삼십 대에 이르는 젊은 시절(1590-1617) 사랑을 노래하는 세속적인 연애 시를 쓴 것으로 알려져 있다. 이 작품들을 통하여 단은 "형이상학파 시인"(Metaphysical Poet)이란 별칭을 얻었고, 그의 스타일을 따르던 시인들과 함께 17세기를 대표하는 시인으로 자리매김한다. 그러나 이것은 그들이 당시 학파를 형성하거나 문예 운동을 벌였다는 뜻은 아니다. 다음 세대 비평가들이 그들의 시를 형이상학적이라고 비난한 것에서 그 이름이 유래된다.

존 드라이든(John Dryden)은 1693년 단에 대하여 자연이 지배해야 할 사랑의 시에 "형이상학"(Metaphysics)을 도입하고, 철학적 사유(philosophical speculations)로 여자들의 마음을 혼란하게 만든다고 무시하기 위하여 쓴 글에서 처음으로 이 명칭을 사용한다. 드라이든과 비슷한 시대의 시인이며 비평가인 새뮤얼 존슨(Samuel Johnson) 역시 17세기가 시작될 때, "형이상학적 시인들"로 명명될 수 있는 일군의 시인들이 등장했다고 지적하면서 이 명칭을 굳혀 버린다. 특히 존슨은 그들은 전혀 유사하지 않은 사물이나 현상에서 불가사의하게 닮은 점을 찾아내는 *discordia concors* (a combination of dissimilar images), 다시 말해서, 억지 비교를 시에 가져왔다고 비난하고, 그들의 불규칙하고 거친 스타일은 시의 예법(decorum)을 어겼다고 공격한다.

아이로니컬하게 이 두 비평가의 비난은 형이상학파 시의 특징이 된다. 17세기 시인들은 세상의 현상을 과거 시인들이 가졌던 직관이나 신비주의가 아닌, 이성적인 논리로 바라보고 조사한다. 그들은 지나치게 부드럽고 달콤한 톤의 16세기 시에 대항하여 강하고, 불규칙하고, 거칠고, 압축된 의미를 지닌 스타일의 시를 쓴다. 위트, 기교, 문체적 교묘함, 강렬한 감정 표현, 극적인 전개, 이성적 논리 등을 많이 사용하고, 특히 형이상학적 기상(奇想)이라고 불리는 "conceit"는 이율배반적인 이미지로 서로 유사성이 없는 것을 과감하게 비교하는 장치로서 이 시대 시를 특징짓는 가장 중요한 요소가 된다.

그들을 대표하는 단의 문체적 과장, 기상, 과장법, 과도한 추상화 경향, 지적인 위트와 박식한 이미지, 교묘한 논리로 설득하는 형이상학적 시는 영국 시에 신선함과 창의성을 불어넣은 게임 체인저로서 매우 중요한 시대적 현상으로 평가받는다. T. S. 엘리엇은 1921년 "형이상학파 시인들"(The Metaphysial Poets)이라는 중요한 논문에서 그들의 시는 "이성과 감성을 결합하는"(fuses reason with passion) "감수성의 통합"(unification of sensibility)을 이루었다고 선언함으로써 단의 작품을 20세기에 부활시키는 데 지대한 역할을 한다.

The Flea

Mark but this flea, and mark in this,
How little that which thou deniest me is;
It sucked me first, and now sucks thee,
And in this flea our two bloods mingled be;
Thou know'st that this cannot be said
A sin, nor shame, nor loss of maidenhead,
Yet this enjoys before it woo,
And pampered swells with one blood made of two,
And this, alas, is more than we would do.

Oh stay, three lives in one flea spare,
Where we almost, nay more than married are.
This flea is you and I, and this
Our marriage bed, and marriage temple is;
Though parents grudge, and you, we're met,
And cloistered in these living walls of jet.
Though use make you apt to kill me,
Let not to that, self-murder added be,
And sacrilege, three sins in killing three.

Cruel and sudden, hast thou since
Purpled thy nail, in blood of innocence?
Wherein could this flea guilty be,
Except in that drop which it sucked from thee?
Yet thou triumph'st, and say'st that thou
Find'st not thy self, nor me the weaker now;
'Tis true; then learn how false, fears be:
Just so much honor, when thou yield'st to me,
Will waste, as this flea's death took life from thee.

*****

Lines 1-4

> Mark but this flea, and mark in this,
> How little that which thou deniest me is;
> It sucked me first, and now sucks thee,
> And in this flea our two bloods mingled be;

• Mark로 시작하는 명령문. 여기서 but은 only처럼 "단지," 즉 다른 거 말고 "단지 이 벼룩을 지켜봐라." 두 번째 mark는 2행 how 이하의 구체적인 내용을 확인하라는 반복된 명령이다.

• how 문장의 골격은 How little that is, "그것이 얼마나 적은 일인지, 사소한 일인지를." that과 is 사이에 삽입된 관계대명사 which의 문장은 that을 수식한다. How little that (which you deny me) is. 연결하면 "당신이 나를 거절하는 것 + 그것이 얼마나 사소한 일인지를 주목해보라."[4)]

• 이렇게 시를 전체적으로 이끌고 갈 topic sentence를 말한 다음, 3행부터 벼룩에게서 무엇을 보라는 말인지 구체적인 예를 나열한다. 주어 it의 선행사는 the flea. 동사 sucks 역시 첫 행의 mark처럼 두 번 나온다.

---

4) 동사 deniest에 대하여 설명하면, 17세기 영국 영어에서 2인칭 단수 인칭대명사는 thou (you), thy (your), thee (you), thine (yours)이고, 주격 thou에 따르는 본동사에는 est/st가 붙었다. 이 시에 나오는 것을 모두 예로 들면, thou deniest → you deny; thou know'st → you know; thou triumph'st → you triumph; thou say'st → you say; thou yield'st → you yield; thou find'st → you find. 여기서 apostrophe(')는 시행에서 음절 수를 맞추기 위해 모음(e) 하나를 줄인 표시다.

• 4행을 어순대로 쓰면, And in this flea our two bloods be mingled. 여기서 are 대신 be를 쓰고 행 끝으로 돌린 이유는 3-4행의 각운을 맞추기 위해서다. sucks thee / mingled be.

> 단지 이 벼룩을 보시오, 그리고 이 속에서 주목해보시오,
> 당신이 나를 거절하는 것이 얼마나 하찮은지를.
> 이 녀석은 나를 먼저 빨고, 이제 당신을 빨고 있소,
> 그리고 이 벼룩 속에서 우리 둘의 피는 섞이고 있지요.

Lines 5-9

> Thou know'st that this cannot be said
> A sin, nor shame, nor loss of maidenhead,
> Yet this enjoys before it woo,
> And pampered swells with one blood made of two,
> And this, alas, is more than we would do.

• this는 앞선 행의 "피가 섞이는 것" 전체를 가리키는 지시대명사. 5-6행은 평서문처럼 쉽게 해석할 수 있다. 이것은 일종의 과장법으로 시인은 이를 역이용하여 피가 섞이는 것을 매우 사소한 일로 만들어버린다. cannot be said는 "~이라고 말할 수 없다"라고 능동형으로 번역해야 자연스럽다.

• 7행 this와 it는 둘 다 이전에 나오는 the flea를 가리킨다. 피가 혼합되는 것은 죄나 수치나 순결의 상실이 아니라고 하면서도, 시인은 enjoys를 써서 성적인 행위로 암시한다. 물론 enjoys의 일차적 의미는 벼

룩이 식사하듯 피를 즐긴 행위이다.[5)]

• swells는 enjoys처럼 주어 this의 두 번째 동사다. this enjoys + swells. 순서대로 하면, And (this) swells pampered with one blood made of two. 즐긴 뒤 "부어오른다"(swells)라는 말은 임신한 여인의 배를 연상시킨다. 따라서 성적인 행위처럼 즐긴 결과는 swells pampered, 즉 "식욕을 채운, 만족한 상태로 배가 불룩해진다."

• swells pampered 형식의 동사 + 과거분사의 예를 보면, I arrived exhausted but safe and sound this morning. "나는 오늘 아침 피곤에 지쳤지만, 무사하고 안전하게 도착했다." exhausted, safe, sound는 모두 arrived 했을 때 주어 I의 상태를 보여주는 주격보어다.

• 그다음 무엇으로 만족했는지에 대한 이유는 전치사구로 연결된다. with one blood (which is) made of two. "두 사람의 것으로 만들어진 하나의 피로."

• 9행의 this는 피가 섞이는 것 + 배가 부풀어 오른 것. would는 하게 될지도 모르는 가정이나 하고 싶은 소망으로 해석할 수 있다. 남녀가 잠자리한다고 해도 피를 섞는 것은 아니기에, 이 벼룩은 그보다 더 한 일을 했다고 말한다.

---

5) 7행 it woo에서 3인칭 단수 현재 동사에 s가 붙지 않은 것은 이 시대 영국 시에서 흔히 나오는 현상이다. 이 시에서도 3행, now [it] sucks thee; 7행, this enjoys에는 붙었는데, 16행, use make에는 붙지 않았다. woo에 안 붙인 것은 다음 행의 two와 각운을 맞추려는 방법이기도 하다. before it woo / made of two.

그대는 압니다, 이것을 죄나 수치나
순결의 상실이라고 말할 수 없음을.
그렇지만 이 벼룩은 구애하기도 전에 즐깁니다,
그리고는 부풀어 있어요, 둘이 하나 된 피로 포식한 채.
이것은, 맙소사! 우리가 하려고 하는 것 이상입니다.

Lines 10-13

Oh stay, three lives in one flea spare,
Where we almost, nay more than married are.
This flea is you and I, and this
Our marriage bed, and marriage temple is;

• 2연도 두 개의 명령으로 시작한다. stay + spare. 10행을 어순대로 다시 쓰면, Oh stay, (and) spare three lives in one flea. 여기서 stay는 "멈추라"라는 의미로 해석해야 한다. spare의 목적어는 three lives in one flea. 이 상황을 보면 시의 청자는 지금 벼룩을 죽이려고 하고 있고, 화자는 그것을 멈추고 살려두라고 한다.

• 성경에서 피는 생명을 상징한다. 따라서 시인은 벼룩 속에 두 사람의 피가 섞인 것과 벼룩 자체의 생명을 합쳐 three lives라고 부른다. 굉장한 과장법이다.

• 11행 where는 바로 앞 벼룩 속을 공간으로 받은 장소의 관계부사다. 화자는 그 속에 두 사람의 피가 섞인 것을 처음엔 "거의 결혼한 것"이라고 하다가, "아니, 그 이상"이라고 너스레를 떤다. 풀어쓰면, Where we are almost married, no, we are more than married.

• 결혼한다고 피를 섞는 것은 아니니까, 벼룩 속에서 피가 섞인 것은 결혼보다 더 심한 결합이라는 논리로 상대를 설득하고 있다.

• 이어서 결혼의 개념을 더 확장한다. 벼룩은 너와 내가 한 몸을 이룬 본체이고, 결혼식을 거행한 성소가 된다. 12-13행은 세 개의 2형식 문장으로 돼 있다. 1) This flea is you and I; 2) and this (is) our marriage bed; 3) and (this) is (our) marriage temple. 같은 형식의 문장이 반복될 때, 주어나 be 동사는 언제나 생략할 수 있다. 시인은 어순을 바꾸고 주어나 동사를 생략했을 뿐, 문법을 파괴하지 않았다.

> 아, 잠깐만, 한 벼룩 안에 세 생명을 살려두시오,
> 그곳은 우리가 거의, 예, 결혼한 것 이상의 장소인데.
> 이 벼룩은 그대와 나이고, 이것은
> 우리의 결혼 침상이자 혼인의 성소입니다.

Lines 14-18

> Though parents grudge, and you, we're met,
> And cloistered in these living walls of jet.
> Though use make you apt to kill me,
> Let not to that, self-murder added be,
> And sacrilege, three sins in killing three.

• 화자는 지금 상대 여인이나 부모가 자신을 거부하고 있다는 사실을 고백한다. 이 말을 though가 이끄는 종속절로 묶어놓았다. grudge는 "싫어하다, 반대하다, 허락하기 꺼리다" 등의 의미다. 어순대로 쓰면, Though parents and you grudge.

• 다음은 we로 시작하는 주절이다. 청자 본인과 부모는 반대하지만, 두 사람은 벼룩의 몸속에서 이미 한 몸이 되었음을 선언한다. 주절의 동사는 두 개의 수동태이다. are met + (are) cloistered.[6)]

• cloister는 명사로 "수도원, 종교적 은신처," 동사로는 "수도원이나 은신처에 가두다." 이 단어에서 우리는 이 시의 역설(paradox)을 본다. 잠자리를 거절하는 여인은 마치 수녀처럼 종교적 은둔자로 살지만, 결과는 자신의 피와 화자의 피가 섞여 벼룩 속에서 결혼보다 더 심한 상태가 되었기 때문이다.

• jet는 원래 "새까만 석탄"인데, 여기선 벼룩의 짙은 까만색 껍질을 묘사한다. 수도원에 갇혀 결혼보다 더 심한 피가 섞이는 관계로 한 몸을 이룬 것은 완전히 상반된 개념의 충돌이고 놀라운 역설이다. 수도원 안에 있는 순결한 여인이 임신했다는 이미지와 다르지 않다. 아무리 거절해도 둘은 이미 한 몸이 되었음을 강조한다.

• 16행의 use는 동사로 보이지만 명사이고 though 종속절의 주어다. 주절은 17-18행의 명령문이다. make는 7행에서 설명한 대로 3인칭 현재 동사에 s가 안 붙은 경우다.

---

6) meet는 타동사와 자동사로 쓸 수 있다. (타동사) I meet him every Sunday. (자동사) We usually meet at the station. 그렇다면 시인은 왜 we are met라고 썼을까? 이것은 we have met와 같이 현재완료로 해석할 수 있다. I have come을 I am come이라고 쓰는 경우와 같다. 지금은 시적 표현이나 엄숙하고 무게 있는 문구에 사용된다. 예) "We are met on a great battle-field of that war" (Lincoln's Gettysburg Address); "[W]e are met here as Americans to solve that problem" (Lyndon B. Johnson's 1965 speech to Congress in support of equal voting rights).

• use를 흔히 알고 있는 "사용"이라는 뜻으로 해석하면 이 행은 더욱 어려워진다. 이럴 때는 사전에서 어떤 뜻이 여기에 딱 맞는지를 찾아야 하고, 찾으면 과감하게 적용해야 한다. use에는 "습관"이나 평소 해오던 "절차, 방법"(accustomed or usual procedure or practice)이라는 뜻이 있다. "당신은 습관적으로 나를 죽인다, 나의 요구를 거절한다."

• make는 단순한 5형식 문장을 만든다. "습관은 당신이 나를 죽이는 걸 어울리게(apt) 만들지만." 의역하면, "당신은 늘 습관대로 나를 거절하는 일에 익숙하지만." kill은 거절을 과장한 표현이면서, 동시에 벼룩은 늘 죽이는 대상임을 암시한다. 그렇지만 이번만큼은 다음 행의 행위를 하지 말아 달라고 부탁한다.

• 17행 주절의 어순은 상당히 어렵게 뒤바뀌 놔서 고도의 구문파악 능력이 필요하다. 어순을 바로잡아 골격만 쓰면, Do not let self-murder, sacrilege, and three sins be added to that. 사역동사 let은 목적어가 필요하고 그다음엔 반드시 동사원형을 받는다는 원칙을 알아야 한다.

• 목적어는 self-murder, sacrilege, three sins. 동사원형은 수동태의 be added. 목적어가 "추가되게, 더해지게 하지 말아 달라"는 부탁이다. 번역은 능동형으로 해야 자연스럽다. "더하지 말라." "~을 더하다"라고 할 때 전치사 to가 붙는다. 예) Insult was added to injury. "상처에 모욕이 더해졌다." → "엎친 데 덮친 격, 설상가상."

• that은 앞 행에서 말한 습관적으로 나를 죽이는 일을 가리킨다. 거기에 자살, 신성모독, 삼중 살인을 추가하지 말라는 부탁이다. 삼중 살인

은 벼룩의 생명과 그 속에 들어 있는 두 사람의 생명(피)을 죽인다는 과장법이다.

• 살인 외에 "신성모독"이란 죄를 추가한 이유는 앞서 벼룩을 결혼의 성소라고 했기 때문에, 벼룩을 죽이는 것 = 성전을 파괴하는 것 = 신성모독이 된다. 여기엔 성경적 인유가 들어 있다.[7] 성경은 우리의 몸을 "성령의 전"(the temple of the Holy Ghost, 고전 6:19)[8]이라고 말한다.

• 시인은 temple이란 명칭을 벼룩의 몸에 붙임으로써 가장 미천한 미물 안에서 피가 섞인 것을 종교적 차원으로 승화시킨다. 이처럼 벼룩 = 거룩한 성소라는 메타포는 과장법이면서 형이상학파 시의 특징인 기상(conceit), 즉 서로 비교할 수 없는 것을 비교한 비유가 된다.

> 부모님들과 당신은 반대하지만, 우리는 만났고,
> 갇혀 있습니다, 이 살아있는 새까만 벽 속에.
> 비록 습관적으로 당신은 나를 죽여왔지만,
> 거기에 더하지 마시오,
> 자살과 신성모독과 셋을 죽이는 세 가지 죄를.

---

7) 인유(allusion)는 성경, 신화, 문학 등 과거 문헌을 언급하여 그 의미를 간접적으로 암시하는 수사법의 하나다.

8) 이 책에서 인용하는 성경 구절은 특별한 말이 없으면 모두 King Jame Version에서 가져온다.

Lines 19-22

> Cruel and sudden, hast thou since
> Purpled thy nail, in blood of innocence?
> Wherein could this flea guilty be,
> Except in that drop which it sucked from thee?

• since는 앞서 벼룩을 죽이지 말라고 말한 "이후"를 의미하면서 since - innocence의 각운을 맞추기 위해 쓴 단어다. 그 이후에 기어이 손톱을 붉게 물들였다는 것은 벼룩을 죽였음을 말한다.

• 그래서 3연을 "잔인하고 성급하다"로 시작한다. You are cruel and sudden에서 형용사만 썼다. 현재 완료시제(hast purpled)는 여인이 이미 벼룩을 죽여 손톱을 피로 붉게 물들였다는 뜻이다. purple은 명사로 "자줏빛," 동사는 "자줏빛으로 물들이다." in blood of innocence는 "죄 없는 벼룩의 피." 벼룩이 사람의 피를 빠는 것은 생존본능이란 의미에서 죄 없는 혹은 순결한 피라고 부른다.

• 21행 wherein에는 how, where의 의미가 있다. be 동사 역시 운을 맞추기 위해 끝에 놓았을 뿐이다. 22행과 연결하면, "Except 이하를 제외하고 어떻게 이 벼룩에게 죄가 있을 수 있는가?" 혹은 "어디에 이 벼룩의 죄가 있는가?"

• 그럼 except 이하는 "그 핏방울 외에." 그것이 어떤 핏방울인지는 which로 받아 수식한다.

잔인하고 성급합니다, 그대는 벌써
그대의 손톱을 순수의 피로 붉게 물들였단 말이오?
이 벼룩의 죄는 도대체 어디에 있나요,
그대에게서 빨아먹은 피 한 방울 말고는?

Lines 23-27

Yet thou triumph'st, and say'st that thou
Find'st not thy self, nor me the weaker now;
'Tis true; then learn how false, fears be:
Just so much honor, when thou yield'st to me,
Will waste, as this flea's death took life from thee.

• 이제 반전이 일어난다. "그러나 (벼룩을 죽였으니) 그대는 승리했고, 그래서 you say that, ~이라고 말한다." "승리하다"는 "자랑스러워하다"라는 뉘앙스를 갖는다. that 이하의 문장은 5형식으로 You do not find yourself or me the weaker now. 이런 문장에서는 부정하는 것(not)을 find에 붙이기보다 weaker에 붙여야 자연스러운 해석이 된다. 즉, "당신은 당신이나 내가 지금 더 약해졌다고 발견하지 않는다"보다, "당신은 당신이나 내가 지금 더 약해지지 않았다는 걸 안다"가 우리말에 더 자연스럽다.

• 여인에게 화자의 잠자리 요구를 거절하는 것이 얼마나 하찮은 일인지를 설명하기 위하여 사전 준비 작업으로 논리적 타당성을 확보하는 말이다.

• 'Tis는 영시에서 It is를 한 음절로 만들기 위하여 많이 사용하는 줄임말이다. 앞서 한 말을 "그렇다"고 하면서 이제 자신의 주장을 논리적으

로 전개한다. 그다음 명령문은 어순대로 번역하면 된다. learn의 목적절은 how 문장이고 fears는 주어다. 예) Look how beautiful she is! "봐라, 그녀가 얼마나 아름다운지!"

• 25행에서 fears are 대신 fears be를 쓴 이유는 마지막 3행을 모두 같은 각운으로 맞추기 위해서다. be-me-thee.

• 26-27행은 이 시의 결론이다. so ~ as의 문장으로 as 한만큼 그만큼 so ~할 것이다. 비교되는 두 가지는 1) 벼룩의 죽음이 그대의 생명을 앗아간 만큼; 2) 그만큼의 정조. 여기서 여자의 honor는 "명예"라기보다 "정조, 순결"이란 뜻이다.

• 동사는 will waste. 단순한 1형식 문장이다. So much honor will waste. "그만큼의 정절이 허비될 거다, 잃게 될 거다." 삽입된 when 문장, "내게 허락할 때"는 화자의 목적을 노골적으로 표현하는 종속절이다.

• 여인이 잃게 될 정조를 벼룩의 몸에 들어간 여인의 생명, 즉 피 한 방울의 죽음과 비교할 때 섹스는 여자의 정절을 그 정도만 앗아갈 뿐이라고 설득하는 내용이다.

그러나 당신은 승리에 차서 말합니다, 그대나 나나
그것 때문에 지금 더 약해지지 않았다고.
사실입니다, 그러니 두려움이 얼마나 잘못된 건지를 아시오.
그대가 내게 허락할 때, 이 벼룩의 죽음이 그대에게서
앗아간 생명만큼, 딱 그만큼의 순결만 허비될 것입니다.

마무리

이 시는 17세기 영국 시인들이 잠자리를 거부하는 순결한 여인을 설득하기 위하여 얼마나 논리적으로 여자의 마음을 사로잡을 수 있는지를 연습하는 詩作의 하나다. 이것은 존 단이 법을 공부하던 젊은 시절 남자 친구들에게 보여주기 위해 쓴 것으로 알려졌고, 그의 사후 2년 뒤인 1633년에 출판된다.

시 전체는 정반합의 삼단논법으로 구성돼 있다. 1연에서 화자는 냉정한 톤을 유지하면서 쉽고 긍정적인 언어로 벼룩이라는 대상을 관찰한 대로 묘사한다. 2연은 벼룩이 피 빨아먹은 것을 대단한 일로 여기면서 종교적인 이미지가 동원되고 벼룩을 특별한 존재로 승격시킨다. 3연에서 이런 벼룩이 여자의 손톱에 눌려 죽자, 시인의 태도는 돌변하고, 그것을 기회로 여인의 정절은 벼룩이 죽은 것만큼이나 손해 볼 게 없다는 말로 설득한다. 이런 논리적 설득을 접한 여인의 반응은 어땠을까? 그것은 아무도 알 수 없는 일이 되었다. 이런 종류의 시 중에서 가장 대표적인 형이상학파 시는 이 책에 수록된 앤드루 마벨(Andrew Marvell)의 "그의 수줍어하는 애인에게"(To His Coy Mistress)이다.

The Good-Morrow

I wonder, by my troth, what thou and I
Did, till we loved? Were we not wean'd till then?
But suck'd on country pleasures, childishly?
Or snorted we in the Seven Sleepers' den?
'Twas so; but this, all pleasures fancies be.
If ever any beauty I did see,
Which I desired, and got, 'twas but a dream of thee.

And now good-morrow to our waking souls,
Which watch not one another out of fear;
For love all love of other sights controls,
And makes one little room an everywhere.
Let sea-discoverers to new worlds have gone,
Let maps to other, worlds on worlds have shown;
Let us possess one world, each hath one, and is one.

My face in thine eye, thine in mine appears,
And true plain hearts do in the faces rest;
Where can we find two better hemispheres,
Without sharp north, without declining west?
Whatever dies, was not mixed equally;
If our two loves be one, or, thou and I
Love so alike, that none do slacken, none can die.

*****

Lines 1-4

I wonder, by my troth, what thou and I
Did, till we loved? Were we not wean'd till then?
But suck'd on country pleasures, childishly?
Or snorted we in the Seven Sleepers' den?

• 첫 문장은 시 전체를 이끄는 topic sentence다. troth는 고어로 약혼, 정절을 지킨다는 서약이나 진실을 뜻하고, by my troth는 "맹세코"라는 감탄사가 된다. 1-2행은 쉽게 해석할 수 있는 평범한 문장이다. 의문문 형식은 아니지만, 의문부호가 붙어서 질문이 된다.

• 이 시의 시간은 두 개의 시간대로 나눠진다. 1) 우리가 사랑하기 이전; 2) 우리가 사랑한 이후. 1연은 topic sentence에 대한 답변으로 사랑하기 이전에 한 일을 나열하고 이를 어떠어떠했다고 평가한다.

• 2행부터 구체적인 질문이 시작된다. 시인은 지금의 여인을 만나기 전까지의 시간을 젖도 안 뗀 어린아이의 유치한 삶으로 치부한다.

• 3행에서 not weaned 다음에 but sucked라고 함으로써 not A but B의 문장이 된다. sucked는 weaned에 이어 뭔가를 빨고 있는 유아적 이미지를 연장한다.

• 영국 시에서 country는 촌스러운 시골 이미지로 문명화된 도시(city)

나 화려한 궁정(court)과 대비되는 장소이다. 이 여인을 사랑하기 이전에 누리던 기쁨을 아이가 젖을 빠는 수준의 유아적인 즐거움, 즉 촌스러운 쾌락이라고 부른다.

• 4행의 Seven Sleepers는 로마가 기독교를 AD 313년 공인하기 전인 250년경 로마 황제 Decius의 박해를 피해 에베소의 한 동굴에 들어간 일곱 명의 젊은 크리스천들을 말한다. 전설에 따르면, 그들은 황제가 입구를 봉한 동굴에서 197년 동안 깊은 잠에 빠졌고, 기독교가 로마의 국교가 된 훨씬 뒤인 447년 잠에서 깨어난다. 시인은 그들이 오랜 시간 잠잔 걸 유치하게 여기는 게 아니라, 사랑하기 이전의 삶을 이들이 정신없이 잔 긴 잠에 단순하게 비유한 것이다.

• 이처럼 지금의 여인과 사랑하기 이전은 젖을 빨고, 잠만 자는 어린 아이의 습성처럼 성숙하지 못한 유아적 시간이었다고 묘사한다.

> 나는 참으로 궁금하오, 그대와 내가 사랑하기 전까지
> 무엇을 했는지? 그때까지 젖도 안 떼고,
> 촌스러운 시골 쾌락을 빨지나 않았나요, 아이처럼 유치하게?
> 아니면 일곱 잠자는 자들의 동굴에서 코를 골았나요?

Lines 5-7

> 'Twas so; but this, all pleasures fancies be.
> If ever any beauty I did see,
> Which I desired, and got, 'twas but a dream of thee.

• 'Twas 역시 'Tis처럼 It was의 줄임말이다. 앞서 언급한 내용처럼 진짜 그랬다(so)는 것을 반복한 말이다. 그다음 but this에서 but은 except의 의미로 "this"를 제외하고. this는 앞에 뚜렷한 선행사는 없지만, 문맥을 통해 "우리의 사랑"이라고 유추할 수 있다.

• fancies는 여기서 긍정적인 의미가 아니라, 마음이 지어낸, 실체가 없는 변덕스러운 기질의 상상력이란 뜻으로 해석할 때 문맥에 맞는다. 5행 끝의 be 역시 앞선 "The Flea"에서처럼 6-7행과 각운을 맞추기 위해 are 대신 쓴 be 동사이다. be-see-three.

• 같은 개념이 계속된다. ever는 "우연히"(by any chance) 혹은 "과거 어느 시점"(at any time)이라는 뜻이 있다.

• 7행에서 any beauty는 두 번 수식을 받는다. 1) any beauty which I did see; 2) any beauty which I desired.

> 그랬소. 하지만 이것만 빼고 모든 쾌락은 실체 없는 환상이었죠.
> 내가 언젠가 본 적이 있는, 또 원하고 가졌던 아름다움이 있다면,
> 그건 단지 그대에 대한 꿈에 불과했지요.

Lines 8-11

> And now good-morrow to our waking souls,
> Which watch not one another out of fear;
> For love all love of other sights controls,
> And makes one little room an everywhere.

• 이제 촌스러운 쾌락을 누리고 아기처럼 긴 잠을 자던 영혼을 향하여 아침 인사를 건넨다. 진정한 사랑을 만난 것은 미성숙한 시간으로부터 깨어났음을 의미한다. 그림자처럼 실체 없는 기쁨, 환상, 꿈을 좇던 시간에서 성숙한 사랑으로 바뀌는 순간이다.

• morrow는 morning의 옛말. 이전과 다른 새로운 아침, 새로운 세상이 밝았음을 선포한다. 제목을 "Good-Morrow"라고 한 이유가 여기에 있다. 그런 잠에서 깨어 새로운 삶을 시작하는 전환점을 가리킨다.

• which의 선행사는 앞 행의 waking souls. 주격인 which의 동사 watch는 단순히 "보다"가 아니라, "감시하다." 군사용어로는 "경계근무(명사), 경계근무를 서다(동사)." 잠에서 깨어나는 그들의 영혼은 두려움 때문에 서로를 감시하지 않는다(watch not). 여기서 fear는 상대방의 사랑이 변할까 경계하거나, 사랑의 진실을 의심하거나, 다른 사람에게 한눈을 팔까 하는 불완전한 사랑의 불안을 의미한다.

• 그 이유는 접속사 for, "왜냐하면"으로 시작한다. 10행을 바른어순으로 고치면, For love controls all love of other sights. 동사 controls는 "감시하다, 통제하다"로 번역한다. 무엇을? all love of other sights. 이것은 "다른 볼거리, 다른 여자나 남자, 세상에 보이는 모든 것" 등을 포함할 수 있다. 진실로 사랑한다면 다른 것은 눈에 들어오지 않는다는 뜻이다.

• 10행의 주어 love의 두 번째 본동사 makes는 5형식 문장을 만든다. "(우리의) 사랑은 이 작은 방을 온 세상으로 만들기 때문이다." 전체적으로 정리하면, 우리의 영혼은 서로를 감시하지 않는데, 그 이유는 1)

다른 것들을 사랑하지 않기 때문이고; 2) 이 작은 방을 온 세상으로 만들기 때문이다.

• one little room은 소우주(microcosm)를 말하고, everywhere는 대우주(macrocosm)를 말하는데, 사랑으로 소우주를 대우주로 확장하고 이 둘을 하나로 통합한다는 단의 표현은 르네상스 시대의 신플라톤주의(Neoplatonism) 사상을 보여주는 예다.[9)]

> 이제 깨어나는 우리 영혼에 아침 인사를 건넵니다,
> 두려움으로 서로를 경계하지 않는 영혼.
> 왜냐면 사랑은 다른 볼거리 사랑을 모두 억제하고,
> 이 작은 방을 온 세상으로 만들기 때문이라오.

Lines 12-14

> Let sea-discoverers to new worlds have gone,
> Let maps to other, worlds on worlds have shown;
> Let us possess one world, each hath one, and is one.

• 앞선 행의 소우주와 대우주의 개념을 계속 이어간다. 순서대로 하면, Let sea-discoverers have gone to new worlds, let maps have shown worlds on worlds to other. 사역동사 let 다음에 왜 현재완료(have gone,

---

9) 신플라톤주의에 따르면, 인간이란 소우주와 온 세상이란 대우주 사이에는 패턴, 속성, 구조가 서로 일치하는 유사성이 존재한다. 따라서 인간은 대우주를 그대로 축소한 소우주이고, 대우주는 의인화된 존재로 소우주의 속성을 가지고 있다고 본다. 단은 그의 시에서 사랑하는 여인과 함께 있는 공간을 온 우주로 바라보는 두 우주의 통합을 시도하고, 대우주의 축소와 소우주의 확장을 노래한다.

have shown)를 썼는지를 추측하자면, 사람들은 그들이 사랑하기 이전부터 이미 신세계를 찾아 탐험했고, 새로운 지도를 그렸기 때문이라고 생각할 수 있다.

• 13행은 탐험의 시대에 유럽인들은 신세계를 찾으면 지도에 그 땅을 그려 넣었다는 이야기를 한다. 화자는 그런 탐험가들에게 하던 일을 계속하라고 하고, 지도를 향해서는 그려진 세계를 사람들에게 보여주라고 말한다. other는 단수로 썼지만, 그들의 사랑과 관계없는 불특정 다수의 "다른 사람들"을 가리킨다.

• 그러면서 우리는 하나의 세상을 소유하자고 말한다. each hath one → 각자 하나씩 가지고 있으면서, and is one → 또 하나인 세상. 둘이 하나의 세계를 소유하자고 하고는, 서로 하나를 가졌고 또 하나의 세계라는 주장이다.

> 대양 탐험가들은 신세계로 가게 하시오,
> 지도는 사람들에게 세상 위에 또 다른 세상을 보여주게 하시오.
> 우리는 한 세계를 소유합시다, 각자 하나를 가졌고 또 하나인 세계.

Lines 15-18

> My face in thine eye, thine in mine appears,
> And true plain hearts do in the faces rest;
> Where can we find two better hemispheres,
> Without sharp north, without declining west?

• 소우주의 개념은 계속된다. 15-16행을 어순대로 풀어쓰면, My face appears in your eye, (and) your face (appears) in my eye. 동사 appears는 각운을 맞추기 위해 젤 뒤에 놓였고, 두 문장에 다 들어간다. 서로 쳐다보고 있을 때 상대의 눈 속에 비치는 서로의 얼굴을 묘사한다.

• rest 역시 행 끝에 붙은 동사이다. 순서대로 쓰면, And true plain hearts do rest in the faces. "그리고 진실하고 순수한 가슴은 얼굴 속에서 쉰다, 안식한다." 어려운 표현이다. hearts는 minds(마음, 머릿속 생각이나 이성)와 달리, 가슴 속 사랑의 감정을 의미한다. 그럼 16행은 무슨 의미일까? 진실한 사랑은 얼굴, 더 구체적으로 우리의 눈 속에 비친다는 말이다. 즉, 사랑하는 이들이 서로의 얼굴을 바라볼 때 그 눈 속에 비친 자신의 얼굴에서 진실한 사랑의 감정이 쉼을 얻는다고 생각할 수 있다.

• 17행에서 소우주는 대우주로 계속 확장된다. 앞선 행에서 언급한 "얼굴"은 지구의 절반인 반구(hemisphere)가 된다. 그러므로 두 사람의 얼굴을 합치면 하나의 구, 지구 전체로 확대된다.

• 18행은 without이 이끄는 전치사구로 "~이 없는 더 좋은 두 개의 반구." 문제는 sharp north와 declining west의 의미다. 영국 문학에서 north는 춥고 암울한 북극의 겨울을 상징하고, west는 해가 지는 서쪽으로 죽음을 상징한다. 그렇다면 이들을 수식한 sharp는 겨울에 부는 북풍의 칼날 같은 바람, declining은 해가 기우는 죽음의 이미지를 준다.

• 지구라는 하나의 구는 한쪽이 따뜻하면 다른 쪽은 춥고, 한쪽이 밝

으면 다른 쪽은 어둡다. 그러나 두 연인은 반구 두 개가 하나로 합쳐진 세상이라 북쪽도 없고, 서쪽도 없는 완벽한 세계임을 말한다.

> 나의 얼굴은 그대 눈 속에, 그대 얼굴은 내 눈 속에 나타납니다,
> 그리고 진실하고 순결한 마음은 얼굴에서 쉼을 얻습니다.
> 어디서 더 좋은 두 개의 반구를 찾을 수 있을까요,
> 추운 북쪽도 없고, 해가 지는 서쪽도 없는?

Lines 19-21

> Whatever dies, was not mixed equally;
> If our two loves be one, or, thou and I
> Love so alike, that none do slacken, none can die.

• 19행 "무엇이든지 죽는 것은 동등하게 혼합되지 않았다"는 것은 중세 스콜라 철학에 근거한 말이다. 인간의 몸을 구성하는 네 가지 기질(four humors)이 균형을 이루지 않으면 질병이 생기고 결국 죽게 된다는 이론으로부터 시인은 두 사람이 똑같이 사랑해야 변치 않는다는 주장을 끌어낸다.

• 20-21행의 구문파악은 중요하다. If 절의 두 번째 문장은 so that 구문이다. 다시 쓰면, If our two loves be one, or you and I love so alike that none do slacken까지가 종속절이고, 주절은 none can die이다.

• 그러므로 결론은 우리 둘이 똑같이 사랑한다면, 우리의 사랑은 변치 않고 영원하리라는 주제를 말한다.

무엇이든 죽는 것은 동등하게 섞이지 않았던 겁니다.
만약 우리 둘의 사랑이 하나라면, 아니 그대와 내가 너무 똑같이
사랑해서 아무도 느슨해지지 않는다면, 아무도 죽을 수 없습니다.

마무리

시인은 두 연인의 삶을 사랑하기 이전과 이후로 나눈다. 이전의 삶을 유치하고 유아적이라고 무시하고 젖을 떼지 않고 잠만 자는 어린아이와 비유한다. 그때 경험한 쾌락과 아름다움은 실체 없는 그림자이고, 오직 지금 여인만이 사랑의 본질임을 고백한다. 이제 그런 과거의 잠과 꿈에서 깨어나는 영혼을 향하여 아침 인사를 건네는 것이 이 시의 제목이다. 깨어난 후의 두 연인은 바깥세상이 필요 없는 그들만의 소우주가 되어 온 세상을 담고 있는 완벽하고 변치 않는 영원한 사랑이 된다.

이 시에서 시인은 세속적인 사랑을 전 우주를 커버하는 영원히 변치 않은 하나님의 사랑과 비견한다. 영적인 세계와 물질세계를 모두 넘나드는 인간의 속성을 극대화하여 육체적 사랑을 종교적으로 승화한 것이다. 이렇게 세속적 사랑을 찬양하는 단의 성향은 하나님에 대한 사랑으로 그대로 전이되어 그의 종교시에서 강하게 나타난다.

The Sun Rising

Busy old fool, unruly sun,
Why dost thou thus,
Through windows, and through curtains call on us?
Must to thy motions lovers' seasons run?
Saucy pedantic wretch, go chide
Late school boys and sour prentices,
Go tell court huntsmen that the king will ride,
Call country ants to harvest offices;
Love, all alike, no season knows nor clime,
Nor hours, days, months, which are the rags of time.

Thy beams, so reverend and strong
Why shouldst thou think?
I could eclipse and cloud them with a wink,
But that I would not lose her sight so long;
If her eyes have not blinded thine,
Look, and tomorrow late, tell me,
Whether both th' Indias of spice and mine
Be where thou left'st them, or lie here with me.
Ask for those kings whom thou saw'st yesterday,
And thou shalt hear, "All here in one bed lay."

She's all states, and all princes, I;
Nothing else is;
Princes do but play us; compared to this,
All honor's mimic, all wealth alchemy.
Thou, sun, art half as happy as we,
In that the world's contracted thus;
Thine age asks ease, and since thy duties be

To warm the world, that's done in warming us.
Shine here to us, and thou art everywhere;
This bed thy center is, these walls, thy sphere.

*****

Lines 1-4

Busy old fool, unruly sun,
Why dost thou thus,
Through windows, and through curtains call on us?
Must to thy motions lovers' seasons run?

• 의문문이고 태양을 부르는 것으로 시작한다. 사람이 아닌 것을 사람처럼 부르는 것을 의인법 내에서도 돈호법(apostrophe)이라고 한다. apostrophe는 구두점 중 하나인 아포스트로피(')와 같은 단어이다.

• 태양을 묘사하는 "바쁘고, 늙고, 고분고분하지 않고, 말 안 듣는" 형용사는 잠시도 쉬지 않고 움직이고, 나이는 오래된, 인간이 도무지 통제할 수 없는 태양의 속성을 의인화한다. 거기다 "바보"는 다음 행에서 전개되는 태양의 행위를 나무라기 위해 비하하는 호칭이다.

• 문장의 동사와 목적어는 call on us, "우리를 방문하다." thus는 "그렇게." through는 전치사구로 방문하는 방법을 설명한다. "바쁘고 늙은 바보, 말 안 듣는 태양아, 왜 너는 그렇게 창문을 통해 또 커튼 사이로 우리를 방문하는가?" 아침에 잠자리에서 일어나기 싫은 사람이 커튼 사이로 비치는 태양을 보고 원망하는 소리임이 분명하다.

• 이것은 시 전체의 topic sentence다. 이어서 사람들이 태양의 움직임 대로 살아야 하는지 따져 묻고, 우리를 깨우지 말고 태양 본래 역할이나 하라고 명령한다. 화자는 태양을 향해 말하고 있지만, 사실은 시에 등장하지 않는 사랑하는 여인에게 하는 고백이다.

• 4행을 순서대로 쓰면, Must lovers' seasons run to thy motions? run to는 "~ 따라 달리다, ~에 맞춰 달리다." 자연의 계절은 당연히 태양의 움직임을 따라가지만, 연인들의 계절은 그럴 필요가 없다는 강한 어필이다. 즉, 태양이 떴다고, 아침이 되었다고, 연인들이 침대에서 일어나야 하냐는 불평이다. 여기엔 계절에 따라 변하지 않는다는 사랑의 진실이 들어 있다.

바쁘고 늙은 바보, 말 안 듣는 태양아,
왜 너는 그렇게
창문을 통해 또 커튼 사이로 우리를 방문하느냐?
너의 움직임에 따라 연인들의 계절도 달려야 하는가?

Lines 5-8

Saucy pedantic wretch, go chide
Late school boys and sour prentices,
Go tell court huntsmen that the king will ride,
Call country ants to harvest offices;

• 계속되는 태양에 대한 부정적 묘사다. saucy는 "건방진, 뻔뻔스러운," pedantic은 "아는 체하는." 명사 wretch는 "가련한 인간, 철면피, 저급하고 경멸적인 사람." go chide는 명령문의 동사를 계속 나열하는 방식이

다. 이것은 and로 연결되지 않는다. 예) Come help change the world. "와서 도와 세상을 바꾸라, 와서 세상 바꾸는 일에 도움을 달라."

• chide의 목적어는 school boys + prentice이고, prentice는 apprentice (도제)의 고어식 표현이다. 학교 가기 싫은 소년들에게는 late, "지각한, 늦은," 도제에게는 sour, "불쾌한, 성질 고약한, 짜증 난"이란 형용사를 붙였다. 봉건사회의 직업 훈련인 도제제도에서 도제는 장인 밑에서 기술을 배우는 어린 소년이나 청년이다. 그러나 기술을 배우기보다 잔심부름을 시작으로 온갖 귀찮은 일과 꾸중 듣는 일이 도제의 일상이었을 테니, 아침에 일하러 나가는 것이 얼마나 싫었을까? sour는 그런 도제의 기분을 정확하게 표현한 형용사다. 화자는 태양을 향하여 자신들을 참견하지 말고 학교에 지각한 소년이나 일하러 가기 싫은 시큰둥한 도제에게나 가서 깨우라고 충고한다.

• 7행도 동사가 연속되는 명령문이다. go tell, "가서 말하라." 화자는 그다음으로 궁중 사냥터 지기들을 언급한다. 요즘처럼 오락거리가 많지 않던 시절, 임금이나 남자들의 주요 놀이나 시합은 사냥이었다. 그때 잡은 사냥감을 game이라고 하는데, 그게 지금은 "경기, 시합"이라는 말이 되었다. 화자는 태양을 향하여 궁중 사냥터 지기들에게나 가서 오늘 왕이 납신다고 알리라고 명령한다. 왕이 행차하는 날이면 일찍부터 게임으로 사용할 동물들을 풀어놓고 준비하는 것은 당시의 관례였다.

• 마지막으로는 시골 개미들에게 가라고 한다. 시골 개미는 진짜 개미일 수도 있고, 개미처럼 이른 아침부터 일하는 시골 농부를 은유할 수도 있다. Call to는 "어떤 일에 호출하다," harvest는 "수확하고 거둬들

이는 일," offices는 "업무, 의무." 화자는 태양을 향하여 그런 개미 혹은 농부들을 불러 수확하는 일에 호출하라고 말한다.

• 5-8행에서 언급된 일들은 태양이 떠오르면 매일 아침 진행되는 일상이다. 화자는 태양에게 그런 일상적인 일들이나 진행시키지, 왜 침상에 누운 자신과 여인을 깨우냐고 불평을 늘어놓는다. "말 안 듣는 태양"이라고 했으면서, 태양에게 명령하는 모순이다. 화자는 태양을 빗대어 여인을 향해 과시하고 싶은 사랑을 고백하고 있음을 알 수 있다.

> 건방지고 아는 체하는 가련한 것아, 가서 야단쳐라,
> 학교에 지각하는 소년들과 시무룩한 도제들이나.
> 가서 궁중 사냥터 지기들에게 왕이 납실 거라 전하고,
> 시골 개미들을 수확하는 일에 불러내라.

Lines 9-10

> Love, all alike, no season knows nor clime,
> Nor hours, days, months, which are the rags of time.

• 1연의 마지막 두 행은 couplet으로 topic sentence에서 시작한 1연의 결론이다. 3형식 문장이고, 어순을 고쳐 골격만 쓰면, Love knows no clime, nor hours, days, months. 삽입된 all alike는 "모두 마찬가지로," 즉 어떤 사랑이든지 ~을 모른다.

• 사랑이 모르는 첫 번째는 clime, "날씨, 기후"이다. 사랑은 계절에 따라 바뀌지 않음을 의미한다. 그다음 시간의 단위를 나열하면서 그것을

which로 수식한다. 계절이나 시간이나 날이나 달은 시간을 쪼개놓은 누더기 조각이라는 말로, 일차적으로는 시간을 나눈 메타포이고 이차적으로는 세월이 흐르면 시간의 단위, 계절 등 모든 것들은 낡아 넝마 조각이 된다는 의미를 담고 있다.

사랑은, 언제나 똑같이, 계절도 모르고 기후,
시간, 날, 달이란 시간의 넝마 조각도 모른다.

Lines 11-14

Thy beams, so reverend and strong
Why shouldst thou think?
I could eclipse and cloud them with a wink,
But that I would not lose her sight so long;

• 2연을 시작하면서 태양에 대한 무시는 계속된다. 11-12행은 의문문이면서 5형식 문장의 순서를 바꾼 것이다. 순서대로 쓰면, Why should you think your beams so reverend and strong? "존경하는, 존경받아 마땅한"이란 뜻의 reverend는 인간이 태양을 숭배했던 종교적이고 문화적인 속성을 담고 있다.

• 13행은 햇빛을 한 번의 윙크로 막을 수 있다는 굉장한 과장법이다. eclipse는 명사로 "개기일식," 여기선 동사로 "개기일식을 일으키다, 가리다." cloud는 구름처럼 "가리다, 흐리게 하다." 이 세상에서 태양을 가릴 수 있는 것, 그것도 일시적으로 가릴 수 있는 것은 일식과 구름 두 가지밖에 없다. 그런데 화자는 윙크로 가리겠다고 만용을 부린다.

could는 마음만 먹으면 그럴 수 있다는 가정의 뜻을 담고 있다.

• 14행의 But은 두 가지로 해석할 수 있다. 1) except that 즉, 윙크로 태양을 가리는 것을 제외하고; 2) But (doing) that, "그러나 윙크로 햇빛을 가림으로써." so long은 윙크하는 순간조차, 눈을 깜빡하는 순간만큼도 그녀를 놓칠 수 없다는 뜻이다.

그대의 광선이 왜 그렇게 숭배받고 강하다고
그대는 생각하는가?
나는 그걸 윙크로 가리고 일식시킬 수 있지만,
눈 깜빡하는 순간도 그녀의 모습을 잃고 싶지는 않노라.

Lines 15-18

If her eyes have not blinded thine,
Look, and tomorrow late, tell me,
Whether both th' Indias of spice and mine
Be where thou left'st them, or lie here with me.

• 과장법은 계속된다. thine은 Sun's eye. 여인의 눈과 태양의 눈이 서로 싸우면 태양의 눈이 멀 수 있다는 대단한 과장이다. 인간은 태양을 쳐다볼 수 없고, 만약 오래 보면 실명한다는 것을 이용한 역발상이다.

• If 종속절 다음의 16-18행은 주절이며 명령문이다. 가서 보고 내일 늦게 whether 이하의 사실을 나에게 말해 달라. whether 문장의 주어는 both th' Indias, 동사는 1) Be + 2) lie.

• both Indias는 지구상의 서인도제도와 동인도제도를 가리킨다. 15세기 대서양을 횡단한 콜럼버스는 서쪽으로 계속 항해하면 아시아의 인도에 닿으리라고 생각했지만, 실제는 중미에 있는 열도를 만난다. 그래서 그곳을 서인도제도(West Indies)라고 불렀다. 이 시에서 말하는 두 인도제도는 동양의 인도와 서양의 서인도제도를 합친 지구 전체를 상징한다. 특히 두 곳은 17세기 당시 유럽의 식민지였던 곳이다. 동인도는 향신료(spice)로, 중미의 서인도는 광물(mine)로 유명했음을 시인의 묘사로 알 수 있다.

• 태양은 지구를 하루에 한 바퀴 돌면서(사실은 지구가 자전하는 거지만), 온 세상을 다 내려다본다. 그런 관점에서 태양은 하루에 한 번씩 동인도제도를 보고 계속 돌아서 서인도제도를 본다. 거기에 착안한 화자의 주문이다. 그 두 인도가 네가 내려다본 곳에 그대로 있는지, 아니면 나와 함께 누워있는지를 봐라. "The Good-Morrow"에서처럼 사랑하는 두 사람이란 소우주는 지구 전체를 커버하는 대우주로 확대된다.

만일 그녀의 눈이 너의 눈을 멀게 하지 않았다면,
보고 와서, 내일 늦게 내게 말하라,
향료와 광물의 산지인 두 인도가
네가 두고 온 곳에 그대로 있는지, 아니면 나와 함께 누웠는지.

Lines 19-20

Ask for those kings whom thou saw'st yesterday,
And thou shalt hear, "All here in one bed lay."

• 앞선 행의 아이디어를 계속 이어간다. 두 인도제도를 본 태양은 또

세상의 모든 군왕을 내려다본다. 하루에 태양을 한 번도 쳐다보지 않은 왕이 있을까? 화자는 거기에 착안하여 모든 나라와 군왕을 두 연인 안에 압축한다.

> 네가 어제 본 왕들이 어디 있는지 문안해봐라,
> 그럼 너는 듣게 되리라, "모두 여기 한 침상에 누워 있다"고.

Lines 21-24

> She's all states, and all princes, I;
> Nothing else is;
> Princes do but play us; compared to this,
> All honor's mimic, all wealth alchemy.

• 21행을 순서대로 풀어쓰면, She's all states, and I (am) all princes. 같은 형식의 문장에서 한 번 나온 be동사는 다음에 생략할 수 있다.

• 이 말은 화자인 왕이 국가인 여인을 다스린다는 주종 관계로 해석할 수 있지만, 사실 시인은 사랑하는 두 사람을 소우주의 개념으로 온 세상 모든 국가와 군주를 대표하는 metaphor로 사용한 것이다. 또 그들의 사랑을 국가와 군주처럼 떼려야 뗄 수 없는 영속적인 관계로 그린다고 볼 수 있다. 22행은 나와 여인 외에는 그 어떤 것도 존재하지 않는다는 확장이면서 과장이다.

• 세상의 "군주들은 단지 우리를 흉내 낼 뿐이다." 여기서 문장은 완전히 끊어지고, compared to this는 다음 행과 연결된다. this는 "우리 두

사람의 사랑"이라고 유추할 수 있다. "그것과 비교해 보았을 때."

• All honor is mimic, (and) all wealth (is) alchemy. 연금술은 황금을 좇는 사람들이 추구하던 유사과학, 사술, 거짓 기술을 말한다. 즉, 그들의 사랑만이 진실하고, 나머지는 그렇지 않음을 강조한다.

그녀는 모든 나라요, 나는 모든 왕,
그 외 어떤 것도 존재하지 않는다.
군주들은 우리를 따라 할 뿐. 우리 사랑에 비하면,
모든 명예는 흉내고, 모든 부(富)는 가짜로다.

Lines 25-28

Thou, sun, art half as happy as we,
In that the world's contracted thus;
Thine age asks ease, and since thy duties be
To warm the world, that's done in warming us.

• 태양이 우리의 절반만큼만 행복한 이유는 태양은 늘 세상의 반만 비추기 때문이라는 놀라운 아이디어다. 그 이유는 이런 면(In that ~이하)에서 그렇다. 즉, 온 세상이 두 연인 안에 압축되어 절반의 어둠이나 추위가 없는 완벽하고 온전한 사랑을 이루고 있기 때문이다. 그러니 세상의 절반만 비치는 태양은 그들에 비해 절반만 행복할 수밖에 없다는 논리다.

• 27행에서 반전이 일어난다. 첫 행부터 창문과 커튼 사이로 들어와 잠을 깨운 태양을 나무라던 화자는 이제 자신과 사랑하는 여인을 비

추라는 태도로 돌변하기 때문이다. 1행에서 태양을 늙은이로 묘사한 것과 연결하여 태양은 이제 쉴 때가 되지 않았냐는 논리가 된다.

• 이것은 엄청난 확장이다. 태양은 힘들게 지구를 돌지 말고 두 연인을 비추기만 해도 온 세상을 비추는 의무를 다하게 된다는 설득력 있는 메시지가 된다. 화자는 이런 결론을 위해서 지금까지 논리적인 전개를 이어온 것이다.

> 너, 태양은 우리의 절반만큼만 행복한 거다,
> 세상이 그렇게 압축됐다는 점에서.
> 너의 나이는 쉼을 찾을 때고, 너의 의무는 세상을
> 따뜻하게 하는 것이니, 그건 우리를 덥힘으로 완수된다.

Lines 29-30

> Shine here to us, and thou art everywhere;
> This bed thy center is, these walls, thy sphere.

• 처음 깨우지 말라는 짜증으로부터 이제는 빛을 비추라는 명령으로 바뀐다. 그들을 비추면 태양은 지구의 절반이 아니라, 온 세상에 편재하는 무소부재한 존재가 될 것이기 때문이다.

• 따라서 화자의 결론은 두 연인이 누운 방을 대우주로 만드는 공간의 확장이다. 30행을 다시 쓰면, This bed is thy center, (and) these walls (are) thy sphere. 여기서 center는 태양의 축, sphere는 태양이 운행하는 태양계를 의미한다고 볼 수 있다. 시의 첫 연에서 그들의 사랑은 태양

의 움직임에 따라 변하지 않는다는 시간성의 초월을 주장했다면, 결론에 와서 그들의 사랑은 태양이 지배하는 공간을 뛰어넘는다는 공간성의 초월로 끝을 맺는다.

> 여기 우리를 비추어라, 그럼 너는 세상 모든 곳에 있는 것이고,
> 이 침상은 너의 축이 되고, 벽들은 너의 영역이 되리라.

마무리

이 시는 존 단의 가장 매력적이고 성공적인 형이상학적 연애 시 중 하나로 알려져 있다. 태양에 인격을 부여하여 늙고 바쁘고 말 안 듣는 성품을 가진, 쉬지 않고 사람들을 지켜보는 의식을 가진 존재로 만든다. 사랑하는 여인과 함께 누운 달콤한 잠자리를 깨우는 떠오르는 태양은 화자에게 미움의 대상이다. 그래서 그는 시간과 계절과 인간의 활동을 정해주는 태양의 지배를 벗어나 시간을 초월한 사랑을 하겠다고 선언한다. 또 지구의 절반을 비추는 태양의 지배를 벗어난 그들의 사랑은 공간을 초월한 사랑으로 확대된다.

그러나 시의 흐름은 연인들의 시간과 공간을 간섭한다는 처음의 비난으로부터 그들을 비추라는 명령으로 바뀐다. 온 세상이 된 그들을 따뜻하게 비춤으로써 태양의 의무는 완성되고 그들이 누운 침상은 우주의 중심이 된다. 그들의 몸이 온 세상이라는 비유는 앞선 시에 나온 것처럼, 소우주와 대우주의 경계를 허무는 르네상스 시대의 철학적 사상을 표현한 metaphor다.

한 가지 짚고 넘어가야 갈 것은 이 시의 대상은 태양이 아니라, 옆에 누운 사랑하는 여인이란 점이다. 화자는 태양을 빗대어 자신의 사랑을 여인에게 간접적으로 고백하고 있다. 또 세상의 군왕들도 다스릴 수 없는 태양을 화자의 통제 아래 둠으로써 자신을 왕보다 더 높은 신분, 태양보다 더 숭배를 받는 존재로 승격시킨다. 그가 태양을 향하여 reverend하거나 strong 하지 않다고 한 말은 곧 자신이 숭배를 받고 강한 존재임을 에둘러 한 묘사임을 알 수 있다.

기독교적인 관점에서 시의 제목, "The Sun Rising"은 이중의 의미로 The Son Rising이 되고, 자연법칙을 초월한 하나님의 아들이 죽음을 이기고 부활한 종교적인 내용을 내포한 시로 해석할 수 있다. 마찬가지로 두 남녀의 사랑은 시간과 계절, 공간을 지배하는 태양의 법칙을 뛰어넘어, 예수의 부활과 같은 초월적 사랑으로 승화시키는 시도로 볼 수 있다.

Love's Alchemy

Some that have deeper digg'd love's mine than I,
Say, where his centric happiness doth lie;
    I have lov'd, and got, and told,
But should I love, get, tell, till I were old,
I should not find that hidden mystery.
    Oh, 'tis imposture all!
And as no chemic yet th'elixir got,
    But glorifies his pregnant pot
    If by the way to him befall
Some odoriferous thing, or medicinal,
    So, lovers dream a rich and long delight,
    But get a winter-seeming summer's night.

Our ease, our thrift, our honor, and our day,
Shall we for this vain bubble's shadow pay?
    Ends love in this, that my man
Can be as happy as I can, if he can
Endure the short scorn of a bridegroom's play?
    That loving wretch that swears
'Tis not the bodies marry, but the minds,
    Which he in her angelic finds,
    Would swear as justly that he hears,
In that day's rude hoarse minstrelsy, the spheres.
    Hope not for mind in women; at their best
    Sweetness and wit they'are, but mummy, possess'd.

*****

Lines 1-5

Some that have deeper digg'd love's mine than I,
Say, where his centric happiness doth lie;
I have lov'd, and got, and told,
But should I love, get, tell, till I were old,
I should not find that hidden mystery.

• 1-2행은 deeper를 제외하고 어순의 도치가 없는 평범한 문장이다. deeper는 than 앞에 놓으면 된다. 여기서 중요한 것은 사랑을 광산(mine)에 비유한 메타포다. 화자는 사람들이 광물을 캐듯이 사랑의 광산에서 진정한 행복을 찾으려고 한다는 이미지로 출발한다. 여기서 말하는 진정한 행복이란 르네상스 시대 시인들이 노래하던 platonic love의 본질, 즉 가장 이상적인 것으로 여겼던 정신적 사랑의 진실을 의미한다.

• digg'd love's mine deeper는 "사랑의 광산을 더 깊이 팠다." deeper(더 깊이)는 부사처럼 들리지만, 형용사이고 광산을 판 동작의 결과면서, 목적어 love's mine의 상태를 표현하는 목적격 보어다. 광산을 팠더니 그 결과로 땅이 더 깊어진 것, 더 깊이 팠다. 비슷한 예로, They painted the room whiter than snow. "그들은 방을 눈보다 더 하얗게 칠했다, 색칠한 결과 방은 눈보다 더 하얗게 되었다."

• 문장의 골격은 Some say where ~ "어떤 사람은 ~이 어디에(where)에 있다고 말한다." 이 골격에 some을 수식하는 관계대명사 절이 삽입돼

있다. that have digged love's mine deeper than I (did), "나보다 사랑의 광산을 더 깊이 판 적이 있는 사람들."[10)]

• where가 이끄는 문장의 주어 + 동사는 his centric happiness + does lie. "어떤 사람들은 그의 중심 되는 행복, 가장 중요한 행복이 어디에 있다고 말한다." 그것을 발견한 것처럼 말한다.

• 반면 화자 자신의 경험은 그 반대다. 마지막 told는 "셈을 하다, 세어 보다"라는 뜻으로 사랑의 가치를 세어봤다고 해석할 수 있다. "나도 사랑을 해봤고, 얻어 봤고, 따져봤었다."

• 4-5행은 should와 주어를 도치한 가정법. 많이 쓰이는 같은 형식의 예문: Should you have any questions, please feel free to call us at 1234. "문의 사항이 있으면 1234로 언제든지 연락하시기 바랍니다."

• 3행에서 이미 사랑해본 경험을 이야기했다면, 여기선 "내가 늙을 때까지"라는 조건으로 "그때까지 사랑하게 된다면"이란 가정을 한다. "(만약 그런다 해도) 나는 그 감추어진 신비를 찾지 못할 것이다." 다른 사람들은 광산에서 황금을 캐듯이 감추어진 사랑의 본질을 찾았다고 말하지만, 나는 결코 찾을 수 없다는 냉소적인 반응이다.

---

10) 이 시행에서는 수의 일치가 이루어지지 않는다. 주어 some의 본동사를 say로 쓰고, some을 수식하는 관계대명사 절의 동사를 (that) have로 쓴 것은 some을 복수로 본 것인데, 2행에서는 이걸 their가 아니라 단수 his (centric happiness)로 받는다. 이 시대 영시에서 이런 현상은 자주 나타난다. 우리는 이런 문법적 불일치를 찾을 수 있어야 하고, 그것을 뛰어넘어 문맥을 보고 정확한 해석을 할 수 있어야 한다.

나보다 더 깊이 사랑의 광산을 파본 사람은
행복의 중심이 어디 놓여있다고 말합니다.
나도 사랑해봤고, 얻어 봤고, 세어봤지만,
늙을 때까지 다시 사랑하고, 얻고, 세어본다 할지라도,
나는 그 감추어진 신비를 찾지 못할 것입니다.

Lines 6-12

Oh, 'tis imposture all!
And as no chemic yet th'elixir got,
But glorifies his pregnant pot
If by the way to him befall
Some odoriferous thing, or medicinal,
So, lovers dream a rich and long delight,
But get a winter-seeming summer's night.

• 다시 쓰면, Oh, it's all imposture! 다음 7-12행은 길지만 한 문장이고 so ~ as 형식이다. 이걸 파악하는 것이 1연을 이해하는 중요한 관건이다.

• 먼저 as는 10행까지의 종속절을 이끄는 접속사니까, as 절의 주어(no chemic)와 두 개의 동사(got + glorifies)를 연결하여, "어떤 연금술사도 아직 ~을 got 하지 않고서, ~을 glorifies 하는 것처럼"이라고 번역할 수 있어야 한다. got은 no가 붙어서 부정이고, but glorifies로 연결되니까, not A, but B 구문이다. "A를 얻지 못했으면서, B를 가지고 좋아한다."

• pot는 연금술사들이 실험하는데 쓰는 용기를 말한다. 임신했다는 개념은 그런 용기 안의 물질이 어떤 화학작용으로 거품이 일고 부풀어나

새로운 물질을 탄생시키는 이미지를 준다. "임신한 실험도구를 찬양하듯이" → 연금술사가 그것을 대단한 발견이라고 좋아하는 것처럼.

• as의 종속절은 또 다른 If 절의 제한을 받는다. 만약 ~ 한다면. by the way는 실험하는 중에 "우연히." 순서대로 쓰면, If some odoriferous or medicinal thing befell to him by the way. "만약 실험 과정에서 우연히 향기가 나거나 약효가 있는 것이 그에게 부산물로 떨어지면."

• 11행은 so가 이끄는 주절이다. "그렇게, 마찬가지로." 여기서 말하는 lovers는 세상의 모든 연인을 가리킨다. 그들이 꿈꾸는 것은 rich and long delight, "화려하고, 풍요롭고, 긴 쾌락"이다. 그러나 그들이 정작 얻는 것은 "겨울 같은 한여름 밤"일 뿐이다. 이것은 사랑의 본질을 찾았다고 하는 사람들이 결국에 가서 얻게 되는 사랑의 허망한 결과물을 가리킨다.

• winter-seeming (겨울처럼 춥고) + summer's night (여름처럼 짧은 밤). 만약 연인들이 겨울밤처럼 길고 + 여름날처럼 뜨거운 사랑을 동시에 얻는다면 가장 이상적일 테지만, 결과는 그 반대라는 말이다. 단 네 개의 단어로 겨울과 여름의 단점을 합쳐 부정적으로 표현한 놀라운 명사구가 아닐 수 없다.

> 아, 이건 모두 사기로다.
> 어떤 연금술사도 불로장생약을 얻지 못한 것처럼,
> 그러면서 만일 우연히 그에게
> 향기 나는 물질이나 약 성분이 추출된다면,

풍만해진 증류기에 찬사를 돌리는 것처럼,
그렇게 연인들은 진하고 긴 쾌락을 꿈꾸지만,
얻는 것은 단지 겨울 같은 여름밤뿐입니다.

Lines 13-17

Our ease, our thrift, our honor, and our day,
Shall we for this vain bubble's shadow pay?
Ends love in this, that my man
Can be as happy as I can, if he can
Endure the short scorn of a bridegroom's play?

• 13행에는 명사만 나열돼 있다. "우리의 편안함, 아끼고 절약하는 것, 명예(남녀 관계에서는 정조, 정절), 그리고 우리의 날, 즉 시간." 이것은 14행에 나오는 동사 pay의 목적어들이다. 어순을 바로 쓰면, Shall we pay our ease, our thrift, our honor, and our day for this vain bubble's shadow?

• 그럼 헛되고, 거품 같은 그림자는 무엇을 의미하는가? 2행에서 행복의 중심이라고 표현한 정신적 사랑을 가리킨다. 이런 사랑을 위해 순결을 지키고 불안해하고 돈을 쓰고 시간을 낭비하는 건 모두 헛된 일이란 냉소적 비판이다. 단은 늘 진정한 사랑은 영과 육이 하나가 된 완전한 합일이라고 주장한 시인이다.

• 15행을 의문문으로 다시 쓰면, Does love end in this? 여기서 this는 that 이하의 사실이다. "사랑은 that 이하의 사실로 끝나는 건가?"

• 16-17행이 이 시에서 가장 난해한 부분이다. my man은 종(servant)이라는 뜻도 되고, 남성의 성기도 된다. 대부분 전자로 번역하지만, 후자의 의미가 원문의 뜻에 더 가깝다. a bridegroom's play, "신랑 놀이"는 결혼 후 행하는 부부의 잠자리를 말한다.

• the short scorn of a bridegroom's play를 풀어서 설명하면, 남자가 결혼 후 짧은 기간만 아내와 부부관계하고 그 뒤로 육체적 사랑을 중단한다면, 성기의 입장에서는 굴욕이라는 말이다. 그래서 만약 나의 성기가 그런 짧은 신랑 놀이의 굴욕을 견딜 수 있다면, 내가 정신적 사랑으로 만족하는 것만큼, 성기도 나 못지않게 만족할까? 육체적 사랑이 그렇게 끝나는 것인가?

• 정신적 사랑을 위해 육체를 억제하는 건 진정한 사랑이 아님을 강조한다. 따라서 첫 연에서 정신적 사랑의 본질을 발견했다는 자랑은 연금술사가 묘약은 찾지도 못했으면서, 부산물을 가지고 호들갑 떠는 것과 같다. 단에게 있어 육체관계는 사랑의 가장 중요한 요소다. 그래서 platonic love를 사기 과학인 연금술과 비교한 것이다.

• 정신적 사랑으로는 사랑의 본질을 얻을 수 없다는 1연의 사상을 이어간다. 다시 말해서 여성과 정신적으로 하나가 된다는 철학적 사유는 있을 수 없는 공허한 말이 된다. 따라서 그런 사랑을 위해 많은 걸 희생해도 얻는 것은 연금술사가 추구하는 것처럼 헛되고 실체 없는 그림자일 뿐이다.

우리의 편안함, 절약, 정조, 시간을
이 허무한 물거품의 그림자 값으로 치를 건가요?

사랑은 이렇게 끝날까요, 나의 남성이
나만큼 만족할 수 있다는 사실로, 만약 그것이
짧은 신랑 놀이의 모멸감을 견딜 수 있다면?

Lines 18-22

That loving wretch that swears
'Tis not the bodies marry, but the minds,
Which he in her angelic finds,
Would swear as justly that he hears,
In that day's rude hoarse minstrelsy, the spheres.

• 18-22행은 앞선 해석을 뒷받침하는 긴 문장이다. 골격만 풀어서 쓰면, That loving wretch would swear that he hears (the music of) the spheres in the wedding day's rude hoarse minstrelsy. "저 사랑하는 가련한 인간은 혼인날 떠들어대는 거칠고 시끄러운 음유시인의 노래에서 천상의 음악을 듣는다고 맹세할 겁니다."

• 이런 문맥에서 the spheres는 보통 the music of the spheres, "천상의 음악"을 의미한다.[11)] 음유시인은 혼인 잔치에 초대되어 흥을 돋우는 우

11) the music of the spheres는 태양과 달과 모든 천체는 음악의 형식으로 일정한 규칙에 따라 하모니와 균형을 이루며 운행한다는 철학적 개념이다. 고대 그리스의 피타고라스학파에서 유래하여 16세기 천문학자 요하네스 케플러(Johannes Kepler)에 의해 이론적으로 정립된다. 케플러는 이 음악이 우리 귀에 들린다고 믿지는 않았지만, 영혼은 들을 수 있다고 생각했다. 이 개념은 르네상스 시대가 끝날 때까지 학자들의 관심을 끌었고, 휴머니즘에 영향을 끼친다. 모차르트는 이런 천상의 멜로디와 하모니의 원리를 알고, 그것을 지상의 악보에 옮겼는지 모른다. 창조의 원칙과 모세오경의 기록 원칙은 모두 숫자와 긴밀한 관계가 있는데, 모차르트는

리 식의 소리꾼, 요즘의 연예인을 말한다. 그들이 시끄럽고 떠들썩한 파티에서 시를 읊어대고 노래를 부르는 시끄러운 소리를 천상의 음악이라고 맹세한다면, 그건 거짓말이라는 얘기다.

• "가련한 인간"(wretch)을 수식하는 말은 "여자에게서 천사다움을 발견하고, 결혼은 육체가 아니고 정신이랑 하는 것이라고 맹세하는 사람"을 가리킨다. 이 문장에서 swear가 두 번 나온다. 그런 사람은 결혼식 날의 거칠고 시끄러운 소리 속에서 천상의 음악을 듣는다고 맹세하는 것과 똑같다. 그것처럼 여인에게서 지성을 찾는 것은 불가능하다는 뜻이다.

결혼하는 것은 육체가 아니고 정신이기에
그 정신에서 천사 같음을 발견한다고
맹세하는 사랑에 빠진 가련한 인간은
그날의 거칠고 시끄러운 음유시인의 노래에서
천상의 음악을 듣는다고 옳은 듯 맹세할 겁니다.

Lines 23-24

Hope not for mind in women; at their best
Sweetness and wit they'are, but mummy, possess'd.

• 공개적인 여성 혐오와 비하처럼 보인다. mind는 "마음, 정신, 지성" 등의 의미로 "가슴, 감정, 감각"과 같은 육체적 개념과 반대되는 말이다. 마지막 문장을 순서대로 풀어쓰면, At their best, they are sweetness

---

그런 하늘의 원리를 음계로 바꾼 천재였다고 생각한다.

and wit, but when (they are) possessed, they are mummy.

여자에게서 정신을 바라지 마시오. 잘해 봐야
그들은 달콤함과 재치지만, 갖고 나면 미라에 불과합니다.

마무리

지금까지의 시가 육체적 사랑을 주제로 삼았다면, 이 시는 르네상스 시대 시인들이 칭송하던 platonic love를 주제로 여성과의 관계에서 정신적 사랑, 지성적 합일을 찾으려는 것은 불가능함을 주장한다. 당시 신 플라톤주의자들이 사랑의 본질을 정신적 사랑에서 찾았다면, 단은 이 시에서 그것을 철저히 배격한다. 그에게 사랑의 이상(Ideal Love)을 추구하는 것은 연금술사가 비금속으로 황금을 만들고 잡다한 물질로 불로장생의 영약을 만들겠다는 소리와 다르지 않다.

시의 제목인 "Love's Alchemy"는 그런 의미를 함축적으로 제시한다. 중세 때부터 유행하던 연금술은 르네상스 시대엔 점점 유사과학, 거짓 학문으로 추락했고 유행에서 멀어져갔다. 단은 시인들이 노래하던 정신적 사랑 역시 시대적으로 어울리지 않는 과거의 이상이고 헛된 것으로 규정한다. 특히 여성에게서 정신적 사랑의 본질을 찾는 것은 불가능하다는 그의 주장은 현대적 시각에서 여성비하와 여성 혐오로까지 비친다. 그러나 이런 점 때문에 단을 비판하는 것은 문학에 대한 올바른 접근 방식이 아니다. 그는 당시 사람들이 추구했던 비현실적이고 추상적인 개념의 사랑을 극단적인 방식으로 비판한 것이다. 단에게 온전한 사랑은 몸과 마음, 육체와 정신이 결합할 때 완성된다.

시인의 역할은 어떤 주제를 관찰하고 관찰한 것을 가지고 문학적이고 심미적인 즐거움을 창조하는 데 있다. 그의 시는 일종의 지적, 정서적, 논리적 exercise이기 때문에 완전하게 이해하기 위해선 우리 역시 그러한 훈련과 연습에 최선을 다해야 한다. 대부분 형이상학파 시인들은 세속적 사랑을 이렇게 저렇게 논하면서 자신의 지성과 감성을 통합한다. 이 시는 형이상학파 시의 좋은 예이다.

The Canonization

For God's sake, hold your tongue, and let me love;
  Or chide my palsy, or my gout;
My five gray hairs, or ruin'd fortune flout;
  With wealth your state, your mind with arts improve;
      Take you a course, get you a place,
      Observe his Honor, or his Grace;
Or the king's real, or his stamp'd face
  Contemplate; what you will, approve,
  So you will let me love.

Alas, alas! who's injured by my love?
  What merchant's ships have my sighs drown'd?
Who says my tears have overflow'd his ground?
  When did my colds a forward spring remove?
      When did the heats which my veins fill
      Add one more to the plaguy bill?
Soldiers find wars, and lawyers find out still
  Litigious men, which quarrels move,
  Though she and I do love.

Call us what you will, we are made such by love;
  Call her one, me another fly,
We're tapers too, and at our own cost die,
  And we in us find the eagle and the dove.
      The phœnix riddle hath more wit
      By us; we two being one, are it;
So, to one neutral thing both sexes fit.
  We die and rise the same, and prove
  Mysterious by this love.

We can die by it, if not live by love,
  And if unfit for tombs and hearse
Our legend be, it will be fit for verse;
  And if no piece of chronicle we prove,
      We'll build in sonnets pretty rooms;
      As well a well-wrought urn becomes
The greatest ashes, as half-acre tombs,
  And by these hymns, all shall approve
  Us canonized for love.

And thus invoke us: "You, whom reverend love
  Made one another's hermitage;
You, to whom love was peace, that now is rage;
  Who did the whole world's soul contract, and drove
      Into the glasses of your eyes
      (So made such mirrors, and such spies,
That they did all to you epitomize)
  Countries, towns, courts: beg from above
  A pattern of your love."

*****

• 단 시의 특징 중 하나는 동사가 많은 거다. 르네상스 이전이나 이후의 연시에서 흔히 볼 수 있는 서술적이고 정적이고 서정적인 분위기와 달리, 동사가 많은 그의 시는 동적이고 적극적이고 극적인 전개를 보여준다. 대화체 형식의 리듬과 열정적인 독백, 비교할 수 없는 것들을 지적이고 논리적인 설득으로 연결하는 드라마틱한 기술은 형이상학파 시의 전형적인 스타일이다. 이 시의 1연에서만 10개의 동사가 등장하는데, 이들 명령문은 시를 움직이게 하는 동력을 제공한다. 그러면서 처

음의 분위기는 마지막에 이르러 반전이 되고, 시인은 보이지 않는 청자와 독자를 자신이 주도하는 방향으로 이끌어 의도한 목표에 도달한다.

Lines 1-9

For God's sake, hold your tongue, and let me love;
Or chide my palsy, or my gout;
My five gray hairs, or ruin'd fortune flout;
With wealth your state, your mind with arts improve;
Take you a course, get you a place,
Observe his Honor, or his Grace;
Or the king's real, or his stamp'd face
Contemplate; what you will, approve,
So you will let me love.

• For God's sake는 서양 언어에 흔히 들어가 있는 신의 이름으로 만든 감탄사다. 직역하면, "하나님을 위하여"라는 뜻이지만, 하나님과 전혀 상관없는 놀람, 분노, 실망, 짜증, 제발 등을 표현하는 소리다. 고대 그리스와 로마는 물론 고대 근동 문화에서는 자기들이 만든 신의 이름으로 맹세나 욕을 하고 감탄사를 만들었다. 그런 문화에 물들지 않도록 성경은 "너는 네 하나님 여호와의 이름을 망령되게 (헛되게) 부르지 말라"(출 20:7)는 금지를 십계명에 포함할 정도였다. 지금도 서양 언어에서는 신의 이름이 욕으로 사용된다.

• 여기선 "제발, 부디, 제기랄" 등으로 번역하면 된다. 그다음 "입을 다물라"라는 거친 명령이 시작된다. 내가 사랑하는 것을 참견하지 말라는 의미다. 화자는 누군지 모르는 대상을 향하여 외치고 있다.

• 2행 or는 입을 닥치거나, 아니면 다음에 나열된 것들을 하라는 동사로 계속 이어진다. palsy는 "중풍," gout는 "통풍"인데, 단이 실제로 이런 질병을 앓았는지는 알 수 없다. 중풍은 우리가 알고 있는 몸의 마비를 일으키는 병이라기보다 손과 발을 떠는 증상이고, 통풍은 관절이 붓는 질병 정도로 생각할 수 있다. 화자는 자신의 사랑을 간섭하지 말고, 그의 육체적인 약점이나 꾸짖으라고 주문한다.

• 3행의 동사 flout는 앞선 행 gout와 운을 맞추기 위해 마지막에 두었다. 왜 다섯 가닥의 흰 머리카락인지는 알 수 없지만, 자신이 사랑하는 걸 참견하지 말고, 그 대신 나이 든 것을 조롱의 대상으로 삼으라는 뜻으로 이해할 수 있다.

• 4행의 동사 improve 역시 8행의 approve와 운을 맞추기 위해 제일 뒤에 두었다. "향상하라"는 명령의 목적어는 1) "너의 신분"(your state) + 2) "너의 마음"(your mind). 이전에 설명한 대로 mind는 머리에 들어 있는 지식, 지성을 의미한다. 화자는 청자를 향하여 좋은 충고를 하는 것 같지만, 사실은 나를 참견하지 말고 "너나 잘하세요"라는 뉘앙스가 담긴 냉소적인 명령을 계속한다.

• 5행 Take a course는 "과목을 들어라," 다른 말로 "공부하라, 좀 배워라." get you a place, "자리를 잡아라, 직업을 가져라."

• 다음 행의 his Honor는 고관대작, his Grace 높은 성직자를 가리킨다. 법관을 부를 때 Your Honor, 추기경, 주교를 부를 때 Your Grace를 붙이는 것과 연결된다. observe는 그런 사람들을 "주시하라, 관찰하라,

따라 하라.” 이 말은 “높은 사람 밑에서 일하라, 아첨하라”라는 말일 수 있다.

• 7행의 목적어, face를 받는 동사는 8행으로 넘어간 contemplate다. 순서대로 쓰면, Or contemplate the king's real (face), or his stamped face. 왕의 얼굴이 두 가지로 나누어진다. 왕의 진짜 얼굴은 정치적으로 출세하라, 왕의 얼굴이 찍힌 것은 돈이므로 돈을 추구하여 부자가 되라는 말이다.

• 다음은 approve what you will, 직역하면 “네가 하려는 일을 증명하라.” 다른 말로 “네가 하려는 것을 잘해봐라.” 그리고 나는 사랑하게 그냥 내버려 두라는 주문이다. 1연은 이렇게 사랑을 간섭하는 불특정한 대상을 향하여 네 할 일이나 하라고 한 다음, 2연으로 넘어간다.

> 제발, 입 닥치고 나로 사랑하게 하라,
> 아니면 내 중풍이나 통풍을 나무라든지,
> 내 다섯 가닥 흰 머리나 망한 재산을 조롱하라.
> 돈으로 신분을, 교양으로 지성을 향상하든지,
> 공부해서 자리를 차지하든가,
> 정치가나 성직자를 따라가라.
> 아니면 왕의 진짜 얼굴을, 아니면 그의 찍힌 얼굴을
> 깊이 생각하거나, 네가 하고 싶은 일을 도모하라,
> 그리곤 나로 사랑하게 내버려 두어라.

Lines 10-18

Alas, alas! who's injured by my love?
What merchant's ships have my sighs drown'd?
Who says my tears have overflow'd his ground?
When did my colds a forward spring remove?
When did the heats which my veins fill
Add one more to the plaguy bill?
Soldiers find wars, and lawyers find out still
Litigious men, which quarrels move,
Though she and I do love.

• 우선 Alas는 슬픔, 회환, 유감 등을 표현하는 소리다. "아, 아" 혹은 "아, 세상에"라고 번역해도 무방하다. 이렇게 감탄사를 두 번 연거푸 외친 후, 화자는 2연을 의문문으로 시작한다. "누가 나의 사랑 때문에 해를 입었는가?" 이렇게 topic sentence를 말한 다음, 11-18행에서 구체적인 사례를 나열한다.

• 1) my sighs. 사랑 때문에 괴로워 내쉰 한숨을 태풍으로 과장하는 페트라르카 전통을 역이용하여, 화자는 자신의 한숨 때문에 상인의 배가 침몰한 적이 있냐는 질문을 던진다.

• 2) my tears. 홍수가 날 정도로 눈물을 흘렸다는 페트라르카 전통을 역으로 질문한 거다. 무생물(my tears)이 주어가 될 경우, 이를 원인으로 번역해야 자연스럽다. "누가 내 눈물 때문에 자기 땅이 범람했다고 말하는가?"

• 3) my colds. 순서대로 쓰면, When did my colds remove a forward spring? 여기서 a forward spring은 early spring, "초봄"이다. 사랑의 냉가슴을 앓다가 감기에 걸렸다면, 내 감기 때문에 "언제 다가오던 봄이 멈춘 적이 있느냐?" 내 감기가 꽃샘추위를 가져온 적이 없다는 반페트라르카식 표현이다.

• 4) the heats. 14행의 which가 이끄는 문장의 어순은 which fill my veins, "내 혈관을 채운 뜨거움." 이것은 사랑 때문에 열병을 앓는다는 뜻이다. 그 외에는 도치된 것이 없는 평범한 의문문이다. 그런데 이 문장의 어려움은 the plaguy bill에 있다. 다음 설명을 읽기 전에, 도대체 이게 무슨 뜻인지 사전을 찾으면서 번역 연습하는 것도 좋은 훈련이다. plaguy는 형용사로 "성가시고 귀찮은," 여기선 plague, "전염병"을 말한다.

• 다음 bill은 여러 가지 뜻 중에서 public notice 방(榜), 어떤 일을 알리기 위해 공공장소에 붙인 안내문을 의미한다. 코비드 19에 확진되거나 사망한 사람의 숫자를 신문방송에서 발표하는 것과 다르지 않다. 따라서 plaguy bill은 마을마다 전염병으로 죽은 사람들의 명단을 기록한 일종의 포스터다. "내 열병 때문에 전염병 사망자 명단에 한 사람이 더 늘었는가?" 이것 역시 수사학적 질문이고 과장법이다.

• 여기에 나오는 한숨-태풍, 눈물-홍수, 감기-꽃샘추위, 뜨거움-전염병 등은 Petrarchan 전통에서 늘 나오는 소재다. 이 전통에 따르면, 남자는 사랑에 빠졌을 때 여자의 냉대로 인하여 과장된 고통과 슬픔과 아픔을 겪는다. 단은 이를 패러디하면서 현실은 그렇지 않음을 강조한다. 당대 다른 시인들과 달리, 페트라르카식 과장을 역이용하여 세상은 그

들의 사랑과 아무 관계 없이 잘 돌아간다는 현실을 그대로 표현한다.

• 16-18행의 어순을 바로 쓰면, Though she and I do love, solders find wars, and lawyers still find out litigious men, who move quarrels. 여기서 litigious men은 "소송 걸기 좋아하는 사람들"이다. who move quarrels는 "싸움을 일으키는 사람들," 동시에 그들은 "소송 꾼들"(litigious men)을 가리킨다.

> 슬프도다, 누가 나의 사랑 때문에 해를 입었는가?
> 어떤 상인의 배를 내 한숨이 침몰시켰는가?
> 누가 말하는가, 내 눈물이 농부의 밭을 범람시켰다고?
> 언제 내 감기가 다가오는 봄을 후퇴시켰는가?
> 언제 내 혈관을 채운 열기가
> 전염병 명단에 한 사람을 더 추가했는가?
> 군인들은 전쟁을 찾고, 변호사들은 여전히
> 싸움 일으키는 소송 꾼들을 찾아낸다,
> 비록 그녀와 내가 사랑할지라도.

Lines 19-27

> Call us what you will, we are made such by love;
> Call her one, me another fly,
> We're tapers too, and at our own cost die,
> And we in us find the eagle and the dove.
> The phœnix riddle hath more wit
> By us; we two being one, are it;
> So, to one neutral thing both sexes fit.

We die and rise the same, and prove
Mysterious by this love.

• 1-2연에서 I, my, me로 쓴 화자인 "나"의 입장은 18행에 처음 등장하는 사랑하는 여인(she)과 하나가 되어 3연부터는 we, our, us라는 "우리"의 입장으로 바뀐다.

• "간섭하지 말라"던 상황 역시 바뀌어 이번엔 청자에게 "우리를 부르고 싶은 대로 부르라"고 주문하고, "우리는 사랑으로 인하여 그렇게 부르는 대로 되리라"라고 선언한다. 19행 역시 3연의 topic sentence이고, 다음 행부터 구체적으로 부르는 이름이 나열된다.

• 20행을 풀어쓰면, Call her one fly, and call me another fly. 화자는 사랑하는 여인과 자기 자신을 "파리"라고 부르라고 한다. 파리는 누구도 좋아하지 않는 귀찮은 해충이지만, 단은 파리의 두 가지 점을 끄집어내어 둘의 사랑을 정의한다. 파리는 첫째 짧은 수명(ephemerality)과 둘째는 왕성한 번식력(unbridled sexuality)을 상징한다. 두 연인의 사랑은 파리의 수명처럼 짧다고 해도 그사이에 엄청난 사랑을 나눌 수 있는 관계임을 은근히 과시한다.

• 21행에서 그들은 초가 된다. 초는 자신의 몸을 태우면서 소멸해간다. 화자는 초처럼 그들의 사랑은 몸을 희생하면서 불을 밝히고 사라져간다는 것을 당당히 밝힌다. 여기엔 성적인 의미가 들어 있다. 르네상스 문학에서 die, "죽는다"는 성적으로 "오르가즘에 도달하다," 생명이 끊기는 것처럼 성관계의 절정에 이르는 것을 의미한다. 이런 이유로 과학적이지 않던 당시 사람들은 Sex reduces a day라는 믿음을 가지고

있었다. 즉 "섹스는 인간의 수명을 하루 단축한다." 그래서 sex의 절정을 die와 연결한 것이다.

• 따라서 21행을 어순대로 쓴, we die at our own cost엔 두 가지 뜻이 들어 있다. 1) 초가 몸을 태우면서 소멸하는 것처럼, 우리도 사랑하다가 죽는다 + 2) 두 연인의 육체가 절정을 경험한다.

• 세 번째 이미지는 그들 안에서 발견되는 "독수리"와 "비둘기"다. 독수리는 남성, 비둘기는 여성을 상징한다면, 그들은 그 두 가지가 합쳐진 완벽한 하나의 육체, 완전한 사랑이 되었음을 말한다.

• 마지막으로 그들은 신비의 새인 불사조(不死鳥)로 승격된다. phoenix는 오백 년마다 불 속에 날아들어 몸을 불태운 다음, 재에서 부활하여 다시 태어나는 영원히 죽지 않는다는 전설의 새다. 화자는 가장 미천한 파리에서 출발하여 독수리, 비둘기를 거쳐 마지막으로 피닉스에 이르는 점층법을 사용한다.

• 23행의 불사조의 수수께끼가 그들에 의해 더 많은 의미를 지닌 이유는 그들 속에 불사조의 속성이 들어있기 때문이다. 24행을 풀어쓰면, While we two are one, we are it (phoenix). 두 연인은 남성과 여성이 완벽하게 결합한 암수 동체인 불사조처럼 한 몸을 이룬다.

• 앞서 두 연인의 성적인 관계를 이야기했다면, 피닉스를 통해서 남녀의 성은 하나의 중성으로 합쳐지고, 그들은 성을 초월한 관계로 이어진다. 순서대로 쓰면, So both sexes fit to one neutral thing.

• 26-27행은 한 문장이다. 불사조처럼 뜨거운 불 속에서 타죽었다가 부활하는 것은 두 연인 사이에 죽었다 살아나는 성적인 절정이 반복하는 걸 상징한다. 따라서 불사조의 비밀은 그들의 사랑이 풀어주고, 그들 사랑의 신비함은 불사조에 의해 증명된다는 논리적인 비교를 완성한다. 남들의 간섭과 비난을 받던 두 사람의 사랑은 죽었다가 부활하는 불사조의 불멸성을 얻는다.

> 우리를 네 맘대로 불러라, 우리는 사랑으로 그렇게 되리라.
> 그녀를 파리 한 마리, 나를 또 다른 파리 한 마리라고 불러라,
> 우리는 또 양초이니 우리의 몸값을 치르면서 죽노라.
> 그리고 우리는 우리 안에서 독수리와 비둘기를 발견한다.
> 불사조의 수수께끼는 우리로 인하여
> 더 많은 의미를 지닌다, 우리는 둘이면서 하나이기에.
> 그래서 하나의 중성에 두 개의 성은 딱 들어맞는다.
> 우리는 죽었다가 똑같이 일어나, 이 사랑으로 인하여
> 신비함을 증명하노라.

• 단문으로 계속 나열된 영시를 우리말로 아름답게 번역하기란 쉽지 않은 작업이다. 그럴싸하게 의역한다고 원문을 변형시키는 일은 없어야 한다. 예를 들어, 주절과 종속절을 파악하지 않고 단문처럼 번역하는 것, 그 반대로 서로 연결되지 않은 문장을 인과관계가 있는 것처럼 번역하는 것 등은 학생들이 가장 많이 범하는 실수다. 대게 구문파악을 못 해서 발생하는 현상이다. 의역하되 일단 원문에 충실해야 한다. 또 번역한 내용을 우리말로 옮길 때는 우리말의 끝소리가 중요하기 때문에 존대어로 할지 반말로 할지도 전체적인 분위기를 보고 적절히 골라야 한다.

Lines 28-36

We can die by it, if not live by love,
And if unfit for tombs and hearse
Our legend be, it will be fit for verse;
And if no piece of chronicle we prove,
We'll build in sonnets pretty rooms;
As well a well-wrought urn becomes
The greatest ashes, as half-acre tombs,
And by these hymns, all shall approve
Us canonized for love.

• 3연에서 그들의 사랑에 영원히 죽지 않는 피닉스의 불멸성을 가져온 한 다음, 4연의 분위기는 바뀐다. 좋다, 만약 함께 살면서 사랑할 수 없다면, 죽음까지도 불사하리라는 선언이다. 그리고 4연 전체는 죽음 이후에 어떻게 될 것을 이야기한다. "사랑으로 살지 못한다면, 우리는 사랑(it)으로 죽을 수 있으리."

• 29행을 순서대로 쓰면, And if our legend be unfit for tombs and hearse, it will be fit for verse. 여기서 hearse는 운구차가 아니라, 부자나 업적을 남긴 사람의 무덤을 덮는 canopy(덮개)처럼 정교한 석조물이다. 거기에 고인을 기념하는 시나 묘비명을 새겨 넣는다. 그런데 그들의 사랑 이야기(legend)가 그런 거대한 무덤에는 어울리지 못할지라도, 시에는 어울릴 거라는 방향으로 전환한다.

• legend는 "전설"이면서 "성도전"(聖徒傳, History of Saints)이다. 성자들의 행적과 기적을 기록한 책이다. 31행의 piece of chronicle은 왕들의 기록인 "역대기"를 말한다. 이렇게 자신들의 사랑이 종교적이고 정치

적인 위대한 업적은 될 수 없지만, 시에는 어울릴 거라는 말이다.

• 그들의 사랑이 4연에 나열한 거대한 무덤의 석조물, 성도전, 역대기에 기록될 만큼 위대하지는 않더라도, 그것을 시로 남기겠다는 것은 단의 문학적 야망이라고 말할 수 있다. 시인들이 추구한 이런 문학의 불멸성(immortality)은 셰익스피어 소네트의 주제로 많이 등장한다. 셰익스피어는 세상이 다 변할지라도 자신의 시는 영원할 걸 알고, 아름다운 젊은이(Fair Youth)에 대한 자신의 사랑을 시에 담는다. 시가 죽지 않는 한 젊은이의 아름다움은 영원히 보존될 거란 예언적 메시지가 아닐 수 없다.

• 단 역시 이 시에서 두 연인의 사랑은 세상 사람들의 칭송을 받지 못하고 거대한 무덤에 어울리지 못할지라도, 시에는 잘 어울려서 기록할 만한 것이 되리란 믿음을 보인다.

• 같은 개념은 계속된다. 32행의 room(방)은 이탈리아어로 stanza이고, 영시에서 사용하면 시의 "연"이다. room이라고 한 것은 시 안에 방(stanza)을 지어 그 안을 시로 채운다는 이미지를 준다. 따라서 "우리는 소네트에 예쁜 방을 짓겠다"는 것은 그들의 이야기를 시로 남기겠다는 뜻이다.

• 33-34행에서 동등비교인 as ~ as를 사용하여 "잘 만들어진 유골단지"는 "반 에이커의 큰 무덤"과 같다고 둘을 비교한다. The greatest ashes는 거기에 담길 "위대한 사람의 재"이고, becomes는 30행의 fit와 같이 "어울리다"는 뜻이다. 이 부분을 어순대로 다시 쓰면, A well-wrought urn becomes the greatest ashes as well as half-acre tombs. "잘 만들어진

유골단지는 반 에이커의 무덤만큼이나 위대한 사람의 재에 잘 어울린다." 다시 말해서, 그들이 죽은 뒤 시에 기록된 사랑의 노래는 거대한 무덤에 비교해도 부족하지 않다는 의미다.

• 그러면서 35행에서 그들의 사랑 이야기는 찬송 시가 되고, "이 찬송 시로 인하여 모든 사람은 우리가 사랑의 성자가 되었음을 인정하리라"라고 선언한다. 그들의 세속적 사랑은 거룩하게 되고, 사람들은 그들을 시성(諡聖, canonization)하리란 믿음이다.[12)]

• 세속적이고 육체적인 사랑은 결론에 와서 죽음에까지 이르고, 가장 숭고한 종교적 차원의 사랑으로 승화된다. 처음에 사랑하는 걸 간섭하지 말고 입 다물라고 했던 화자는 세상의 모든 연인에게 사랑이 이루어지도록 이제는 성자가 된 그들을 향하여 기도하라고 주문한다.

> 우리는 사랑으로 죽을 수 있으리, 사랑으로 못 살지라도,
> 또 우리 이야기가 무덤이나 석조물에는
> 어울리지 않는다 해도, 시에는 어울리리라.
> 우리가 연대기의 한 장은 못 채우더라도,
> 소네트에 예쁜 방을 지으리.
> 정교하게 만들어진 유골단지는 위대한 사람의 재에
> 어울리는 것처럼, 거대한 무덤만큼이나.

---

12) 시의 제목이기도 한 canonization(시성)은 거룩한 삶을 살다 죽은 크리스천을 공식적으로 성자(saint)의 반열에 올리는 가톨릭교회의 중요한 의식이다. 많은 검증 절차를 거쳐 로마교황이 이를 승인할 때, 성인의 반열에 오른다. 단은 자신의 세속적 사랑을 이렇게 종교적으로 승화시킨다.

이 찬송 시를 보고 모든 사람은 인정하리라,
우리는 사랑으로 성자가 되었음을.

Lines 37-45

And thus invoke us: "You, whom reverend love
Made one another's hermitage;
You, to whom love was peace, that now is rage;
Who did the whole world's soul contract, and drove
Into the glasses of your eyes
(So made such mirrors, and such spies,
That they did all to you epitomize)
Countries, towns, courts: beg from above
A pattern of your love."

• 마지막 5연은 이제 성자가 된 그들을 향하여 이렇게 기도하라는 기도문이다.[13] 처음 나오는 you는 화자와 그의 여인을 부르는 호칭이고, 그 뒤에 연결된 것은 두 사람의 행적이 이러 저러했다는 것으로 수식하는 문구이다. "거룩한 사랑으로 서로에게 은신처를 만들어준 그대들." 그들의 사랑은 서로에게 안식처를 제공했다, 사랑의 은밀한 공간

---

13) 가톨릭에서 성자들에게 기도하는 이유는 죽어서 천국에 간 성도들과 이 땅에 살아있는 사람들이 서로 소통할 수 있다는 믿음 때문이다. 사도신경에 포함된 "성도가 서로 교통하는 것"(The Communion of Saints)이란 문구를 이 믿음의 증거로 삼는다. 따라서 죽은 자들에게 기도하는 것은 성도의 교제를 계속한다는 뜻이다. 그것은 우리가 어려움을 당할 때 가족이나 친지들에게 기도를 부탁하는 것처럼, 죽은 성도에게도 기도하여 문제를 알리고 도움을 청할 수 있다는 가톨릭 교리에 해당한다. 또 천국에서 하나님과 함께 있는 그들은 이 땅의 살아있는 자들이 올린 기도를 바로 하나님에게 전달할 수 있다는 신앙이다. 단은 세속적 사랑을 종교적인 사랑으로 승화시키면서 두 사랑의 경계를 허무는 형이상학적 통합을 시도한다.

을 만들어주었다는 뜻이다.

• 그다음은 "사랑은 평화였다가 지금은 분노인 그대들." 이 구절은 이 시에서 가장 난해한 부분이다. 이렇게 추측할 수 있다. 두 연인의 사랑이 처음엔 서로에게 평화였으나, 이후에 열정적이고 맹렬한 헌신으로 바뀌었다는 해석이다. 또 다른 해석은 그들의 사랑이 살았을 때는 평화였으나, 죽은 후 돌아보니 세상엔 그런 사랑이 없어 분노를 일으키게 되었다는 해석이다. 그런 이유로 세상 사람들에게 사랑의 성자이며 모델(pattern)이 된 그들을 향하여 기도할 것을 주문한다고 확대해석할 수 있다.

• 그러나 한 가지 확실한 것은 39행의 "평화와 분노"는 22행의 "비둘기와 독수리"와 연결되는 점이다. 여성성과 남성성을 비둘기와 독수리로 대체했다면 그 의미는 무엇일까?

• 40행에서도 두 성자를 관계대명사 who로 수식하는 것은 계속된다. 순서대로 쓰면, who did contract the whole world's soul, and drove [countries, towns, courts] into the glasses of your eyes. "온 세상의 영혼을 압축하여 [시골과 도시와 궁정을] 그대들 눈의 거울 속으로 이끌어 넣었던 그대들." 동사 drove의 목적어는 괄호 뒤에 나오는 countries, towns, courts임을 찾을 수 있어야 한다.

• 괄호 안에 든 42-43행은 41행의 the glasses of your eyes를 부연 설명한 so that 구문이다. 이 부분을 다시 쓰면, (your eyes were) made such mirrors and such spies that they did epitomize all to you. "모든 것을(all) 그대들에게(to you) 압축할(epitomize) 정도의 그런(such) 거울(mirrors)과 감

시자(spies)로 만들어진 (그대들의 눈)." spy는 당시 "간첩"이 아니라 "감시자"라는 뜻으로 많이 쓰인다.

• 영문학에서 court, city (town), country는 온 세상을 상징한다. 그렇게 두 연인은 온 세상이 되어 그 눈으로 세상의 모든 사랑을 내려다본다. 그러므로 "위로부터 당신들의 사랑의 모형을 간구합니다, 그대들처럼 사랑할 수 있도록" 기도하라는 결론이다.

> 그러므로 우리에게 이렇게 기도하라. "거룩한 사랑이 서로에게
> 은신처를 만들어주었던 그대들이여,
> 사랑이 평화였다가 지금은 분노가 된 그대들이여,
> 온 세상의 영혼을 압축하여 그대들 눈의 거울 속으로
> (모든 것을 그대들에게 집약할 정도의
> 그런 거울과 감시자로 만들어진 눈 속으로)
> 시골과 도시와 궁정을 이끌어 넣었던 그대들이여, 위로부터
> 당신들 사랑의 패턴을 내려주소서."

마무리

이 시는 형이상학파 시 중에서 가장 많이 언급되는 대표적 작품이다. 대화체 형식의 논쟁과 논리적 전개는 극적인 상황을 만들어내고, 비교할 수 없는 것들을 강제로 결합하여 형이상학적 기상(conceits)을 창조해낸다. 긴 논리적 사유 뒤에 결론적으로 두 연인의 육체적 사랑을 피닉스와 성자로 비유함으로써 둘을 하나의 영혼으로 합치고, 형이상학적 시의 본질인 사상과 감정의 통합을 완성한다.

Song: Sweetest love, I do not go

Sweetest love, I do not go,
        For weariness of thee,
Nor in hope the world can show
        A fitter love for me;
                But since that I
At the last must part, 'tis best,
Thus to use myself in jest
        By feigned deaths to die.

Yesternight the sun went hence,
        And yet is here to-day;
He hath no desire nor sense,
        Nor half so short a way;
                Then fear not me,
But believe that I shall make
Speedier journeys, since I take
        More wings and spurs than he.

O how feeble is man's power,
        That if good fortune fall,
Cannot add another hour,
        Nor a lost hour recall;
                But come bad chance,
And we join to it our strength,
And we teach it art and length,
        Itself o'er us to advance.

When thou sigh'st, thou sigh'st not wind,
        But sigh'st my soul away;

When thou weep'st, unkindly kind,
　　My life's blood doth decay.
　　　It cannot be
That thou lovest me, as thou say'st,
If in thine my life thou waste,
　　That art the best of me.

Let not thy divining heart
　　Forethink me any ill;
Destiny may take thy part,
　　And may thy fears fulfil.
　　　But think that we
Are but turn'd aside to sleep.
They who one another keep
　　Alive, ne'er parted be.

*****

• 이 시는 지금까지의 작품보다는 행의 길이도 짧고 문장도 비교적 쉽게 구성돼 있다. 그럼에도 어려운 부분은 항상 존재한다. "Song"이라는 제목의 시가 하나 이상 있는 경우 첫 행을 제목에 추가로 붙인다. "Song"이란 제목은 노래를 위해서 혹은 크게 낭송하기 위해서 작시 되었음을 의미한다. 이 시는 단이 유럽 출장을 떠나기 전 이별을 슬퍼하는 아내를 위해 지은 것으로 알려져 있다. 당시 영국에서 유럽으로 가는 출장은 몇 개월이 걸리는 긴 여행이었다. 슬퍼하는 아내를 위로하는 시의 분위기는 차분하고 잔잔할 수밖에 없다. 앞서 사랑에 대한 화자의 주장을 논리적이고 이성적으로 전개하는 방식과는 다르다.

Lines 1-8

Sweetest love, I do not go,
For weariness of thee,
Nor in hope the world can show
A fitter love for me;
But since that I
At the last must part, 'tis best,
Thus to use myself in jest
By feigned deaths to die.

• 1-4행은 한 문장이다. Sweetest love는 아내를 부르는 소리이고, 첫 문장은 멀리 출장을 떠나면서 ~때문에 가는 건 아니라는 말로 시작하는 topic sentence다. 그다음은 구체적인 이유가 나열된다. weary는 "지치고, 피곤하고, 힘들다" 외에 "지루하다, 싫증 난"이란 의미가 있다. For weariness of thee, "그대가 싫어져서."

• Nor이 붙어 부정은 계속된다. 앞서 떠나는 이유를 for 전치사구로 만들었다면, 두 번째는 in hope (that), ~을 바라고 가는 것도 아니다. in hope (that) the world can show는 "세상이 ~을 보여줄 거라는 희망으로." 여기서 show의 목적어는 a fitter love for me, "나를 위해 더 잘 맞는, 더 잘 어울리는, 더 좋은 사랑."

• 5행의 since가 이끄는 종속절에서 that은 불필요하게 첨가된 단어이다. 다시 쓰면, since I must part at last. 여기서 part는 자동사로 "떠나다, 출발하다"라는 뜻인데, at last가 붙음으로써 죽음을 의미한다.

• in jest는 as a joke, "농담으로, 장난으로." 주절을 다시 쓰면, It is

best, therefore, to use myself in jest to die by feigned deaths. 어차피 마지막에는 죽을 테니까 이번 기회에 죽음을 연습하듯 죽었다고 생각하자는 제안이다.

• 이 말은 Absence is a sort of rehearsal of death, "부재는 죽음의 리허설이다"라는 말을 적용할 수 있는 부분이다. 일정 기간 이별하여 옆에 없다는 것은 마지막에 죽으면 헤어지는 걸 미리 연습한다는 개념이다.

사랑하는 이여, 내가 떠나는 건
당신이 싫증 나서도 아니고,
세상이 내게 더 잘 맞는 사랑을
보여줄까 바래서도 아니요.
어차피 결국에 나는
죽어야 할 몸이니
나를 농담 삼아
죽음을 가장하여 죽어보는 것도 좋으리라.

Lines 9-16

Yesternight the sun went hence,
And yet is here today;
He hath no desire nor sense,
Nor half so short a way;
Then fear not me,
But believe that I shall make
Speedier journeys, since I take
More wings and spurs than he.

• hence는 고어로 "이 장소에서, 여기서부터." 10행의 yet에는 "또다시"라는 뜻이 있다. Yesternight는 태양이 어둠을 뒤로하고 떠난 시간이고, today는 밝아진 다음 날을 말한다. 화자는 반드시 돌아온다는 약속을 태양이 졌다가 다시 떠오르는 것에 비유한다.

• 그렇지만 화자는 자신이 태양과 다른 점을 찾아낸다. 의인화한 태양은 욕망도 없고 감각도 없는 존재다. 그러니 가는 길을 절반만 갔다가 돌아올 수 없다. 태양은 정해진 궤도를 절반으로 줄일 수 없다는 뜻이다. 여기서 태양이 지구를 돈다는 천동설은 당시 이미 낡은 지식이 됐지만, 문학에서는 여전히 태양이 움직이는 것처럼 묘사한다.

• 화자는 그런 태양과 자신이 서로 다른 점을 비교한다. 13-14행도 not A, but B 구문이고, 그 둘이 다른 이유를 since 문장으로 말한다. 여기서 wings and spurs를 단순하게 "날개와 박차"로만 이해하지 말고, 그 속의 숨은 뜻은 무엇일까 생각해볼 필요가 있다.

• 11행에서 태양은 "욕망과 감각"이 없고 16행에서 화자는 "더 많은 날개와 박차"를 가지고 있다면, 우리는 그 속에서 공통점을 찾아야 한다. 즉, 빨리 돌아오는데 필요한 인격적 요소인 "욕망과 감각"은 빨리 돌아오는데 필요한 물리적 수단인 "날개와 박차"와 다르지 않다고 볼 수 있다. 태양에게는 인간의 속성을, 화자 자신에게는 비인격적 요소를 붙인 발상의 전환과 함께 이 두 쌍의 명사는 모두 빨리 돌아오겠다는 화자의 의지를 보여준다. 이렇게 해석할 수 있는 이유는 단의 경우 단어 하나도 앞뒤 연결 없이 허투루 쓴 것이 없기 때문이다.

어젯밤 태양은 여기를 떠났다가
오늘 여기에 와있소.
그는 욕망도 없고 감각도 없고,
갈 길을 절반만 가지도 않지요.
그러니 날 위해 두려워 말고
믿어주시오, 내가 더 빠른 여행을
할 거란 것을. 왜냐면 내겐
그보다 더 많은 날개와 박차가 있기 때문이오.

Lines 17-24

O how feeble is man's power,
That if good fortune fall,
Cannot add another hour,
Nor a lost hour recall;
But come bad chance,
And we join to it our strength,
And we teach it art and length,
Itself o'er us to advance.

• 그러면서 화자는 인간의 약함을 that 이하의 문장으로 수식한다. 18행의 관계대명사 that의 선행사는 man's power이고 동사는 cannot add + nor recall이다. if good fortune fall은 삽입된 절이고, if는 though와 같이 양보의 뜻으로 번역하면 자연스럽게 들린다.

• 전체 문장을 다시 쓰면, O how feeble is man's power that cannot add another hour, nor recall a lost hour, if good fortune fall! 행운이 찾

아왔을 때, 한 시간을 더 늘리거나 지난 시간을 소환하고 싶은 것은 모든 인간의 보편적 욕망이다. 그러나 그럴 수 없음을 시인은 이야기한다.

• 21행은 앞에 나온 행운과 반대되는 불운을 이야기한다. 그다음은 쉬워 보이지만, 단어를 잘 살펴봐야 이해할 수 있는 어려운 내용이다. come bad chance는 if good fortune fall처럼 if bad chance come으로 보면 된다. 문제는 22행의 and다. 문법에 맞게 다시 쓰면, if bad chance come, we join to it our strength. 여기서 and는 없는 것으로 여기고 we를 주절의 주어로 해석하면 된다.

• 그럼 join to it our strength는 무슨 뜻일까? it는 bad chance. "우리는 불행에다 우리의 힘을 더합니다." 어떤 의미에서 설상가상과 가깝다. 즉, 불행은 우리를 더 강하게 지배하고 괴롭힌다는 뜻이다. 그런데 문맥을 자세히 보면 문제는 우리에게 있다. 왜냐면 불행에 힘을 보태주는 건 우리 자신이기 때문이다.

• 23행을 다시 풀어쓰면, we teach bad chance art and length, and teach itself to advance over us. 불행이 닥치면 우리는 "불행에다가 기술과 길이를 가르쳐준다." 다시 말해서 불운이 닥쳤을 때 우리를 더욱 괴롭히도록 기술과 힘을 가르쳐준다는 놀라운 표현이다. 23행의 "길이를 가르친다"는 건 불행의 시간이 더 길게 느껴진다는 뜻이다. 행운의 시간은 빨리 가고, 불행의 시간은 길다고 느끼는 것은 만고의 진리다.

• to advance는 부정사의 결과적 용법이다. 불행에 큰 힘을 실어준 결

과는 "우리를 뛰어넘어 압도한다," 즉 불행 앞에 더욱 약해지는 인간의 모습을 표현한다.

아, 얼마나 나약한가, 인간의 힘은,
행운이 닥쳐도
한 시간을 더 할 수 없고,
잃은 시간을 부를 수도 없는.
그러나 불행이 닥치면,
우리는 거기에 힘을 더하고,
거기에 기술과 길이를 가르쳐주어
우리를 압도하게 하나니.

Lines 25-32

When thou sigh'st, thou sigh'st not wind,
But sigh'st my soul away;
When thou weep'st, unkindly kind,
My life's blood doth decay.
It cannot be
That thou lovest me, as thou say'st,
If in thine my life thou waste,
That art the best of me.

• 첫 문장도 not A but B 구문이다. 지금까지 공부하면서 단의 시에는 이 구문과 so that 구문이 많이 나오는 걸 볼 수 있다. 시를 읽으면서 이런 표현이 눈에 잘 들어온다면, 다른 어떤 문장에서도 쉽게 찾을 수 있고, 그럴 때 비로소 정확히 번역할 수 있다. 문법책과 토익책에 갇힌 죽

은 문장만 읽어서는 다양한 문법적 요소를 찾아내기 힘들다.

• 25행의 sigh와 wind를 연결하는 것도 페트라르카식 표현이다. sigh와 wind와 soul은 모두 눈에 보이지 않는 기체와 같은 성질을 가진 것이고, 단은 이들을 한 가지 개념으로 연결한다. 참고로 wind에는 breath, "숨"이라는 뜻이 있다.

• 27행의 unkindly kind는 두 가지 감정을 동시에 보여주는 놀라운 모순어법(oxymoron)이다. 아내가 이별을 슬퍼하며 우는 것은 남편을 사랑하는 kind한 행동이지만, 남편의 마음을 아프게 한다는 점에서는 unkind한 행위가 된다.

• 앞선 행에서 기체인 sigh는 기체와 같은 soul과 연결하고, 액체인 눈물은 액체인 blood와 연결한 것은 단의 철저한 언어적 기술이고 논리적 글쓰기의 결과다. 단을 공부하면 앞뒤가 맞는 논리적 글쓰기 훈련에 많은 도움이 된다는 걸 명심해야 한다.

• 29-32행을 풀어쓰면, It cannot be true that you love me, as you say, if you waste my life in your life that is the best part of me. 마지막 표현인 the best of me는 부부를 better half, "더 좋은 절반, 배우자"라고 부르는 것과 연결된다. 화자에게 있어 최고의 절반인 아내를 가리키는 표현이다.

당신이 한숨 쉴 때, 당신은 숨을 내뿜는 게 아니라,
나의 영혼을 한숨으로 날려 보냅니다.

당신이 불친절하게 친절히 눈물 흘릴 때,
내 생명의 피는 썩고 맙니다.
사실일 수 없습니다,
당신이 말하듯 나를 사랑한다는 건,
만약 내 최고의 절반인 당신이
당신의 생명 안에서 내 생명을 소진한다면.

Lines 33-40

Let not thy divining heart
Forethink me any ill;
Destiny may take thy part,
And may thy fears fulfil.
But think that we
Are but turn'd aside to sleep.
They who one another keep
Alive, ne'er parted be.

• divining heart는 "점치는 마음." ill은 "불길한." 예) ill fortune, ill luck, "불운." 35-36행을 다시 쓰면, Destiny may take your part, and may fulfill your fears. 화자는 아내가 계속 두려워한다면, 운명이 아내의 역할을 할 거다. 즉, 운명이 두려움을 현실로 만들지 모른다고 경고한다. "말이 씨가 된다"는 우리나라 속담과 딱 들어맞는 표현이다.

• 37행 역시 33행의 not 다음에 이어지는 but이다. 그렇게 생각하지 말고(not), "우리가 단지 잠자려고 돌아누웠다고 생각하시오(but)." 헤어지는 것을 잠자기 위해 잠시 등을 대고 돌아누운 것으로 바꾸는 시인의

재치를 본다. 1연에서는 헤어지는 것을 죽음을 미리 연습하는 것으로 생각하자고 했고, 마지막 연에서는 잠자기 위해 돌아누운 것으로 여기자고 한다.

• 39행을 다시 쓰면, They who keep one another alive are never parted. "서로를 살아있게 해주는 사람들은 결코 헤어진 것이 아닙니다." 1연에서 어차피 마지막에 죽어 헤어질 인생인데, 잠시 헤어지는 동안 가짜로 죽은 것처럼 생각하자고 시작한 시는 마지막 연에서 서로를 살아있게 하자는 말로 결론 맺는다.

> 당신의 점치는 마음이
> 내게 불행을 예언하지 않도록 해주오.
> 운명이 그대의 역할을 취하여
> 그대의 두려움을 실현할지 모르니.
> 그 대신 생각합시다, 우리는
> 단지 잠자려고 돌아 누었다고.
> 서로를 살아있게 하는 이들은
> 결코 헤어지지 않습니다.

마무리

이 시는 같은 주제로 잠시 헤어짐을 슬퍼하지 말라는 다음 시, "Valediction: Forbidding Mourning"과 비슷한 점을 가지고 있다. 그러나 시의 tone은 훨씬 가볍고 복잡하지 않고 억지로 연결된 비유는 특별히 없다. 그럼에도 형이상학적 특징은 곳곳에 감춰져 있다. 이별을 가짜 죽음과 잠자리에서 잠시 돌아누운 것으로 비유함으로써, 이별은 반드시 다시 만남을 보장하는 역설이 된다. 뒤에 나오는 그의 종교시, "Hymn to God, My God, in My Sickness"에서 동쪽과 서쪽이 평평한 지도에서는 하나이듯이 죽음과 부활은 한 점에서 만난다는 역설과 다르지 않다. 사랑하는 연인이 헤어졌다가 다시 만난다는 개념을 더 확장하면, 예수의 죽음, 부활, 재림으로 이어져 화자와 아내의 이별과 만남은 종교적으로 승화된다. 따라서 이 시는 그들의 사랑은 육체적으로 떠나 있더라도 영혼으로 함께한다는 사랑의 불멸을 노래한다.

A Valediction: Forbidding Mourning

As virtuous men pass mildly away,
  And whisper to their souls to go,
Whilst some of their sad friends do say,
  "The breath goes now," and some say, "No":

So let us melt, and make no noise,
  No tear-floods, nor sigh-tempests move;
'Twere profanation of our joys
  To tell the laity our love.

Moving of th' earth brings harms and fears;
  Men reckon what it did, and meant;
But trepidation of the spheres,
  Though greater far, is innocent.

Dull sublunary lovers' love
  (Whose soul is sense) cannot admit
Of absence, because it doth remove
  The things which elemented it.

But we by a love so much refined,
  That ourselves know not what it is,
Inter-assured of the mind,
  Care less, eyes, lips, and hands to miss.

Our two souls therefore, which are one,
  Though I must go, endure not yet
A breach, but an expansion,
  Like gold to airy thinness beat.

If they be two, they are two so
  As stiff twin compasses are two;
Thy soul, the fix'd foot, makes no show
  To move, but doth, if th' other do.

And though it in the center sit,
  Yet, when the other far doth roam,
It leans, and hearkens after it,
  And grows erect, as that comes home.

Such wilt thou be to me, who must,
  Like th' other foot, obliquely run;
Thy firmness makes my circle just,
  And makes me end where I begun.

*****

• 이 시는 가장 유명한 형이상학적 기상(metaphysical conceit)이 담긴 것으로 단의 대표적 작품 중 하나다. 어려운 문장은 있지만 완벽하게 이해할 때 깊은 의미와 언어의 아름다움을 감상할 수 있는 작품이다. 그러기 위해서는 철저한 번역과 분석이 우선이다. 많은 사람은 몇 개의 단어를 가지고 어렴풋이 이해하고 그냥 좋은 느낌을 가지면 다 된 것으로 알고 넘어간다. 이 시는 완전히 이해할 때 문학의 맛을 볼 수 있고 문학 하는 즐거움을 알게 해주는 작품이다.

Lines 1-4

> As virtuous men pass mildly away,
> And whisper to their souls to go,
> Whilst some of their sad friends do say,
> "The breath goes now," and some say, "No":

• 1연의 어려움은 as로 시작하는 문장에 있다. as로 시작한다면 주절이 아님을 먼저 알아야 하는데, 거의 모든 독자는 여기서 실패를 경험한다. 1-4행을 완전한 문장이라고 여기고, 그 안에서 앞뒤를 보지 않고 해석을 해버린다. 영시에서 하나의 연(stanza)은 완전한 문장으로 끝나지 않을 수 있음을 기억해야 한다. 따라서 연으로 나누어지는 형식에 현혹되지 않고 구문을 파악하는 것이 우선이다. as가 문장을 이끌었다면, 그것은 "주어 + 동사가 ~을 하듯이, ~을 할 때"라는 종속절일 뿐이다. 주절은 2연에서 so로 시작하는 문장이다.

• pass away는 die의 완곡한 표현이다. "덕망이 있는, 고결하고, 점잖은 사람들이 온화하게, 조용히 돌아가시는 것처럼." 여기서 virtuous men은 특정인을 지칭하는 게 아니라, 미덕이 있는 불특정 다수를 가리킨다. 그런 사람들은 조용히 임종을 맞는다는 보편적 사실을 말한다.

• whisper는 virtuous men의 두 번째 동사이다. 죽어가는 사람이 조용히 자신의 영혼을 향해 이제 갈 시간이라고 말하는 이미지이다. 3행의 whilst는 as 종속절 안에 삽입된 구절이다. 임종하는 상황에서 동시에 다른 일이 벌어지고 있음을 말한다. "그들의 몇몇 슬픈 친구들이 4행의 말을 하는 동안."

• 4행은 친구들이 하는 말이다. 몇 사람은 "이제 숨이 넘어간다," 나머지는 "아직 아니야"라고 하면서 두 가지 의견을 나타낸다. 이것은 옆에서 지켜보는 사람들조차 임종의 순간을 알 수 없을 정도로 조용히 숨을 거둔다는 뜻이다. 그렇게 1연 전체를 "~하는 것처럼"으로 번역한다.

덕스러운 사람들이 조용히 숨을 거두면서
그들의 영혼을 향해 이제 가자고 속삭이는 것처럼,
그사이 슬퍼하는 몇몇 친구들은, "이제 숨이 끊어진다,"
다른 이들은, "아니야"라고 말하는 동안,

Lines 5-8

So let us melt, and make no noise,
No tear-floods, nor sigh-tempests move;
'Twere profanation of our joys
To tell the laity our love.

• 2연에서 주절이 시작된다. 여기서 "우리"는 화자와 이 시의 청자인 그가 사랑하는 아내이다. So let us melt라는 문장에 얼음이라는 말은 없지만, melt라는 단어 자체가 얼음이 녹는 이미지를 나타냄으로써 헤어지는 것을 얼음이 녹는 것으로 비유한 metaphor가 된다. 얼음은 녹을 때 아무 소리가 안 난다 + 얼음이 녹듯이 조용히 헤어집시다. 1연은 헤어지는 것을 임종하는 사람과 비유한 직유법(as)이고, 2연은 얼음(melt)과 비유한 은유법이다.

• 5행에서 시작하는 주절의 본동사 let에는 세 개의 동사가 붙는다. 1) melt; 2) make; 3) move. 세 동사 모두 m으로 시작하는 두운(alliteration)을 사용했다. 6행의 move를 제일 뒤에 놓은 이유는 8행의 love와 각운을 맞추기 위해서다. 이 부분을 어순대로 쓰면, So let us move no tear-floods, nor sigh-tempests. 앞서 배운 "The Canonization"에서처럼 Petrarchan 전통을 패러디한다. 사랑 때문에 눈물이 홍수를 이루고, 한숨이 태풍을 일으키는 소란 없이, 우리는 얼음 녹듯이 조용히 헤어지자고 한다.

• 7-8행에서 남녀의 사랑을 종교적 차원으로 승화시키는 단어가 나온다. profanation, "신성모독" + laity, "평신도," 여기선 속인(俗人)의 의미다. 동사 were는 is라는 직접적인 서술보다, 가정법의 의미를 내포한다. 다시 쓰면, It would be profanation of our joys to tell the laity our love.

> 그렇게 우리도 녹아내리고, 시끄럽게 말고,
> 눈물의 홍수, 한숨의 태풍을 일으키지 맙시다.
> 속인들에게 우리의 사랑을 얘기하는 건
> 우리의 기쁨을 모독하는 것이리니.

Lines 9-12

> Moving of th' earth brings harms and fears;
> Men reckon what it did, and meant;
> But trepidation of the spheres,
> Though greater far, is innocent.

• 두 개의 단순한 평서문이지만, moving of the earth와 11행의 trepidation of the spheres의 뜻을 이해하지 못하면 어려운 문장이 된다. "지구가 움직이는 것"은 지진을 의미한다. 지진이 가져오는 피해와 공포는 다음 행의 what it did, and meant와 의미를 연결할 수 있어야 한다.

• 지금은 지진의 원인을 과학적으로 분석하고 이해하지만, 과거에는 신이 내린 저주이고 재앙으로 간주했다. 따라서 what it did, "지진이 한 일"은 9행의 harms와 연결되고 물질적인 피해와 인명피해를 의미한다. 다음의 what it meant, "지진이 의미하는 것"은 9행의 fears와 연결되고 정신적 충격과 종교적인 두려움을 암시한다. 여기서 it는 moving of the earth. 즉 지진이 일어나면, "사람들은 그것이 무슨 피해를 줬는지를 계산하고, 그리고 무슨 뜻인지를 생각한다." 지금이나 단의 시대나 천재지변을 인간의 죄 때문으로, 또 세상을 향한 신의 분노로 해석하려는 종교적 성향은 크게 다르지 않다.

• moving of the earth와 비교되는 것은 11행의 trepidation of the spheres, "천체의 떨림"이다. 우주 공간에서는 별이 생성되고 소멸하고 서로 충돌하는 과정에서 엄청난 규모의 진동이 일어난다. 그러나 그런 천체의 거대한 흔들림이 지구에 전달되는 일은 없다.

• 화자는 그들의 이별을 이 땅에서 벌어지는 지진 정도가 아니라, 천체의 흔들림 수준으로 높여버린다. 그들의 사랑은 너무 크기에 그들의 이별은 지구에서 일어나는 지진이 아니라, 천체의 진동처럼 크면서도 아무런 해가 되지 않는다는 과장법이다. innocent는 "죄가 없다, 순수하다" 외에 "해가 되지 않는다"라는 의미가 있다.

지구의 움직임은 재난과 공포를 가져옵니다.
사람들은 그게 무엇을 했는지 무슨 뜻인지 계산합니다.
그러나 천체의 진동은
비록 훨씬 더 크지만, 해가 없습니다.

Lines 13-16

Dull sublunary lovers' love
(Whose soul is sense) cannot admit
Of absence, because it doth remove
The things which elemented it.

• 5연과 함께 이 시에서 가장 난해한 구문이다. 단어를 다 알아도 해석하기 어려운 것은 문학적 이해력과 감수성이 요구되기 때문이다. 자세히 읽으면서 그 속뜻을 파악해야 완전하게 이해할 수 있다. 구문 자체는 도치나 단어의 위치를 변경한 것이 없어 단순하다. 쉽게 보이도록 문장의 골격만 쓰면, Dull sublunary lovers' love cannot admit absence because it removes the things which elemented it.

• sublunary는 "달 아래"라는 뜻으로 이 땅에 발을 디디고 있는 모든 존재를 가리키는 "속세의, 세속적"이란 뜻이다. cannot admit absence는 "부재(不在)를 인정할 수 없다," 다시 말해서 "항상 옆에 있어야 한다."

• 15행의 it는 absence, 16행의 it는 13행의 love를 받은 지시대명사다. 이 부분을 다시 쓰면, because absence removes the things which elemented their love. 현대 영어에서 element는 명사의 의미만 있지만, 시

인은 이 단어를 동사로 사용했다. "~을 구성하다, ~의 구성요구를 만들다." 부재가 제거하는 것은 세속적인 사랑을 구성하는 요소들(things)이다. 쉽게 말하면, 사랑하는 사람이 옆에 없으면 세속적인 사랑을 가능하게 하는 요소들도 따라서 없어진다.

• 그럼 세속적 사랑을 구성하는 요소는 무엇인지 고민해야 한다. 그것은 함께 있어야 가능한 사랑의 행위들, 예를 들면, 손잡고 입 맞추고 잠자리하는 것 등을 말한다. 그 근거는 괄호 안에 들어 있는 whose soul is sense에 있다. 여기서 soul은 영혼이 아니라 "본질"을 말하고, 세속적인 사람들이 하는 사랑의 본질은 옆에 있어야 하고, 육체적으로 만질 수 있는 감각이다. 즉, 신체접촉이 없으면 사랑으로 인정할 수 없다는 말이다.

> (본질이 감각인) 어리석은 세속적인 연인들의
> 사랑은 부재를 인정할 수 없습니다.
> 그것(부재)은 이것(사랑)을 구성하는 요소들을
> 제거하기 때문입니다.

Lines 17-20

> But we by a love so much refined,
> That ourselves know not what it is,
> Inter-assured of the mind,
> Care less, eyes, lips, and hands to miss.

• 한 문장이면서 어려운 구문이다. 여기서 독자들이 놓치는 것은 다시

강조하지만, so ~ that 구문이고, 그것이 주어 we를 수식하는 거다. 문장의 골격만 쓰면, We care less to miss eyes, lips, and hands. “우리는 눈과 입술과 손에 신경을 덜 씁니다.” 눈으로 보고 입 맞추고 손잡는 데 큰 관심이 없다. 여기서 less는 독립적인 부사이기 때문에 동사 care와 합쳐서 careless라고 짐작하면 안 된다.

• 전체를 순서대로 풀어쓰면, But we, / so much refined by a love and inter-assured of the mind that we know not what it (absence) is, / care less to miss eyes, lips, and hands. 밑줄 친 부분이 문장의 골격이다.

• 19행의 inter-assured of the mind는 1) refined와 같이 so much의 지배를 받을 수도 있고, 2) 20행의 we care less 할 때 화자의 마음 상태를 수식하여, “서로를 확신하는 마음으로 우리는 ~에 관심을 덜 씁니다” 라고 할 수도 있다. 아래 번역은 후자로 했다.

• 문제는 그 안에 삽입된 so that 구문이다. 그것은 전체가 we를 수식하는 일종의 분사구문이다. “사랑으로 너무 세련됐기에 떨어져 있다는 것(absence)이 무엇인지 모르는 우리.” 이렇게 자세히 분석하지 않고 아는 단어 몇 가지를 가지고 느낌으로 안다고 생각하면 원문의 의미에 전혀 접근할 수 없다.

> 그러나 사랑으로 너무 세련된 우리, 그래서
> 그게(부재) 뭔지를 모르는 우리는
> 서로를 확신하는 마음을 가지고 눈과 입술과 손에
> 관심을 덜 씁니다.

Lines 21-24

Our two souls therefore, which are one,
Though I must go, endure not yet
A breach, but an expansion,
Like gold to airy thinness beat.

• 이제 유명한 첫 번째 직유(simile)가 나온다. 사랑하는 부부의 잠시 헤어짐을 금박을 입히는 것으로 비유한다. 6연은 한 문장이고, not A but B 구문이다. 읽기 쉽게 다시 쓰면, Therefore, though I must go, our two souls, which are one, endure not a breach, but an expansion, like gold beaten to airy thinness. 마지막 표현인 gold beaten은 gold which is beaten이고, to airy thinness는 두들겨서 공기처럼 얇게 펼쳐진 결과를 말한다.

• 금을 덩어리 채 쓰는 경우는 거의 없다. 두들겨서 종잇장처럼 얇게 펼치고 확장하여 넓은 면적을 덮는다. 화자는 이별을 금을 펼치는 것과 비유하여, 그들의 사랑은 헤어질수록 더 넓은 공간을 차지한다는 엄청난 역설이면서 발상의 전환을 보여준다.

• 또 금을 "공기처럼 얇게" 두들긴 상태는 금이란 물질을 기체화하여 그들의 사랑을 대기 중에 퍼진 공기처럼 편만하고 광범위하게 확장된 이미지를 준다.

그러므로 하나인 우리의 두 영혼은,
비록 내가 떠날지라도, 단절이 아니라
확장을 견디어냅니다,
때려서 공기처럼 얇게 펴진 금박처럼.

Lines 25-28

> If they be two, they are two so
> As stiff twin compasses are two;
> Thy soul, the fix'd foot, makes no show
> To move, but doth, if th' other do.

• 이제 두 사람을 컴퍼스의 두 발로 비유하는 가장 유명한 두 번째 직유가 나온다. 그런데 주어가 왜 we가 아니라 they인지를 먼저 확인해야 한다. 앞선 행에서 our two souls를 주어로 했기 때문이다. 거기선 두 영혼이 금처럼 한 몸이었다면, 이젠 둘로 치자고 하고 3인칭 복수(they)로 바꾸어 컴퍼스의 두 발로 비유한다. 영어에서는 한 가지 물건이지만 두 개로 만들어졌으면 모두 복수로 쓴다. 예) trousers, pants, glasses, scissors, tongs, compasses.

• 먼저 아내를 컴퍼스의 고정된 발로 비유한다. 역시 not A but B의 문장이다. 컴퍼스의 고정된 발은 밖으로 도는 발이 돌기 시작하면 따라 움직인다.

> 만일 그들이 둘이라면 그들은 그렇게 둘입니다,
> 뻣뻣한 컴퍼스의 발이 둘인 거처럼.
> 고정된 발인 당신의 영혼은 움직일 기미를
> 안 보여도, 다른 발이 움직이면 움직이지요.

Lines 29-32

And though it in the center sit,
Yet, when the other far doth roam,
It leans, and hearkens after it,
And grows erect, as that comes home.

• 원을 그리는 컴퍼스의 모습대로 두 사람의 움직임을 묘사하면서 아내와 남편의 역할을 이야기한다. 순서대로 풀어쓰면, And though it sits in the center, it leans and hearkens after it, when the other does roam far, and grows erect, as that comes home. 아내의 몸은 비록 집에 고정돼 있지만, 마음은 출장 간 남편을 따라갔다가 남편이 돌아오면 다시 한 몸이 되는 이미지를 보여준다. 특별히 어려운 구문은 없다.

비록 그것은 중심에 자리 잡고 있어도,
다른 발이 멀리 회전하면
몸을 숙이고 그 뒤를 따라 귀를 기울이다가,
다른 발이 제자리로 돌아오면 꼿꼿이 섭니다.

Lines 33-36

Such wilt thou be to me, who must,
Like th' other foot, obliquely run;
Thy firmness makes my circle just,
And makes me end where I begun.

• 33-34행을 다시 쓰면, You will be so to me, who must obliquely run like the other foot. 아내는 컴퍼스의 고정된 발처럼 몸을 기울여 남편을

향하고 있는 모습이다. 똑바른 원을 그리기 위해서는 고정된 발이 움직이지 않아야 한다는 단순한 진리를 부부관계에 적용한다.

• 따라서 35-36행은 이 시의 가장 중요한 메시지를 담고 있다. 컴퍼스의 고정된 발이 제자리를 지켜야만 밖을 돌면서 원을 그리는 발은 시작한 지점에 닿을 수 있다는 말이다. 형용사 just에는 correct, accurate, true 등의 의미가 있다.

• 비록 멀리 출장을 떠나지만, 아내가 흔들리지 않고 견고히 집을 지킨다면 자신은 시작한 지점에 닿을 수 있다는 말이다. 여기서 원은 남편이 밖에서 완수해야 할 의무나 업무를 상징한다. 그동안 집에 남아 있는 아내의 흔들림 없는 역할을 컴퍼스의 고정된 발과 일치시키고 있다.

• 6연에서 멀리 헤어질수록 그들의 사랑이 커버하는 공간이 그만큼 넓어지는 것처럼, 마지막 7-9연은 멀리 떠날수록 그들의 사랑이 그리는 원은 더 커진다는 같은 역설을 말한다.

당신도 나에겐 그와 같습니다, 고정된 발처럼
몸을 기울이고 달려야 하는.
당신의 확고함이 나의 원을 바르게 만들고
내가 시작한 곳에서 마치게 해줍니다.

마무리

이 작품은 앞선 시와 같이 헤어짐을 슬퍼하는 아내를 위해 지은 것이고, 이별은 슬퍼할 대상이 아니라는 논리적인 설득을 펼치는 고별사다. 오히려 멀리 헤어지는 것만큼 비례하여 사랑의 크기를 확장하는 기회가 된다는 역설을 담고 있다. 단이 "The Flea"에서 추구한 육체적 사랑과 달리, 이 시의 화자는 몸은 부재중(不在中)일지라도 두 사람이 교감하는 영적인 사랑은 가능하다고 고백하고, 그런 사랑의 가치와 사랑에 대한 헌신을 진지한 언어로 구현해낸다.

시의 주제는 연인들의 환경은 변해도 사랑은 변하지 않는다는 사랑의 불변성을 이야기한다. 단은 그의 작품에서 항상 죽음이란 소재에 집착하여 죽음의 필연적 결과에 대한 두려움을 드러낸다. 이별은 늘 죽음을 연습하는 것이고, 멀리 떠나가는 것은 다시 돌아오지 못할 수 있음을 암시한다. 세속적 사랑을 종교적 차원으로 승화시켜 죽음 너머로까지 이어지는 영적이고 영원한 사랑으로 노래하는 이유가 거기에 있다. 이 작품에 등장하는 두 개의 비유를 조프리 하팜(Geoffrey G. Harpham)이란 비평가는 영국 시에서 가장 유명한 "확장된 메타포"(sustained or extended metaphor)라고 평가한다.

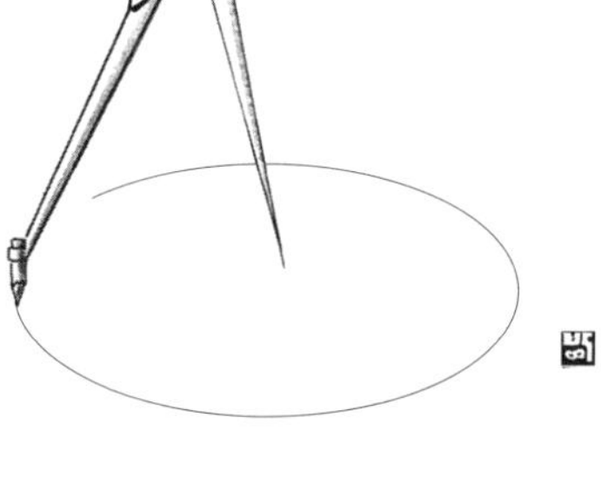

Song: Go and catch a falling star

Go and catch a falling star,
   Get with child a mandrake root,
Tell me where all past years are,
   Or who cleft the devil's foot,
Teach me to hear mermaids singing,
Or to keep off envy's stinging,
         And find
         What wind
Serves to advance an honest mind.

If thou be'st born to strange sights,
   Things invisible to see,
Ride ten thousand days and nights,
   Till age snow white hairs on thee,
Thou, when thou return'st, wilt tell me,
All strange wonders that befell thee,
         And swear,
         No where
Lives a woman true and fair.

If thou find'st one, let me know,
   Such a pilgrimage were sweet;
Yet do not, I would not go,
   Though at next door we might meet,
Though she were true, when you met her,
And last, till you write your letter,
         Yet she
         Will be
False, ere I come, to two, or three.

*****

• 이 시는 단의 시대에 있었던 여성 혐오와 여자들의 성적 문란함, 특히 아름다운 여자의 느슨한 정조 개념을 가벼운 톤으로 풍자한다. 다른 시에서처럼 형이상학적 기상이나 특징은 없지만, 화자는 아름다우면서 정숙한 여인이 과연 존재할 수 있느냐의 문제를 이 세상의 모든 불가능한 일과 비교하는 기발한 재치를 보인다. 현대적 관점에서 볼 때, 여성 혐오는 좋은 문학적 소재가 아니다. 그러나 그만큼 이상적인 사랑을 찾는 것은 인간의 욕망이면서 성취 불가능한 일이란 메시지를 우리에게 던지는지 모른다.

Lines 1-9

Go and catch a falling star,
Get with child a mandrake root,
Tell me where all past years are,
Or who cleft the devil's foot,
Teach me to hear mermaids singing,
Or to keep off envy's stinging,
And find
What wind
Serves to advance an honest mind.

• 1연에는 불가능한 일들이 나열된다. 1행의 떨어지는 유성을 잡으라는 명령으로부터 2행의 mandrake라는 식물로 임신하라는 명령으로 이어진다. Get with child는 "임신하라." 맨드레이크는 마취제나 최음제로 쓰인 유독성 식물로 우리나라의 인삼처럼 사람의 모습을 닮았다고 해서 유럽인들은 이 식물이 신비한 마법의 힘을 가졌다고 믿었다. 성경에

서 합환채로 번역된 이 식물의 뿌리를 가지면 여자가 임신한다는 미신도 있었다.

• 3-4행은 "나에게 말해달라"는 동사를 받는 두 개의 목적절이다. 1) 지나간 세월이 어디로 갔는지; 2) 악마의 발굽을 누가 갈라놨는지. 서양인들은 악마의 발바닥이 염소처럼 굽이 갈라졌다고 믿었다. 쥐가 고양이 목에 방울을 다는 것처럼, 누가 그 발굽을 가를 수 있겠냐는 불가능을 말한다.

• 5행 "가르쳐달라"는 말에도 두 개의 to 부정사가 연결된다. 1) 인어의 노랫소리를 듣는 법. 2) 질투가 찌르는 것을 피하는 법. 여기서 mermaid는 그리스 신화에서 항해하는 선원들을 노래로 유혹하여 배를 난파시키는 Sirens를 의미한다. 인어의 노랫소리를 듣고 유혹에 빠지지 않을 수 있겠냐는 말이다. 화자는 질투의 화살을 피하는 것 역시 인간이 할 수 없는 불가능한 일로 간주한다.

• 7-9행은 독자들이 가장 이해하지 못하는 문장이다. 단의 시대에 모든 배는 바람으로 가는 범선이었다. 배를 앞으로 전진시키는 것을 advance라고 한다면, 어떤 바람이 정직한 마음을 앞으로 나아가게 했는지 찾으라는 명령이다. 과연 무슨 의미일까?

• 정직한 사람이 출세하는 것은 불가능하다는 말이다. 만일 이 선언이 동서고금을 막론하고 보편적 사실이라면 암울한 일이 아닐 수 없다. 단의 시대나 지금의 시대나 다르지 않다는 이야기다.

가서 떨어지는 별똥별을 잡아라,
맨드레이크 뿌리로 임신하라,
내게 말하라, 지나간 모든 세월이 어디에 있는지,
아니면 누가 악마의 발굽을 갈라놓았는지.
내가 인어의 노랫소리를 듣도록,
아니면 질투의 쏘는 걸 피하도록 가르쳐보라.
그리고 찾아봐라,
어떤 바람이
정직한 마음을 출세시키는지.

Lines 10-18

If thou be'st born to strange sights,
Things invisible to see,
Ride ten thousand days and nights,
Till age snow white hairs on thee,
Thou, when thou return'st, wilt tell me,
All strange wonders that befell thee,
And swear,
No where
Lives a woman true and fair.

• 이렇게 불가능한 일을 나열한 진정한 이유는 2연에서 드러난다. 화자는 자신이 진짜 원하는 마지막 불가능을 명령한다. 2연은 두 개의 문장인데, 첫 문장의 주절은 12행의 Ride, "말을 타고 달리라"는 명령이다. 이 문장의 종속절은 10행의 if 절이다.

• If 절을 어순대로 다시 쓰면, If you are born to see strange sights and things invisible. "만약 당신이 신비한 광경, 보이지 않는 것을 볼 수 있게 타고났다면." 이것은 지금 찾으려는 것이 인간의 눈으로는 볼 수 없는 신비한 일임을 암시한다.

• 그렇다면 "일만 낮과 밤을 말을 타고 달려보시오." 이것을 27년이라고 계산할 수도 있지만, 문학적 표현으로 긴 세월을 의미한다. 13행의 till 문장에서 snow는 동사다. 언제까지 달리라고 하냐면, "세월이 그대 머리 위에 백발을 눈처럼 내릴 때까지."

• 두 번째 문장의 주절은 14행의 Thou will tell me 이고, 이 문장의 종속절은 when 절이다. "당신이 돌아왔을 때." 즉 수많은 세월을 달려 당신이 본 모든 신비한 불가사의한 일을 만났으면, 와서 내게 말해 달라는 주문이다.

• 그다음은 맹세하라는 또 다른 명령이다. 화자는 진실하고 아름다운 여인은 이 세상에 존재하지 않다는 것을 말하기 위해 앞서 모든 불가능한 일을 나열한 것이다. 여기서 true는 faithful, chaste와 동의어이고 "정조를 지키는" 것을 의미한다.

> 만일 당신이 이상한 광경과 안 보이는 것들을
> 볼 수 있게 태어났다면,
> 일만 주야를 말을 타고 달려라,
> 세월이 그대 머리에 하얀 눈을 내릴 때까지,
> 당신은 돌아왔을 때 내게 말하리라

그대에게 닥친 모든 신비한 불가사의를,
그리고 맹세하라,
어디에도
정절과 미를 겸비한 여인은 살고 있지 않다고.

Lines 19-27

If thou find'st one, let me know,
Such a pilgrimage were sweet;
Yet do not, I would not go,
Though at next door we might meet,
Though she were true, when you met her,
And last, till you write your letter,
Yet she
Will be
False, ere I come, to two, or three.

• 그런데도 "만약 그런 사람을 찾았다면 내게 알려주시오, 그런 순례의 길은 달콤한 것이니." 여기서도 아름답고 진실한 여인을 찾는 것을 마치 성자를 찾아 나서는 종교적 순례로 승화시킨다. a pilgrimage에 복수형 were를 붙인 것은 If 가정법 문장과 연결되기 때문이다. 현실과 반대되는 가정의 상황을 표현한다.

• 21-27행은 계속 콤마로 연결되기 때문에 문장이 정확하게 맺고 끊어지지 않는 것처럼 보이나, 두 개의 though 종속절 + 두 개의 주절로 나누면 된다. 주절은 1) 명령문 do not, I would not go + 2) Yet she will be ~.

• 처음엔 그런 여인을 찾으면 알려달라고 해놓고는 마음이 변하여, "우리가 바로 옆집에서 만날 수 있다 해도 나는 가지 않을 것이오"라고 부정한다. 여기서 we는 청자가 찾은 여인과 화자를 가리키고, might meet는 그런 여인을 바로 옆집에서 만날 수도 있다는 가능성을 내포한다.

• 23행은 두 번째 though로 시작하는 이 시의 결론이다. 문제는 24행의 last이다. 이것은 23행의 she에 붙는 동사로 해석해야 전체적인 맥락을 이해할 수 있다. 즉 "비록 그녀는 당신이 만났을 때 정숙했고, 당신이 내게 편지로 알려줄 때까지 그 정숙함이 계속됐다(last) 하더라도."

• 25행의 yet에는 "그런데도"라는 의미가 있다. 화자는 though를 썼음에도 다시 yet를 써서 자신의 결론을 더욱 강조한다. "그런데도 그녀는 내가 가기 전에, 만나기 전에, 이미 두, 세 사람에게 정조를 잃을 것입니다."

> 만약 그런 여인을 찾으면, 내게 알려달라,
> 그런 순례길은 달콤할 테니.
> 그러나 알리지 마라, 나는 안 가겠노라,
> 비록 옆집에서 우리가 만날지 몰라도,
> 비록 당신이 만났을 때는 정숙했더라도,
> 그리고 당신이 편지를 쓸 때까지 그랬더라도,
> 그녀는
> 정조를
> 잃으리라, 내 가기 전 이미 두, 세 남자에게.

마무리

이 시는 과장법으로 시작하여 과장법으로 끝난다. 여성 혐오를 강조하기 위한 단의 기법이지만, 17세기의 관점에서 볼 때 여성 혐오는 당시의 문학적 전통에 따른 것으로 이해해야 한다. 또 앞서 언급했듯이 이 시는 이상적인 사랑을 추구했던 시인이 아름답지만 정숙하지 못한 여인에게서 경험한 실망과 절망을 담아낸 냉소적인 감상이라고 볼 수 있다.

과장법에 해당하는 불가능한 일들을 나열한 화자는 오히려 역으로 아름다운 여인의 입장에 서서 정조를 지키는 것은 그만큼 힘들고 어렵다는 것을 옹호하는지 모른다. 아름다운 여인을 정숙하게 놔두지 않는 존재는 남자들이기 때문이다. 그럼에도 화자는 아름답고 정숙한 여인을 찾는 것은 불가능하다는 자신의 신념을 노골적으로 드러낸다.

그러나 이 시에 들어 있는 모순은 지적할 필요가 있다. 그것은 불가능한 일을 나열한 다음, 아름답고 정숙한 여인을 찾는다는 것 역시 불가능한 과제에 포함했음에도 불구하고 마지막 연에서 그런 여인을 찾았다고 한 가정이다. 그 여인이 금방 정조를 잃을 거라는 단언에도 불구하고 찾았다는 가정 자체는 시의 시작과 끝의 불일치를 의미한다. 그것은 떨어지는 별똥별을 잡았는데 너무 무거워서 놓쳤다는 말과 다르지 않다.

from *Holy Sonnets*

단의 전기를 쓴 아이작 월튼은 단은 아내 앤 모어가 죽자, "자신을 세상에 대하여 십자가에 못을 박았다"라고 말한다. 이후 그는 종교시에 몰입했고, 젊은 시절 연애 시에서 보여준 형이상학적 기상을 종교시에서도 질병과 고통, 죄와 죽음에 대한 통렬한 자기 성찰의 중요한 도구로 사용한다. 영국 왕 제임스 1세의 강력한 요구로 늦게 국교회의 목사가 되었지만, 가톨릭 집안에서 태어난 단의 깊은 내면은 가톨릭적인 정서로 가득했다. 그리스도의 고난을 강조하고 짙은 죄의식과 참회의 필요성을 간직한 채, 개신교 적 구원의 확신을 위해 노력했고 부활 신앙을 끊임없이 추구했다. 또 연애 시에서 사랑의 경험을 이성적으로 분석한 것처럼, 종교적인 체험을 지극히 이성적 이미지와 은유로 펼친다. 그 중의 대표적인 시가 앞에서 몇 차례 언급한 "Hymn to God, My God, in My Sickness"이다. 질병과 고통을 부활로 가는 필연적인 과정으로 여기고, 자신의 시를 죽음을 초월한 신앙을 확인하는 속죄를 위한 기도, 구원을 갈망하는 신앙고백의 계기로 삼는다.

다음 세 편의 시는 이 책에 처음 나오는 14행 소네트이다. 소네트는 영국 문학에서 단 하나의 정형시 형식으로 거의 모든 시인이 이 틀에 맞춰 시를 썼고, 문학적 기교와 능력을 보여주는 표준으로 사용했다. 소네트는 르네상스 시대 이탈리아의 프란시스코 페트라르카(Francesco Petrarch, 1304-1374)의 영향으로 주제는 주로 사랑을 다루는 연시(戀詩)로 쓰였다.

소네트의 형식은 약강오보격(iambic pentameter)이고, 각운(rhyme)은 크게 두 가지 종류로 나누어진다.

1) 페트라르카 소네트: abba abba cde cde / 8행 (octave) + 6행 (sestet)으로 나눈다.

2) 셰익스피어 소네트: abab cdcd efef gg / 4행 (quatrain) X 3 + 2행 (couplet). 각 quatrain에서 하나의 아이디어를 제시한 다음 마지막 2행 couplet에서 결론을 맺는다.

다음에 나오는 단의 소네트는 주로 페트라르카 방식의 각운으로 쓰였다. 참고로 이 책에서는 각운이나 소리에 대한 해설은 거의 포함하지 않았다. 원어민이 아닌 우리 귀에는 sound & sense에 대한 감각이 민감하지 않아, 설명하기도 힘들고 이해하기도 어렵다. 소리가 의미상 뚜렷한 효과를 줄 때를 제외하고, 주로 시의 내용을 중심으로 분석한다.

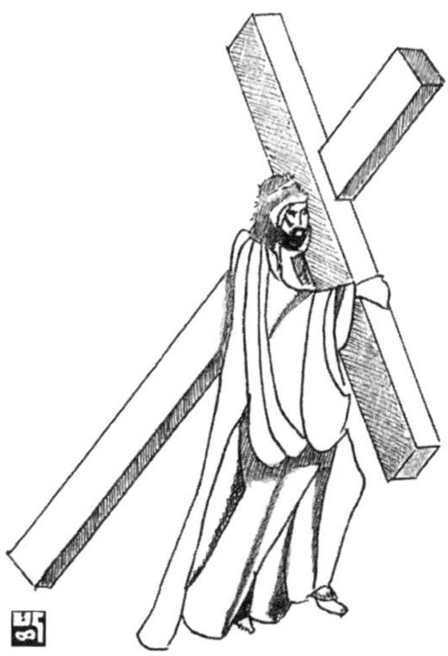

X

Death, be not proud, though some have called thee
Mighty and dreadful, for thou art not so;
For those whom thou think'st thou dost overthrow
Die not, poor Death, nor yet canst thou kill me.
From rest and sleep, which but thy pictures be,
Much pleasure; then from thee much more must flow,
And soonest our best men with thee do go,
Rest of their bones, and soul's delivery.
Thou art slave to fate, chance, kings, and desperate men,
And dost with poison, war, and sickness dwell,
And poppy or charms can make us sleep as well
And better than thy stroke; why swell'st thou then?
One short sleep past, we wake eternally
And death shall be no more; Death, thou shalt die.

*****

Lines 1-4

Death, be not proud, though some have called thee
Mighty and dreadful, for thou art not so;
For those whom thou think'st thou dost overthrow
Die not, poor Death, nor yet canst thou kill me.

• 이 시는 단이 쓴 19편의 *Holy Sonnets* 중 하나다. 화자는 첫 행을 명령문으로 시작하면서 명령의 대상인 "죽음"을 의인화하여 먼저 이름

으로 부른다. 앞에서도 여러 번 나온 돈호법이다. 예) Oh, Rose, how sweet you smell and how bright you look! "오, 장미여, 그대의 향기 얼마나 달콤하고 그대의 모습 얼마나 화사한지!"

• 그러면서 화자는 누구도 대항할 수 없는 강력한 죽음을 향하여 교만하지 말라는 명령을 내린다. so는 might and dreadful.

• 그 이유를 계속해서 전개한다. 3-4행을 쉽게 이해할 수 있게 현대 영어로 끊어 쓰면, For those / whom (you think) you overthrow / do not die, poor Death, nor yet can you kill me. 여기서 overthrow는 "파괴하다, 파멸시키다, 전복시키다" 등의 뜻으로 죽음이 삶을 무너뜨린다는 의미로 쓰였다. you think는 삽입된 말로 많이 나오는 표현이다. 예) I saw the picture at the street gallery yesterday which (you think) you took a few years ago. 직역하면, "나는 (네가 생각하기에) 네가 몇 년 전에 찍은 그 사진을 어제 길거리 갤러리에서 봤다."

> 죽음이여, 교만하지 말라, 어떤 이들은 너를
> 강하고 두렵다고 부르지만, 너는 실상 그렇지 않다.
> 네가 파멸시킨다고 생각하는 사람들은, 가련한 죽음이여,
> 죽지 않고, 또한 너는 날 죽일 수 없기 때문이다.

Lines 5-8

> From rest and sleep, which but thy pictures be,
> Much pleasure; then from thee much more must flow,
> And soonest our best men with thee do go,

Rest of their bones, and soul's delivery.

• 죽음을 무력화하려는 화자의 논리는 계속된다. 처음은 완전한 문장이 아니다. 생략된 것을 넣어 어순대로 쓰면, Much pleasure comes from rest and sleep, which are but (only) your pictures. 죽음을 안식과 잠자는 것으로 간주한다면, 죽음으로부터는 큰 기쁨이 온다는 엄청난 역설이다. 살아있는 동안 잠깐씩 쉬고 자는 일이 죽음을 모방하는 거라면, 죽음은 안식의 실체이고 본질이란 단의 놀라운 논리다.

• 죽음이 안식이란 개념은 셰익스피어에게도 있다. 그러나 셰익스피어에게 죽음은 모든 것을 봉해버리는(seal up) 영원한 침묵과 어둠과 단절이란 염세적 개념이라면, 단의 지향점은 죽음 후의 부활과 천국의 기쁨으로 향하는 기독교적 안식이다. 따라서 사람들이 가장 두려워하는 죽음은 단에게 오히려 열등하고 무기력한 힘에 불과한 것이 되고 만다.

• 그다음 죽음에 동반되는 일들이 언급된다. 인간의 육체를 상징하는 뼈는 안식하지만, 영혼은 구원을 얻음으로써 죽음은 오히려 영혼을 영원히 살게 한다는 기독교적 이율배반을 보여준다.

단지 너의 그림에 불과한 안식과 잠에서 큰 기쁨이 온다면,
너에게서는 훨씬 더 큰 기쁨이 흘러나와야 하리라.
이제 곧 우리 중 최고의 사람들은 너와 함께 가서,
그들의 뼈는 안식을, 그들의 영혼은 구원을 얻으리라.

Lines 9-12

Thou art slave to fate, chance, kings, and desperate men,
And dost with poison, war, and sickness dwell,
And poppy or charms can make us sleep as well
And better than thy stroke; why swell'st thou then?

• 이제 화자는 죽음을 가져오는 세상의 끔찍한 요소들을 역이용하여 죽음의 주도권을 박탈하고, 죽음을 이런 요소들 아래로 종속시킨다. 두려움의 대상인 죽음의 정체를 오히려 폄훼하고 결국은 존재 자체가 없는 무(無), nothingness로 선언한다.

• 9행의 운명(fate)과 우연(chance)은 죽음의 의지와 상관없이 찾아오는 불가항력적 힘을 말한다. 반면 죽음은 9행의 왕과 절망한 사람들의 노예라는 말은 무슨 뜻일까? 왕은 당시 사람의 목숨을 죽이거나 살릴 수 있는 권한을 가진 존재이고, 절망한 사람은 요즘의 우울증 환자처럼 스스로 죽음을 선택할 수 있는 사람이란 뜻이다. 즉, 왕과 절망한 자들은 죽음의 조종을 받는 게 아니라, 죽음을 맘대로 다스린다는 역발상으로 죽음을 무기력하게 만든다.

• 죽음을 이들의 "노예"로 규정함으로써 죽음을 종속시키는 주객의 전도를 끌어낸다. 단의 스타일에 맞는 놀라운 반전이고 역설이 아닐 수 없다. 또 죽음을 독약, 전쟁, 질병과 함께 사는 추한 존재로 만들어 버린다.

• 죽음에 대한 비하는 이어진다. stroke에는 "타격, 때리기" 외에 "어루만짐, 달램"이란 뜻이 들어 있다. 시의 문맥상 죽음을 안식이란 개념과 연결할 때 후자가 더 어울린다. swell은 "붓다, 불룩해지다, 부풀어나다"라는 뜻으로 자랑의 의미다. 마약이나 마법이 우리를 더 잘 자게 해 준다는 생각으로 죽음을 무시한다.

> 너는 운명과 우연과 왕들과 절망한 자들의 노예이고,
> 독약과 전쟁과 질병과 동거한다.
> 마약과 마법도 우리를 잘 자게 할 수 있으니
> 너의 손길보다 더 좋은데, 너는 왜 부풀어 있느냐?

Lines 13-14

> One short sleep past, we wake eternally
> And death shall be no more; Death, thou shalt die.

• 마지막 두 행(couplet)의 결론이다. 죽음을 잠깐 자는 것과 비유하여, 자고 나면 죽음의 존재는 사라진다고 선언한다. 모든 생명을 앗아가는 무소불위의 힘을 가진 죽음을 "없는 것"으로 만드는 단의 대범함을 본다.

> 한번 짧은 잠이 지나면, 우리는 영원히 깨어나고,
> 죽음은 더 있지 않을 것이다. 죽음이여, 너는 죽으리라.

마무리

이 시는 역설과 반전으로 가득하다. 가장 강력한 힘을 가진, 누구도 피할 수 없는 죽음을 무력화시키기 위해서 사용할 수 있는 유일한 전략은 역발상일지 모른다. 공포의 대상인 죽음을 비웃음으로 이겨내려는 시인의 논리적 유희가 아닐 수 없다.

그러면서 동시에 이런 질문을 떠올린다. 인간이 한순간의 짧은 죽음을 지나 안식에서 깨어나면, 죽음이란 존재는 과연 어디에 있는 것일까? 그러므로 죽음 자체가 사라지고 죽어야 할 존재라고 한 단의 결론은 매우 타당성 있는 주장이 된다. 물론 기독교적 관점에서 죽음을 부활과 연결할 때, 이 결론은 진리가 된다. 단은 이런 신앙을 가지고 그의 종교시를 썼고, 죽음에 대항하여 부활의 방패를 가지고 문학적 사투를 벌인 시인이며 목사였음을 알 수 있다.

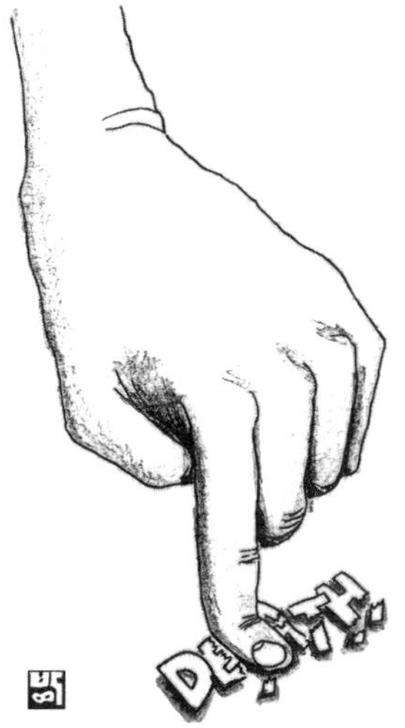

XI

Spit in my face, you Jews, and pierce my side,
Buffet, and scoff, scourge, and crucify me,
For I have sinn'd, and sinn'd, and only He,
Who could do no iniquity, hath died.
But by my death can not be satisfied
My sins, which pass the Jews' impiety.
They kill'd once an inglorious man, but I
Crucify him daily, being now glorified.
O let me then His strange love still admire;
Kings pardon, but He bore our punishment;
And Jacob came clothed in vile harsh attire,
But to supplant, and with gainful intent;
God clothed Himself in vile man's flesh, that so
He might be weak enough to suffer woe.

*****

Lines 1-4

Spit in my face, you Jews, and pierce my side,
Buffet, and scoff, scourge, and crucify me,
For I have sinn'd, and sinn'd, and only He,
Who could do no iniquity, hath died.

• 연애 시에서처럼 단은 종교시에서도 동사를 많이 사용하여 시를 역동적으로 만든다. 첫 행부터 명령문으로 시작하고, 동사는 모두 예수

그리스도가 받은 고난을 그대로 표현한다. 얼굴에 침을 뱉고(spit), 옆구리를 창으로 찌르고(pierce), 얼굴을 주먹으로 치고(buffet), 조롱하고(scoff), 채찍질하고(scourge), 십자가에 못을 박고(crucify). 예수가 빌라도의 재판정에서 로마 군병으로부터 당한 일을 동사로 나열하고, 유대인들을 향하여 그것을 모두 자신에게 행하라고 명령한다.

• 유대인들은 그들의 종교재판에서 예수에게 죽을죄에 해당하는 죄를 범했다고 사형을 선고하지만, 사형시킬 권한이 없어 예수를 당시 팔레스타인을 식민통치하던 로마의 총독 빌라도에게 넘긴다. 빌라도는 예수를 죽이라고 외치는 군중들이 민란을 일으킬까 두려워 그의 처형을 허락한다.

• 따라서 정확하게 말하면, 예수는 유대인과 이방인의 공동 작업으로 처형당한 것이다. 즉, 유대인과 이방인은 온 세상 사람을 상징하고, 예수는 온 세상의 죄를 사하기 위하여 대신 죽임을 당했다는 해석을 가능하게 한다. 그렇다면 왜 단은 로마인들이 행한 행위를 유대인들에게 요구하는 것일까? 아마 천육백 년 동안 유럽에 팽배하던 반유대 정서를 그대로 반영하여 예수의 죽음에 대한 책임을 유대인들에게 전가하는 듯하다.

• 3-4행은 그렇게 명령한 이유를 말한다. 화자 자신이 죄를 지었는데, 예수가 죽임을 당했기 때문이다.

• iniquity는 "엄청난 불의함(injustice), 불경함, 사악함, 도덕적이고 영적인 가치의 부재"를 의미하기 때문에 종교적인 죄를 말할 때 쓰인다. sin과 교환할 수 있는 단어지만, sin의 어원이 "화살이 과녁을 벗어나는

것"이라면, iniquity는 내면적 캐릭터의 죄, 주어진 법을 의도적으로 왜곡하는 죄, 불경한 죄를 뜻한다.

> 내 얼굴에 침 뱉으라, 너 유대인들아, 내 옆구리를 찌르고,
> 주먹으로 치고, 조롱하고, 채찍질하고, 십자가에 못을 박아라.
> 왜냐면 내가 죄를 지었고 또 지었는데,
> 죄를 범할 수 없는 그가 홀로 죽임을 당했기 때문이다.

Lines 5-8

> But by my death can not be satisfied
> My sins, which pass the Jews' impiety.
> They kill'd once an inglorious man, but I
> Crucify him daily, being now glorified.

• 5-8행을 어순대로 다시 쓰면, But my sins, which pass the Jews' impiety, cannot be satisfied by my death. 여기서 satisfy는 "만족하다"가 아니라 죄를 "용서받다, 해결하다"의 의미다. 이 문장에서는 수동태로 쓰였다.

• 화자의 죄가 유대인의 죄를 능가한다는 말은 무슨 뜻일까? 그들은 오래전 이름 없는 남자를 딱 한 번 죽였지만, 지금은 영광스럽게 된 그를 화자인 자신은 매일 십자가에 못을 박기 때문이란 말이다. 당시 유대 종교지도자들은 예수를 죽일 때 아무런 가책을 느끼지 않았다. 기득권 세력이던 그들에게 예수는 유대교 전통과 율법에 반기를 든 이단자에 불과했기 때문이다.

• 그러나 지금은 하나님의 아들로 영광을 얻은 예수를 매일 십자가에 못을 박고 있으니, 그의 죄가 유대인들의 죄보다 훨씬 크다는 논리는 말이 된다. 참고로, 기독교적 관점에서 "예수를 매일 십자가에 못을 박는다"라는 말은 매일 죄를 짓는다는 의미이고, 그럴 수밖에 없는 인간의 죄성을 가리킨다.

그러나 유대인들의 불경함을 능가하는 나의 죄는
내가 죽는다고 해결될 수 없도다.
그들은 한때 무명인 사람을 죽였지만, 나는
지금 영광 받은 그를 매일 십자가에 못을 박고 있기에.

Lines 9-12

O let me then His strange love still admire;
Kings pardon, but He bore our punishment;
And Jacob came clothed in vile harsh attire,
But to supplant, and with gainful intent;

• 바른어순으로 바꾸면, O let me then still admire His strange love. 여기서 strange는 "이상하다"가 아니라 종교적으로 "신비하다"라는 뜻이다. 예수그리스도의 사랑이 신비한 이유는 정치적인 힘이나 군사적인 무력으로 세상을 정복한 것이 아니라, 자기의 죽음으로 죄와 죽음을 정복하여 인류를 구원했기 때문이다. 인간의 관점에서는 이해할 수 없는 일이라, 이것은 "신비한 사랑"이 된다.

• 10행은 그런 신비한 사랑이 한 일을 구체적으로 언급한다. 왕의 사

면권은 예수그리스도의 신비한 사랑을 강조하기 위하여 든 예다. "왕들은 사면합니다, 그러나 그는 우리의 형벌을 짊어지셨습니다." 세상의 왕들은 사형수를 사면해 줄 수 있는 권한을 가진 유일한 존재다. 그런데 하나님의 아들, 왕 중의 왕인 예수는 죄인들의 죄를 다 뒤집어쓰고 친히 십자가 처형을 당한다.

• 신비한 사랑은 계속된다. 11-12행을 이해하기 위해선 구약에 나오는 쌍둥이 형제, 야곱(Jacob)과 에서(Essau)의 이야기를 알아야 한다. 동생으로 태어난 야곱은 형 에서의 장자권을 늘 탐낸다. 늙어 눈이 어두워진 아버지 이삭(Isaac)은 어느 날 에서가 사냥하여 잡아 온 고기를 먹고 그에게 장자의 축복을 하기로 한다. 이 소식을 전해 들은 야곱은 형이 사냥 나간 사이, 형처럼 보이기 위해 그의 거친 옷을 입고 아버지의 눈을 속여 장자의 축복을 가로챈다.

• 11-12행은 바로 이 이야기다. "그리고 야곱은 더럽고 수치스럽고 거친 옷을 입고 나타났다, 강압적으로 빼앗기 위하여, 오직 얻으려는 의지로." But은 거친 옷을 입고 온 이유가 오로지 빼앗기 위해서라는 "오직"으로 보면 된다. 야곱은 이기적인 목적으로 거친 옷을 입었다면, 예수는 무슨 옷을 입은 것일까?

> 아, 그러면 나로 그의 신비한 사랑을 찬양하게 하라.
> 왕들은 사면하지만, 그는 우리의 징계를 짊어지셨다,
> 야곱은 비열하고 거친 옷을 입고 나타났다,
> 오직 빼앗기 위하여 그리고 이익을 얻으려는 의도로.

Lines 13-14

> God clothed Himself in vile man's flesh, that so
> He might be weak enough to suffer woe.

• 마지막 couplet은 오직 자신의 유익을 위해 거친 옷을 입은 야곱과 예수가 거친 옷을 입은 상황을 비교하면서 소네트의 결론을 맺는다. God는 예수그리스도를 말한다. 하나님이 어떻게 이 땅에 올 수 있는 것일까? 화자는 예수가 하나님이면서도 연약한 인간의 옷을 입었다는 메타포로 비유한다. 그 목적은 고통을 받을 만큼 약해지기 위해서다.

• 그러므로 13-14행은 예수의 완전한 신성(神性)과 완전한 인성(人性)을 보여주는 매우 중요한 신학적 메시지가 된다. 이것은 예수의 완전한 인성을 부정하는 가현설(Docetism)[14)]에 대한 단의 분명한 입장임을 알 수 있다. 예수의 고통은 우리와 똑같은 몸으로 겪은 진정한 고통이란 뜻이다.

> 하나님은 스스로 천한 인간의 몸을 옷 입으셨으니,
> 고통을 당하기에 족할 만큼 약해지기 위해서였도다.

---

14) 가현설은 이단적인 교리로 예수의 역사적, 육체적 존재는 실재적인 현실(true reality)이 아니라, 인간의 형태로만 보였던 일종의 착시 현상(illusion)이었다는 주장이다. 다시 말해서 가현설은 그리스도의 인성(humanity)을 완전히 부인하는 사이비 신학이다.

마무리

화자는 첫 행을 열면서 유대인들에게 예수가 당한 모욕과 폭력을 자신에게 가하라고 거칠게 명령하지만, 5행에 가서 자신의 죄는 예수를 죽인 유대인들의 죄보다 더 크다는 참회로 바꾼다. 그러면서 죄 없는 몸으로 고통과 죽음을 대신 겪고 죄인을 구한 예수의 사랑을 신비로 표현한다. 여기엔 왕이면서도 친히 죄를 뒤집어쓰고, 하나님이면서도 인간이 되어 죽임을 당한 예수그리스도의 사랑과 희생을 경배하는 강력한 메시지가 들어 있다.

XIV

Batter my heart, three-personed God, for you
As yet but knock, breathe, shine, and seek to mend;
That I may rise, and stand, o'erthrow me, and bend
Your force to break, blow, burn, and make me new.
I, like an usurped town, to another due,
Labor to admit you, but Oh, to no end.
Reason, your viceroy in me, me should defend,
But is captived, and proves weak or untrue.
Yet dearly I love you, and would be loved fain,
But am betrothed unto your enemy:
Divorce me, untie or break that knot again,
Take me to you, imprison me, for I,
Except you enthrall me, never shall be free,
Nor ever chaste, except you ravish me.

*****

Lines 1-4

Batter my heart, three-personed God, for you
As yet but knock, breathe, shine, and seek to mend;
That I may rise, and stand, o'erthrow me, and bend
Your force to break, blow, burn, and make me new.

• 이 소네트 역시 많은 동사를 포함하고 있어 강한 톤과 역동성을 보여준다. 첫 문장은 하나님을 향한 명령으로 시작하는데, 명령의 대상이 하나님이라면 사실 기도문에 가깝다. three-personed는 단이 만든 표현으로 삼위일체(Trinity)의 하나님, 즉 세 인격체로 구성된 한 하나님을 의미한다.

• 앞선 소네트에서 유대인들을 향하여 화자를 구타하고 모욕하라고 했다면, 여기선 하나님을 향하여 자신의 심장을 깨 달라고 기도한다. 다음 행에서 그 이유를 말한다. As yet but은 "여전히, 지금까지 단지(but)." 하나님은 단지 2행의 동사의 뜻대로만 점잖게 행하셨다는 뜻이다. "두드리고, 숨을 불어넣고, 빛을 비추고, 고치려고만 하셨다." breathe는 "숨을 불어넣는다"라는 뜻이면서, 기독교적 관점에서 "성령을 불어넣는다"라고 해석할 수도 있다.

• 첫 문장은 1-2행에서 끝났고, 3행은 새로운 명령문인데 that 문장의 동사, rise, and stand 바로 뒤에 명령문을 만드는 동사 overthrow를 놓아서 우리를 혼란스럽게 한다. 3-4행을 순서대로 쓰면, Overthrow me and bend your force to break, blow, burn, and make me new, so that I may rise and stand. 이 시대 대부분 시에서 문장 앞의 that은 so가 생략된 경우가 많다. 따라서 3행은 so that I may rise ~가 된다.

• 여기서 재미있는 것은 2행의 동사와 4행의 동사가 모두 대칭을 이루는 거다. knock-break; breathe-blow; shine-burn; seek to mend-make me new. 2행의 부드러운 동작을 4행에서 비슷한 의미의 강한 동작으로 바꾼다. "두드리다-부수다, 숨을 불어넣다-날려 보내다, 빛을 비추다-태우다, 고치려고 찾다-새롭게 만들다."

• 3행은 단이 자주 사용하는 패러독스다. 나를 던지면 다시 일어서고, 나를 죽이면 다시 살아나고. 늘 죽음을 생각한 단은 약할 때 강해지고, 죽으면 부활한다는 신앙을 시를 통해 보여준다.

• 2행과 4행의 네 가지 동사가 서로 연결되는 것은 단의 시가 보여주는 치밀한 논리적 관계성이다. 어떤 단어도 완벽하게 맞아떨어지는 그의 스타일이다. 반드시 다른 단어와 연결하여 시를 탄탄하게 짜 맞춘다.[15)]

> 내 심장을 부숴주소서, 삼위의 하나님, 당신은 지금까지 단지
> 두드리고, 숨을 불어넣고, 비추고, 고치려고 했습니다.
> 내가 일어나 서도록, 나를 뒤엎고 당신의 힘을 굽혀
> 나를 깨고, 날려 보내고, 태우고, 새롭게 만드소서.

Lines 5-8

> I, like an usurped town, to another due,
> Labor to admit you, but O, to no end.
> Reason, your viceroy in me, me should defend,
> But is captived, and proves weak or untrue.

• 5행의 "빼앗긴 도시처럼"이란 직유법(like)의 이미지는 이후 행에서 viceroy, defend, captived 등의 이미지로 계속 연결된다. 이 문장의 골격은 I labor to admit you, but to no end, "나는 당신을 인정하려고 애쓰지만 소용없습니다."

• to no end에는 두 가지 뜻이 있다. 1) to a great extent, very much. "상당히, 크게, 매우, 끝없이." 예) For some reason, this guy annoyed me to no end. "무슨 이유에선지, 이 사람은 나를 끝없이 짜증나게 했다; 2)

15) 앞선 시 "Song: Sweetest love, I do not go"의 11, 16행 해설 참조.

without success or a result, in vain. "성공이나 결과 없이, 헛되게." 예) The researcher built upon numerous experiments for months, to no end. "그 연구자는 수개월 동안 수많은 실험을 거듭했지만, 결과는 실패였다." 이 시에서는 2)번의 의미로 쓰였다.

• 그 사이에 화자 I는 두 개의 구로 수식된다. 1) like an usurped town, "빼앗긴 도시처럼"; 2) 어순대로 쓰면, due to another, "다른 사람의 소유가 된."

• 7행의 골격을 어순에 맞게 쓰면, Reason should defend me. 7-8행에는 의인법과 메타포가 등장한다. 1) Reason은 의인화가 된 주어이고; 2) your viceroy, "대리자"는 "이성"을 은유한 메타포로, 하나님 대신 "총독, 대리자"로서 인간을 다스리는 이미지를 준다. 화자는 하나님의 대리자인 이성의 지배를 받는 게 아니라, 사탄의 포로가 되었음을 말한다.

• 이성은 하나님 대신 우리 내면에 들어와 우리를 방어하고 또 올바른 길로 인도한다는 개념에서 나온 비유다. 그러나 이성은 화자에게 그 역할을 못 하고 있다. 8행의 untrue는 영문학에서 대부분 unfaithful, 즉 "바람피우다, 정조를 안 지킨다"라는 뜻이다.

> 나는 빼앗긴 도시처럼, 다른 사람의 소유가 되어,
> 당신을 인정하려고 애쓰지만, 아, 아무 소용없습니다.
> 내 안에 있는 당신의 대리자, 이성은 나를 방어해야 하건만,
> 포로가 되어 나약하고 정조를 잃었습니다.

Lines 9-14

Yet dearly I love you, and would be loved fain,
But am betrothed unto your enemy:
Divorce me, untie or break that knot again,
Take me to you, imprison me, for I,
Except you enthrall me, never shall be free,
Nor ever chaste, except you ravish me.

• 그럼에도 화자는 여전히 하나님에 대한 사랑을 고백한다. fain은 고어로 would와 함께 “매우 기쁘게, 기꺼이 ~을 하고 싶다.” 예) I would fain do the job. “나는 정말 그 일을 하고 싶다.”

• 10행에도 “약혼”이라는 메타포가 등장한다. 나는 하나님을 배반하고 원수와 약혼한 부적절한 관계에 빠졌음을 고백한다. 마찬가지로 10행의 divorce도 남녀 관계를 은유하는 메타포다.

• 11행은 이런 관계를 끊어달라는 명령문이다. 영어에서 tie the knot를 직역하면 “매듭을 묶는다”지만, 주로 “결혼하다”라는 뜻으로 쓰인다. 여기서 “again”은 적과의 부적절한 관계가 계속 반복됐다는 걸 암시한다. 그러므로 11행에서 인간은 죄의 굴레에서 벗어날 수 없고, 반복해서 죄를 지을 수밖에 없는 나약한 본성을 가졌다는 것, 그래서 지은 죄를 다시 용서해달라고 계속해서 고백할 수밖에 없는 존재임을 보여준다.

• 12-14행 역시 단의 강력한 역설로 끝난다. 죄의 포로가 되었다는 말을 뒤집어서 이제는 하나님의 죄수로 옥에 갇히기를 간청한다. 마지막 두

행은 하나님의 노예가 될 때(enthrall) 자유를 얻고, 하나님이 겁탈(ravish) 할 때 순결해진다는 패러독스다. 여기서 except는 except that의 의미로 unless처럼 문장을 받아 "~을 제외하면, ~이 아니면"이라는 뜻이다.

> 그러나 나는 당신을 깊이 사랑하고 또 진정 사랑받기를 원하나,
> 나는 당신의 원수와 약혼한 몸이 되었습니다.
> 나를 파혼시키고, 매듭을 풀거나 끊어주시고,
> 나를 당신에게 붙잡아가서 옥에 가두소서, 당신이 나를
> 노예 삼지 않으면, 나는 결코 자유로울 수 없고,
> 겁탈하지 않으면, 수절할 수 없기 때문입니다.

마무리

이 소네트는 단의 *Holy Sonnets*에 늦게 포함된 작품이고, 단의 개인적인 신앙의 위기 상황을 그리는 시로 알려져 있다. 마지막 장면에서 보듯이, 시인은 연애 시에서 볼 수 있는 성적인 이미지를 종교시에 넣음으로써, 하나님과 화자의 관계를 세속적 연인들의 관계처럼 표현한다. 하나님의 거룩한 사랑은 거칠고 에로틱한 성적 유혹과 과감하게 비교된다. 이런 단의 전통에서 벗어난 친밀하고 대범한 묘사는 그가 하나님을 향한 믿음을 뜨겁게 갈망했음을 보여주는 문학적 노력의 산물이다. 앞서 우리는 남녀 간의 세속적인 사랑을 종교적으로 승화시킨 작품을 공부했는데, 이 소네트는 종교적 사랑을 세속적이고 성적인 유희로 전환한다. 이런 단의 속(俗)과 성(聖)의 영역을 넘나드는 혼합의 기술은 이 시를 단의 가장 유명한 작품 중 하나로 만든다.

Hymn to God, My God, in My Sickness

Since I am coming to that holy room,
Where, with thy choir of saints for evermore,
I shall be made thy music; as I come
I tune the instrument here at the door,
And what I must do then, think here before.

Whilst my physicians by their love are grown
Cosmographers, and I their map, who lie
Flat on this bed, that by them may be shown
That this is my south-west discovery,
Per fretum febris, by these straits to die,

I joy, that in these straits I see my west;
For, though their currents yield return to none,
What shall my west hurt me? As west and east
In all flat maps (and I am one) are one,
So death doth touch the resurrection.

Is the Pacific Sea my home? Or are
The eastern riches? Is Jerusalem?
Anyan, and Magellan, and Gibraltar,
All straits, and none but straits, are ways to them,
Whether where Japhet dwelt, or Cham, or Shem.

We think that Paradise and Calvary,
Christ's cross, and Adam's tree, stood in one place;
Look, Lord, and find both Adams met in me;
As the first Adam's sweat surrounds my face,
May the last Adam's blood my soul embrace.
So, in his purple wrapp'd, receive me, Lord;

By these his thorns, give me his other crown;
And as to others' souls I preach'd thy word,
Be this my text, my sermon to mine own,
"Therefore that he may raise, the Lord throws down."

*****

Lines 1-5

Since I am coming to that holy room,
Where, with thy choir of saints for evermore,
I shall be made thy music; as I come
I tune the instrument here at the door,
And what I must do then, think here before.

• 제목처럼 이 시는 던이 심하게 아플 때 지은 작품으로 알려져 있다. 죽음을 생각하는 내용이라면, 1행의 holy room은 천국이라고 쉽게 짐작할 수 있다. 1연에서 가장 중요한 수사법은 음악에 대한 메타포다.

• 대충 읽으면, 3행의 I shall be made Thy music이 마치 주절인 것처럼 보인다. 그러나 이것은 that holy room을 뒤에서 수식하는 where 관계부사 절의 주어 + 동사이고, 전체적으로는 since 종속절 속에 삽입된 구절일 뿐이다.

• 1-3행을 어순에 맞춰 쓰면, Since I am coming to that holy room, where I shall be made your music with your choir of saints for evermore; as I come. 여기서 will be made가 아니라 shall be made로 쓴 것은 화자의 의지가 아니라, 그렇게 될 수밖에 없는 운명적 상황을 암시

한다. 3행 마지막의 as I come은 since 종속절을 반복했을 뿐이다.

• 주절은 4행의 I tune the instrument이다. 화자는 3행에서 "당신의 음악"이 될 뿐만 아니라, 4행에선 조율해야 하는 악기가 된다. 그럼 병든 침상에서 악기로 비유된 자기 자신을 조율한다는 것은 무엇을 의미할까? 우리는 연주회가 시작되기 전에 모든 단원이 각자의 악기를 정해진 key에 맞추는 장면을 본다. 화자는 천국에 들어가 영원한 음악이 되기 위해 자신을 돌아보고 준비하고 회개하는 과정을 조율로 은유한 거다.

• 3-4행을 어순대로 쓰면, I tune the instrument here at the door, and think / here before / what I must do then. 여기서 before는 "what 문장을 하기 전에"라고 해석하면 안 된다. what 문장은 think의 목적절이다. "이곳에서 먼저 생각한다, what 이하를."

나는 당신의 성도들의 찬양대와 함께 영원히
당신의 음악으로 만들어질 그 거룩한 방에
들어가기에, 들어가면서
여기 문 앞에서 악기를 조율합니다,
그리고 그때 무엇을 해야 할지를 여기서 먼저 생각합니다.

Lines 6-10

> Whilst my physicians by their love are grown
> Cosmographers, and I their map, who lie
> Flat on this bed, that by them may be shown
> That this is my south-west discovery,
> *Per fretum febris*, by these straits to die,

• 2연은 어려운 구문이라 대부분의 독자는 번역에 실패한다. 지금 책 읽는 것을 잠시 중단하고, 시간이 걸리더라도 스스로 구문파악을 시도해보길 바란다. 매 작품을 그렇게 읽는다면 영어 공부에 엄청난 도움이 된다는 사실을 깨닫게 될 것이다.

• 가장 중요한 것은 2연 전체가 whilst에 따른 종속절이라는 것. 주절이 아니면 철저하게 종속절로 번역해야 한다. 많은 사람은 구문파악이 안 된 상태에서 주어, 동사만 있으면 하나의 완성된 문장인 것처럼 번역하는 실수를 범한다. 계속 그렇게 읽는다면, 이 시 뿐 아니라, 어떤 영문도 제대로 이해하기 힘들고 실력은 제자리걸음을 하게 될 것이다.

• whilst는 "~ 하는 동안"이고, 주절은 3연의 I joy부터다. 제일 먼저 while 종속절의 골격이 되는 주어 + 동사를 찾아야 한다. 주어는 두 개다. 1) cosmographers, 우주 연구자라는 뜻이지만, 요즘 말로는 cartographers (map-makers), "지도 제작자"와 가깝다 + 2) 화자 I. 종속절의 골격만 풀어쓰면, Whilst my physicians are grown cosmographers, and I (am grown) their map. 수동형 동사 be grown은 become과 같은 의미다. 나머지는 I를 부연 설명하는 who 관계대명사 절이다.

• 화자가 "지도"가 되는 것 역시 이 시의 중요한 메타포다. 시작할 때 music이고 instrument였던 화자는 2연에 들어와 map이 된다. 지도 제작자들에게 지도가 된 화자의 상황을 풀어쓰면, who lie flat on this bed, (so) that (the fact) that this is my south-west discovery may be shown by them. 여기서도 9행의 that은 so that이다. "~하도록." so와 the fact는 현대 문법에 맞게 추가한 말이다. the fact that 문장의 동사는 may be shown, "~이 보이도록." 직역하면, "(나는) 이 침대에 누워있는 그들의 지도이다, 그래서 이것이 나의 남-서 발견이라는 사실이 그들에게 보이도록."

• 당시는 탐험의 시대여서 새로운 땅이 발견될 때마다 지도는 다시 그려져야만 했다. 화자는 그런 시대적 상황을 병상에 누운 자신과 비교하여, 몸은 지도가 되어 누워있고 의사들은 지도 제작자들처럼 새로운 땅을 찾듯이 화자의 아픈 지점을 발견하는 이미지를 그리고 있다.

• 그럼 9행의 "남서쪽 발견 혹은 남-서 발견"은 무슨 뜻인가? south는 남쪽에 있는 뜨거운 열대 지방을 상징한다. west는 해가 지는 방향이라 어둠처럼 찾아오는 죽음을 상징한다. 이 둘을 합칠 때 문자적 의미로 south-west는 지도상의 남서쪽을 가리키지만, 문학적 의미로는 뜨거운 열병 + 죽음이 만나는 치명적인 질병의 위치가 된다.

• 10행은 south-west discovery를 부연 설명하는 말이다. *Per fretum febris* 는 라틴어로 by the strait of fever, "이 열병의 해협 때문에." 여기서 왜 열병과 해협을 연결했을까? 대양과 대양을 연결하는 좁은 해협(straits)은 12행의 물살(those currents)이 거칠어서 통과하기가 어려운 곳이

다. 거기서 유래된 straits의 이차적 의미는 "난관, 곤궁, 난국, 궁지, 어려움"이다. 화자는 지도라는 메타포에 어울리는 "해협"을 "어려움"이란 속뜻으로 이용하는 놀라운 언어적 재치를 발휘한다.

• by these straits to die, "열병이란 해협(어려움, 고난, 난간)에 의해 죽을 것이다." 그리고 그 위치는 9행의 "남서쪽 발견"과 연결된다.

• 의사들이 아픈 부위를 발견한 다음, 이 병으로 죽을 거라고 진단하는 상황을 묘사한다. 그런데 문장이 끝나지 않았기 때문에, 반듯이 "의사들은 지구 제작자들이 되고, 나는 지도가 되는 동안"이라고 while 종속절로 번역해야 한다.

> 나의 의사들은 그들의 사랑으로
> 지도 제작자가 되고, 나는 침대 위에
> 납작하게 누운 그들의 지도가 되는 동안,
> 그래서 그들에게 이것이 나의 남서쪽 발견,
> 이 열병(어려움)으로 죽을 거라는 것이 보이도록,

Lines 11-15

> I joy, that in these straits I see my west;
> For, though their currents yield return to none,
> What shall my west hurt me? As west and east
> In all flat maps (and I am one) are one,
> So death doth touch the resurrection.

• 2연에서 그러는 동안(whilst), I joy가 주절의 주어 + 동사다. joy는 명

사뿐 아니라 "기뻐하다"는 동사도 된다. 다시 쓰면, I joy that I see my west in these straits. "나는 이 해협(어려움) 속에서 나의 서쪽(죽음)을 보고 기뻐합니다, 나는 이 어려움으로 죽을 걸 알고 기뻐합니다." 서쪽은 죽음을 가리키는 상징이라고 했다.

• 12행의 for는 그 이유를 밝히는 접속사다. 그 안에 다시 though 종속절이 들어 있다. though those currents yield return to none, "해협의 물살은 누구에게도 돌아가는 걸 허락하지 않는다 할지라도." 옛날 범선이 해협을 통과할 때면 물살이 빨라 거슬러 되돌아가는 것은 쉽지 않았을 거다. 단은 여기에 착안하여 치명적인 질병에 걸린 것을 해협이란 메타포를 사용하여 그 고난(straits)에서 회복될 수 없다는 사실을 바다의 이미지로 형상화한다. 그러나 그다음 의문문인 주절이 더 중요하다. what shall my west hurt me? "나의 서쪽(죽음)이 무슨 해를 끼치겠습니까?"

• 13행 끝의 as west and east는 15행의 so와 연결되는 as ~, so ~ 문장이다. "~ 하는 것처럼, ~ 하다." 어순에 맞게 쓰면, As west and east are one in all flat maps (and I am one map), so death does touch the resurrection.

• 이것은 평평한 지도에서는 동쪽, 서쪽의 개념이 없다는 놀라운 발견이다. 이 개념을 실질적인 예를 들어 설명하면, 지도상에서 서울은 속초에서 보면 서쪽에 있지만, 김포에서 보면 동쪽에 있다. 따라서 지도상의 한 지점이 동시에 동쪽도 되고 서쪽도 된다는 화자의 관찰은 이율배반적인 진리가 아닐 수 없다. 서쪽(죽음)을 보면서 기뻐한 이유가 거기에 있다. 해가 지는 서쪽이 해가 뜨는 동쪽(부활)과 잇대어 있기 때문이다. 단의 대단한 역설이다.

나는 이 해협에서 나의 서쪽을 바라보며 기뻐합니다.
비록 그 물살은 누구에게도 돌아가는 걸 허락지 않지만,
나의 서쪽이 내게 무슨 해를 끼치리오? 모든 지도에서
(나도 지도이고) 서쪽과 동쪽은 하나이듯,
그렇게 죽음은 부활에 맞닿아있습니다.

Lines 16-20

Is the Pacific Sea my home? Or are
The eastern riches? Is Jerusalem?
Anyan, and Magellan, and Gibraltar,
All straits, and none but straits, are ways to them,
Whether where Japhet dwelt, or Cham, or Shem.

• 이제 지도라는 메타포를 더욱 확장한다. 화자가 말하고자 하는 요점은 나의 고향이 아시아든 아메리카 대륙이든 유럽이든, 그곳에 도달하려면 반드시 해협을 통과해야만 갈 수 있다는 것. 바다를 항해하던 시대에 나온 당연한 관찰이다. 그것은 또 화자의 영적 고향인 천국에 가기 위해서도 질병이란 해협(고통)을 통과해야만 하는 것과 연결된다.

• 16-17행은 온 세상을 대표하는 지명이고, 18행은 세상 어디를 가든지 거쳐야 할 해협의 이름이다. Anyan은 현재 the Strait of Anian이라고 부르고 북아메리카와 아시아 대륙을 잇는 베링 해협을 말한다. Magellan은 대서양과 태평양을 연결하는 남미 남단의 해협, Gibraltar는 지중해와 대서양을 연결하는 해협이다.

• 19행에서 them의 선행사는 16-17행에 언급된 태평양, 아시아, 예루살렘이고, 그 고향은 오직 해협을 지나야만 도달할 수 있다고 말한다. 20행의 Japhet, Cham, Shem은 성경 창세기에 나오는 노아의 세 아들, 셈, 함, 야벳이고, 그들은 온 세상의 민족을 대표한다. 이 세상 모든 사람은 어디에 살고 있든지 간에, 자기 고향에 가기 위해서는 반드시 해협을 통과해야 한다는 뜻이다.

> 태평양이 나의 고향입니까? 아니면
> 재물 가득한 동방이? 예루살렘이?
> 아냔과 마젤란, 그리고 지브롤터,
> 모든 해협이, 오직 해협만이 그곳으로 가는 길입니다,
> 야벳이나 함이나 셈이 어디 살든지 간에.

Lines 21-25

> We think that Paradise and Calvary,
> Christ's cross, and Adam's tree, stood in one place;
> Look, Lord, and find both Adams met in me;
> As the first Adam's sweat surrounds my face,
> May the last Adam's blood my soul embrace.

• 앞서 동쪽과 서쪽이 평평한 지도에서는 한 지점서 만난다고 한 개념이 신학적으로 전개된다. 5연부터 주어는 화자 일인칭이 아니라 "우리"라는 복수로 바뀐다.

• 낙원은 타락 이전의 장소면서 최초의 타락이 벌어진 곳이고, 갈보리는 예수가 십자가에 처형된 장소면서 동시에 죄 사함이 완성된 곳이

다. 평평한 지도에서 동쪽과 서쪽이 만나는 것처럼, 서로 반대되는 장소가 한 곳에서 만나는 것은 죄와 용서, 죽음과 생명이 맞닿았다는 신학적 메시지다.

• 이 개념을 화자 자신에게 적용하여 5연부터 시의 대상은 하나님이 되고, 시는 하나님을 향한 기도문이 된다. 따라서 23행에서 부르는 Lord는 "성부 하나님"을 가리킨다. 25행에서 last Adam을 의미하는 "성자 예수"가 삼인칭으로 등장하기 때문에 둘을 구별할 필요가 있다. 기도문의 대상은 Father이고, 구원은 Son의 고통과 죽음으로 이루어진다는 이야기이다.

• 두 아담에 대한 개념은 사도바울이 설정했다. "그러므로 한 사람(첫 사람 아담)으로 말미암아 죄가 세상에 들어오고"(롬 5:12), "마지막 아담은 살려주는 영이 되었나니"(고전 15:45). 처음 아담은 원죄를 범한 인류 최초의 사람이고, 마지막 아담은 원죄를 사하기 위해 십자가에서 죽은 예수그리스도를 가리킨다.

• 따라서 화자 자신 안에 두 아담이 만났다는 건 죄를 짓는 존재와 죄를 용서받은 존재가 내 안에 공존하는 인간의 이중성을 말한다. 죄인이면서 용서받은 인간의 모습을 한 문장으로 표현한 것이다.

• 24행에서 같은 개념은 계속해서 전개된다. "처음 아담의 땀"은 타락 후 하나님이 남자에게 내린 저주를 의미한다. "네가 흙으로 돌아갈 때까지 얼굴에 땀을 흘려야 먹을 것을 먹으리니"(창 3:19). 즉, 타락의 결과인 저주의 땀이 "나의 얼굴을 둘러싼 것처럼, 땀으로 젖게 한 것처럼." 다시 말해서, 내가 죄를 지었다면.

• 25행의 "마지막 아담의 피"는 십자가에서 흘린 그리스도의 피를 의미한다. may는 기원하는 문장을 만든다. "~ 되기를 빈다, ~ 되게 하옵소서." 보통 기원 문에서 may는 생략한다. 우리가 흔히 쓰는 God bless you는 원래 May God bless you이다.

> 우리는 생각합니다, 낙원과 갈보리,
> 그리스도의 십자가와 아담의 나무가 한 곳에 서 있다고.
> 하나님, 보소서, 그리고 발견하소서, 내 안에 두 아담이 만난 것을.
> 처음 아담의 땀이 내 얼굴을 감싼 것처럼,
> 마지막 아담의 피가 나의 영혼을 안아주시길 기원합니다.

Lines 26-30

> So, in his purple wrapp'd, receive me, Lord;
> By these his thorns, give me his other crown;
> And as to others' souls I preach'd thy word,
> Be this my text, my sermon to mine own,
> "Therefore that he may raise, the Lord throws down."

• 26행을 어순대로 쓰면, So, receive me, Lord, wrapped in his purple. "자줏빛"(purple)은 로마 군사들이 빌라도의 재판정에서 그리스도를 조롱하기 위해 입혔던 홍포(紅布), 왕을 상징하는 자주색 옷을 의미하면서 동시에 그가 흘린 피를 상징한다. 홍포에 "덮였다"(wrapped)는 말은 죄가 가리어진 상태이고, 그 상태여야 하나님이 우리를 받아주신다는 성경적 메시지를 담고 있다.

• thorns와 crown 역시 상반된 개념이다. 예수는 재판정에서 유대인의 왕이란 조롱을 받으며 그 지역의 가시나무로 만든 가시관을 머리에 쓰는 조롱을 당한다. thorns는 가시가 머리를 찌르는 고통을 의미하고, crown은 구원받은 성도가 받을 "생명의 면류관"을 의미한다. 성경에는 이렇게 기록돼 있다. "시험을 참는 자는 복이 있나니 이는 시련을 견디어 낸 자가 주께서 자기를 사랑하는 자들에게 약속하신 생명의 면류관을 얻을 것이기 때문이라"(약 1:12).

• 화자는 그리스도가 쓴 가시관 대신에 "그의 다른 면류관," 즉 "생명의 면류관"을 달라고 기도한다. 그리스도가 받은 고통 때문에 자신은 영원한 생명을 얻게 된다는 것을 대조한 것이다.

• 28-29행을 풀어쓰면, And as I preached your word to others' souls, may this be my text, my sermon to my own. 단은 죽기까지 영국 국교회를 대표하는 런던 St. Paul's Cathedral의 담임목사였고 유명한 설교자였다. 그는 다른 사람들에게 고통은 구원의 전주곡이라고 설교했듯이, 와병 중에 지은 시가 자신을 향한 설교가 되게 해달라고 기도한다.

• 마지막 행을 다시 쓰면, The Lord throws down, therefore, (so) that he may raise. 이 문장은 앞서 공부한 소네트 14번의 3행과 같은 패러독스다. 죽음은 부활을 얻기 위한 과정이라는 시 전체의 메시지를 이 한마디로 정리한다. 하나님이 우리를 던지는 것, 죽게 하는 것은 일으키고, 다시 살리기 위해서라는 이율배반적 진리를 담고 있다.

그러므로, 하나님, 그의 홍포로 감싸 저를 받아주시고,
그의 가시관 대신, 그의 다른 면류관을 내게 주소서.
그래서 다른 영혼들에게 당신의 말씀을 설교했듯이,
이 시가 나의 말씀, 나를 향한 나의 설교가 되게 하소서.
"그러므로, 일으키시려고, 하나님은 던지시나니."

마무리

앞선 서론에서도 단은 평생 질병으로 고통당했고 늘 죽음에 대한 강박에서 벗어나지 못한 사람이라고 말했다. 단의 전기를 쓴 아이작 월튼에 따르면, 단은 이 시를 1631년 죽기 8일 전에 썼다고 하고, 다른 비평가들에 따르면, 1623년 죽기 직전까지 가는 심한 질병을 앓던 때 지었다고 한다. 정확한 시기는 모르더라도, 죽음이 임박한 심경을 표현한 데에는 의심의 여지가 없다. 그의 생각은 그리스도와 하나님과 천국을 향한다. 이 작품은 그의 하나님을 향한 강렬한 사랑과 하나님의 은총을 받기 위해 질병과 고통과 죽음을 감수해야 한다는 신앙을 보여준다. 마지막 연의 기도문은 그의 설교를 반복한 것으로, 죽음의 해협을 통과하여 영원한 세계로 향하는 그의 소망을 한마디로 요약한다.

A Hymn to God the Father

Wilt thou forgive that sin where I begun,
    Which was my sin, though it were done before?
Wilt thou forgive that sin, through which I run,
    And do run still, though still I do deplore?
        When thou hast done, thou hast not done,
          For I have more.

Wilt thou forgive that sin which I have won
    Others to sin, and made my sin their door?
Wilt thou forgive that sin which I did shun
    A year or two, but wallow'd in a score?
        When thou hast done, thou hast not done,
          For I have more.

I have a sin of fear, that when I have spun
    My last thread, I shall perish on the shore;
But swear by thyself, that at my death thy Son
    Shall shine as he shines now, and heretofore;
        And, having done that, thou hast done;
          I fear no more.

*****

Lines 1-2

Wilt thou forgive that sin where I begun,
Which was my sin, though it were done before?

• 여기서 thou는 시의 제목, "하나님 아버지께 드리는 찬송 시"의 청자인 "하나님"을 가리킨다. 그리고 "죄"를 장소의 관계부사 where로 연결하여 공간적 개념으로 만들고, 그다음 2행에서는 관계대명사 which로 받아 뒤에서 수식한다.

• 의역하면 "비록 내가 태어나기 전에 저질러진 죄지만, 나의 존재가 시작된 그곳의 죄이고 또 나의 죄였던 그 죄를 용서해주시겠습니까?" 태어나기도 전에 저질러진 죄가 어떻게 나의 죄가 될 수 있는가? 단은 이런 시간적 모순을 해결하기 위해 원죄를 시간이 아니라 공간에 넣어 그 죄의 공간이란 굴레에서 벗어날 수 없는 죄인 된 자신의 정체성을 설명한다.

> 당신은 그 죄를 용서해주시렵니까, 거기서 내가 시작했던 죄,
> 비록 전에 지은 죄지만 나의 죄인 그 죄를?

Lines 3-4

> Wilt thou forgive that sin, through which I run,
> And do run still, though still I do deplore?

• 원죄에 이어 두 번째로 화자는 자신이 직접 범하는 죄를 용서받기를 구한다. 그 죄를 전치사(through) + 관계대명사(which)로 받아 수식하면서 인생을 살아가는 것 자체가 죄를 통과하는 과정임을 이미지화한다. run과 do run still은 같은 의미를 반복하여 강조한 표현이다.

당신은 그 죄를 용서해주시렵니까, 내가 짓는 죄,
비록 여전히 슬퍼하지만, 여전히 짓고 있는 그 죄를?

Lines 5-6

When thou hast done, thou hast not done,
For I have more.

• 두 가지 죄의 용서를 구했음에도 1연의 결론은 부정적이다. 5행의 done은 앞선 행에 계속 나오는 forgive를 대동사로 쓴 거다.

당신이 용서했을 때, 당신은 용서한 게 아닙니다,
내겐 죄가 더 많이 있기에.

Lines 7-8

Wilt thou forgive that sin which I have won
Others to sin, and made my sin their door?

• 2연에서 세 번째 죄가 등장한다. 동사 win은 lead와 같은 뜻으로 해석하면 된다. 문(door)을 메타포로 만들어 자신의 죄가 다른 사람들이 열고 들어가서 죄를 짓게 만든 죄의 문이 됐다고 고백한다.

당신은 그 죄를 용서해주시렵니까, 내가 다른 사람들을
죄짓게 한 죄, 그리고 내 죄를 그들의 문으로 만든 그 죄를?

Lines 9-10

Wilt thou forgive that sin which I did shun
A year or two, but wallow'd in a score?

• 네 번째 죄는 대부분의 독자가 이해하지 못한다. 10행의 wallowed와 score의 정확한 뜻을 찾지 못하기 때문이다. wallow는 "탐닉하다, 빠지다," score은 앞선 a year or two와 대조되는 숫자라는 걸 파악할 때 비로소 이 부분을 제대로 이해할 수 있다. score은 20을 의미하고 여기서는 20년이라는 뜻이다.

• 특히 이 두 행은 인간의 죄성을 구체적인 숫자로 알려준다. 즉, 1-2년은 피했지만 20년은 푹 빠져 탐닉한 죄를 말한다. 담배를 예로 들면, 매번 금연하겠다고 결심하지만, 사흘 만에 깨지고 다시 십 년을 끊지 못하는 것과 비교할 수 있다.

당신은 그 죄를 용서해주시렵니까, 내가
일, 이 년은 피했지만, 이십 년은 푹 빠졌던 그 죄를?

Lines 11-12

When thou hast done, thou hast not done,
For I have more.

당신이 용서했을 때, 당신은 용서한 게 아닙니다,
내겐 죄가 더 많이 있기에.

Lines 13-14

> I have a sin of fear, that when I have spun
> My last thread, I shall perish on the shore;

• 3연에서 말하는 죄는 앞선 두 연의 죄와는 다른 성격이다. 이것은 구원에 대한 확신이 없는 공포의 죄를 말한다. 여기서 화자가 사용한 메타포는 인생을 옷감 짜는 것과 비교한다. 그 죄는 화자가 마지막 실을 짰을 때, 해변에서 멸망할까 하는 두려움의 죄다.

• 마지막 실을 짰다는 건 인생을 다 살았다는 뜻이다. 해변은 안전한 땅(구원)과 위험한 물(멸망) 사이에 경계를 이루는 불안전한 곳, 언제든지 물에 휩쓸려 떠내려갈 수 있는 불안한 위치를 상징한다. 가톨릭 가정에서 자란 단은 프로테스탄트 적인 구원의 확신 없이 영원한 멸망을 두려워하는 공포의 죄를 가졌음을 고백한다.

> 내겐 공포의 죄가 있습니다, 나의 마지막 실을
> 다 짰을 때, 해변에서 멸망할까 하는 두려움.

Lines 15-16

> But swear by thyself, that at my death thy Son
> Shall shine as he shines now, and heretofore;

• 그러므로 단은 하나님에게 자신의 구원을 보장해달라는 맹세를 간구한다. 여기서 단은 Sun과 동음의 Son을 사용하여 듣기에는 "태양이 비친다"라는 소리지만, 의미상으로는 그리스도의 빛, 즉 구원의 빛이

비친다는 말장난(word pun)을 하고 있다.

> 그러나 당신을 걸고 맹세해주소서, 내가 죽었을 때
> 당신의 아들이 지금 비치듯이 비춰주실 것을, 그렇게 되면,

Lines 17-18

> And, having done that, thou hast done;
> I fear no more.

• 3연의 마지막 두 행은 앞선 두 연의 의미와는 반대되는 결론을 맺는다. 여기서 that은 앞선 행에서 요구한 swear 한 일을 가리킨다. 즉, 당신이 맹세했다면, 당신은 맹세한 거다.

> 그것을 했다면, 당신은 하신 겁니다,
> 나는 더는 두렵지 않습니다.

• 여기서 우리는 시에 감추어진 가장 중요한 word pun을 파악해야 한다. 단의 이름은 영어로 Donne이고 아내의 결혼 전 family name은 More다. 이 시에서 각 연의 마지막 두 행은 done과 more를 사용하여 글자 그대로 "용서했어도(done) 용서한 게 아닙니다(not done), 왜냐면 (죄를) 더 많이(more) 가지고 있기에"라는 말로 끝맺는다.

• 이것을 이들 부부의 이름인 Donne과 More로 해석할 경우, 완전히 다른 의미의 시가 된다. 6행과 12행은 이렇게 바뀐다.

당신이 나(Donne)를 가졌다고 해도, 나를 가진 게 아닙니다.
나에겐 아내(More)가 있기에.

• 마지막 17-18행은 이런 의미로 바뀐다.

그것을 맹세했다면, 당신은 나(Donne)를 가진 겁니다,
나는 아내(More)를 두려워하지 않습니다.

마무리

이 작품은 단이 하나님보다 아내를 더 사랑했다는 참회면서, 아내가 죽은 후 비로소 하나님을 향한 온전한 믿음을 가졌다는 고백이다. 단의 전기 작가 월튼의 말대로, 아내가 죽은 뒤 "자신을 세상에 대하여 십자가에 못을 박았다"(crucified himself to the world)라고 한 내용에 맞게, 아내에 대한 사랑에서 하나님을 향한 사랑으로 옮기는 중요한 전환점을 보여준다. 아내가 죽은 후 종교시에 몰입한 그의 행적이 그것을 말해 준다.

이 시는 1617년 아내가 사망하고 1623년 굉장히 몸이 아플 때 지은 것으로 알려져 있다. 시인은 자기의 죽음을 염두에 두고 하나님보다 아내를 더 사랑한 것에 대한 하나님의 용서를 구하고 구원을 간구하지만, 이것은 역설적으로 단이 아내를 얼마나 깊이 사랑했는지를 보여주는 또 다른 고백이 된다. 동시에 하나님에 대한 사랑으로 구원에 이르게 될 것을 확신하려는 신앙고백이다.

이 시는 제목에 맞게 음악으로 만들어져 지금도 많이 연주되고 있다. Youtube에 들어가 제목을 치면 여러 합창단이 부른 노래가 나온다. 그중 하나를 추천한다.

https://www.youtube.com/watch?v=Ma2yQEms2W0

제2장

George Herbert

(1593-1633)

Introduction

조지 허버트는 1593년 웨일즈(Wales)의 몽고메리(Montgomer)에서 리처드(Richard)와 막달린 뉴포트 허버트(Magdalen Newport Herbert) 사이에서 다섯 번째 아들로 태어난다. 그의 어머니는 존 단의 후원자였고, 단은 그의 종교시집 『거룩한 소네트』(*Holy Sonnets*)를 그녀에게 헌정한다. 허버트는 케임브리지대에 입학한 후 쓴 두 편의 소네트를 그의 어머니에게 보내면서, 시의 주제로 하나님에 대한 사랑이 여인에 대한 사랑보다 더 가치 있다는 고백을 한다. 1612년 출판된 그의 최초의 작품은 제임스 1세의 뒤를 이을 왕세자 헨리가 19세의 나이로 죽었을 때, 그를 추모하는 라틴어로 쓴 시다.

1613년에 학사, 1616년에 석사과정을 우등으로 졸업한 후 허버트는 케임브리지대 트리니티 칼리지(Trinity College)의 연구원이 되고, 1618년에는 수사학(Rhetoric) 교수로 임명된다. 1620년 허버트는 케임브리지대의 대표 연사(Public Orator)가 되는데, 이것은 국가의 공적인 행사나 특정 현안에 대하여 대학의 입장을 유창한 라틴어로 표현하는 대변인과 같은 역할로 품위와 위엄과 권한이 따르는 자리였다.

1624-1625년 사이 허버트는 몽고메리를 대표하는 영국의회 의원으로 선출된다. 1626년 프랜시스 베이컨(Francis Bacon)이 죽자 허버트는 라틴어로 쓴 추모 시를 그에게 헌정한다. 베이컨은 일 년 전 자신의 저서, 『시편 번역』(*Translation of Certain Psalms*)을 허버트에게 헌정한 일이 있었기 때문이다. 1627년 허버트 어머니가 죽었을 때 단은 그녀의 장례식 설교를 한다.

허버트는 대학의 대표 연사 자리를 이용하여 정치적으로 출세할 수 있었음에도 세속적 야망을 버리고 1630년 영국 국교회 목사가 된다. 그는 샐리스베리(Salisbury) 인근 비머튼(Bemerton) 교구의 St. Andrew's Church 담임 목사로 짧은 여생을 보내면서 자신의 재산으로 교회 재건축을 후원했고 교구민들을 깊이 돌보고 사랑했다. 그는 1633년 39세의 젊은 나이에 폐결핵으로 사망할 때까지, 삼 년 동안 시골 교구민들 사이에서 "거룩한 허버트 목사님"(Holy Mr. Herbert)으로 알려져 있을 정도였다.

그가 죽은 후 1652년 출판된『사제가 성전을 향하여』(*A Priest to the Temple*)는 허버트가 시골 교회 목사들에게 전하는 일종의 목회 지침서다. 베이컨의 귀납적 방법으로 쓴 이 산문에서 허버트는 목회자로서의 경험과 그가 행한 의무를 보여주고 성직자의 역할을 잘 정리해준다. 이 책은 목회 과정에서 드러나는 그의 지적인 헌신을 관찰할 수 있는 중요한 증거가 된다.

허버트는 오랫동안 지병으로 고생했다. 그는 마지막 침상에서 자신의 시를 모은『성전』(*The Temple*)의 필사본을 친구 니콜라스 페러(Nicholas Ferrar)에게 주면서, 만약 친구 생각에 이 시들이 "낙담한 어떤 가련한 영혼"(any dejected poor soul)에게 조금이라도 도움이 된다면 출판해 달라고 부탁한 후 숨을 거둔다. 이 시집은 1633년 사후에 출판된 후 엄청난 찬사를 받았고, 1680년까지 무려 13판이 출간될 정도로 큰 주목을 받는다.

허버트의 시는 언어의 정확성, 운율의 다양성, 정교한 이미지와 기상(conceit)으로 구성된 형이상학파 시의 특징을 고루 갖추고 있다. 그의 시는 영국 시문학에 알려진 거의 모든 노래와 시가 형식을 포함하고 있고, 동시에 대화체 문장과 설득력 있고 경구적인 표현은 그의 관심

사임을 보여준다. 관련된 주제별로 연속성을 가지고 주의 깊게 나열된 시들은 그가 인생의 부침 속에서 탐구한 하나님 사랑의 방식을 표현한 결과물이고 이를 높이는 찬송이다.

허버트는 종교적일 뿐 아니라 매우 교회 중심적인 특징을 가지고 있어서, 요즘처럼 세속적인 시대에 그의 시가 대중들에게 어필할 거로 기대하기는 어렵다고 여기기 쉽다. 그러나 실제로는 그 반대 현상이 일어난다. 모든 종류의 독자들이 그의 조용하면서도 강렬한 시에 반응해 왔다. 심지어 21세기 독자들은 허버트에 대하여 단을 형이상학파 시인 중 최고의 자리에서 물러나게 할 정도로, 그의 문학적 가치와 시적 천재성은 누구 못지않게 인정받아야 한다고 주장한다.

St. Andrew's Church & Herbert's Rectory (목사관, 왼쪽) in Bemerton

The Altar

A broken ALTAR, Lord, thy servant rears,
Made of a heart and cemented with tears:
Whose parts are as thy hand did frame;
No workman's tool hath touch'd the same.
A HEART alone
Is such a stone,
As nothing but
Thy pow'r doth cut.
Wherefore each part
Of my hard heart
Meets in this frame,
To praise thy name:
That if I chance to hold my peace,
These stones to praise thee may not cease.
Oh, let thy blessed SACRIFICE be mine,
And sanctify this ALTAR to be thine.

*****

• 우선 이 시는 제목인 "제단"의 모양처럼 시행의 길이와 위치가 제물을 올려놓는 돌 제단의 형상으로 만들어져 있다. 이것은 허버트의 형태 시(pattern poem) 혹은 상형문자 시(hieroglyphic poem)의 대표적인 작품이다. 특별한 의미는 없지만, 형태 시는 제목이나 내용을 이미지화하여 시각적 효과를 얻게 한다.

Lines 1-4

> A broken ALTAR, Lord, thy servant rears,
> Made of a heart and cemented with tears:
> Whose parts are as thy hand did frame;
> No workman's tool hath touch'd the same.

• 1-2행은 완전한 문장이다. 순서대로 쓰면, Lord, your servant rears a broken ALTAR, made of a heart and cemented with tears. 여기서 thy servant는 화자를 가리킨다. "제단"을 강조하기 위하여 목적어를 앞에 내세웠을 뿐, 어렵지 않은 평서문이다.

• 2행에서 made로 시작하는 부분은 앞선 선행사 ALTAR를 뒤에서 수식하는 형용사구다. A broken ALTAR made of + cemented with. "심장으로 만들어졌고 눈물로 굳어진 깨진 제단." rear는 명사로 "뒤, 배후," 형용사로는 "뒤쪽의, 후방의"란 뜻이지만, 여기선 동사로 쓰여, 제단을 "짓다, 세우다"는 의미이고, 문맥상 제단을 하나님께 "바치다"는 뜻으로 해석할 수 있다.

• 하나님께 바치는 제단이 깨진 심장으로 만들어졌다는 것은 성경이 말하는 "상한 심령"을 그대로 인유한 거다. "하나님께서 구하시는 제사는 상한 심령이라... 상하고 통회하는 마음(a broken and contrite heart)을 주께서 멸시치 아니하시리로다"(시 51:17). 눈물로 굳어졌다는 것은 눈물로 죄를 뉘우친 통회(痛悔)의 결과이고, 시인은 그렇게 눈물로 범벅된 상한 마음을 하나님께 바친다고 선언한다.

• 1-2행은 완전한 문장이지만, 3행의 관계대명사 소유격 whose가 연결돼 계속해서 ALTAR를 수식한다. whose parts "그 부품들," 즉 제단을 구성하는 부품들은 하나님의 손으로 만든 그대로다. 어떤 석공의 연장도 그것을 건들지 않았다는 뜻이다. the same은 제단을 가리킨다.

• 그렇다면 제단을 연장으로 손대지 않았다는 것은 무슨 뜻인가? 이것 역시 성경을 인유한 표현이다. "네가 내게 돌로 제단을 쌓거든 다듬은 돌로 쌓지 말라 네가 정으로 그것을 쪼면 부정하게 함이니라"(if thou wilt make me an altar of stone, thou shalt not build it of hewn stone: for if thou lift up thy tool upon it, thou hast polluted it, 출 20:25).

• 허버트는 인간의 방법이나 기교가 가미되지 않은, 원래 상태의 순수한 마음 그대로를 제단으로 바친다는 뜻으로 이렇게 표현한 거다. 성경은 돌 제단을 만들 때 인간의 예술적 기교로 다듬지 말라고 경고하기 때문이다. 종교의식은 화려한 장식이나 모양이 아니라, 단순함이 최상의 장식임을 의미한다.

상한 제단을, 주님, 당신의 종이 세웁니다,
심장으로 만들어졌고, 눈물로 다져진.
그 부분들은 당신의 손이 틀을 잡은 그대로,
어떤 장인의 연장도 그걸 건드리지 않은.

Lines 5-8

A HEART alone
Is such a stone,
As nothing but
Thy pow'r doth cut.

• 여기서 사용된 메타포는 HEART = stone이다. 강팍한 인간의 마음을 깨기 힘든 돌로 은유한다. 그렇다면 그런 마음은 무엇으로 깰 수 있는가? such는 as 이하의 Thy power does cut로 수식된다. nothing but은 only. 인간의 마음을 무엇으로도 변화시킬 수 없는 돌덩어리에 비유하면서, 화자는 이것을 깨는 힘은 오직 하나님의 능력이라고 말한다.

심장만이
그런 돌입니다,
오직
당신의 힘으로 깰 수 있는.

Lines 9-14

Wherefore each part
Of my hard heart
Meets in this frame,
To praise thy name:
That if I chance to hold my peace,
These stones to praise thee may not cease.

• Wherefore는 의문사가 아니라 therefore의 의미다. 따라서 이것도 아주 쉬운 평서문이다. 11행에서 meets in this frame, "이 틀 안에서 만나

다"라는 말은 그의 강팍한 심령의 모든 부분이 연합하여 제단이란 이미지를 형성한다는 뜻이다. 따라서 5-12행은 이 시의 중심이면서 제단의 중앙인 기둥의 틀로 세워진 것을 볼 수 있다.

• 12행은 이렇게 만난 목적, 즉 화자의 심장이 제단에 바쳐지는 목적은 하나님을 찬양하기 위함이라고 한다. 이 시 전체가 돌 제단의 형태로서 하나님을 찬송한다는 뜻이다.

• 그러나 13-14행은 그 목적을 다하지 못할 때의 상황이다. 13행의 that 역시 앞에 so가 빠진 것이고, 14행을 올바른 어순으로 바꾸면, These stones may not cease to praise thee. 이 문장 역시 성경의 사건을 인유한다.

• 예수가 십자가에 달려 죽기 일주일 전 예루살렘에 입성할 때 수많은 군중이 거리에 서서 예수를 환영하며 크게 소리 지른다. 얼마나 큰 소리였던지 바리새인들은 예수를 향하여 저들을 조용히 시키고 책망하라고 말한다. 이때 예수가 대답한 말이다. "만일 이 사람들이 침묵하면 돌들이 소리 지르리라"(if these should hold their peace, the stones would immediately cry out, 눅 19:40).

그러므로 나의 강퍅한 심장의
각 부분은
이 틀 안에서 만납니다,
당신의 이름을 찬양하기 위하여.
그래서 내가 만일 우연히라도 침묵한다면,
이 돌들이 당신 찬양을 멈추지 않을 것입니다.

Lines 15-16

Oh, let thy blessed SACRIFICE be mine,
And sanctify this ALTAR to be thine.

• 마지막 결론으로 십자가에 달려 죽은 예수의 희생과 자신이 하나님께 바친 상한 심령을 서로 맞교환하기를 기원한다. 예수의 희생이 화자의 것이 되는 것은 그 희생으로 얻을 구원을 의미하고, 제단을 거룩하게 하는 것은 화자의 상한 심령과 눈물로 회개한 자신의 죄를 용서해달라는 의미가 된다.

• 재밌는 것은 마지막 두 행의 가장 중요한 두 단어를 대문자로 썼고, 밑줄 친 두 단어의 위치가 ALTAR, "제단" 위에 SACRIFICE, "희생 제물"이 올려진 모양으로 만든 거다.

• 이 시는 허버트가 시집(*The Temple*)의 문을 여는 첫 번째 시로서, 자신의 깨지고 상한 심령, 뿌려진 눈물의 기도가 돌 제단으로 형상화되어 하나님께 바쳐지는 제물이 되길 간구하는 내용이다.

아, 당신의 복된 희생은 나의 것이 되게 하시고,
이 제단은 거룩하게 하사 당신의 것이 되게 하소서.

Easter Wings

Lord, who createdst man in wealth and store,
Though foolishly he lost the same,
Decaying more and more,
Till he became
Most poor:

With thee
O let me rise
As larks, harmoniously,
And sing this day thy victories:
Then shall the fall further the flight in me.

My tender age in sorrow did begin
And still with sicknesses and shame
Thou didst so punish sin,
That I became
Most thin.

With thee
Let me combine,
And feel thy victory:
For, if I imp my wing on thine,
Affliction shall advance the flight in me.

*****

Lines 1-5

Lord, who createdst man in wealth and store,
Though foolishly he lost the same,
Decaying more and more,
Till he became
Most poor:

• 이 작품 역시 허버트의 대표적인 형태 시다. 날개 모양은 시의 중심 주제인 풍요에서 빈곤, 타락에서 구원, 고통에서 회복, 죽음에서 부활이란 하강과 상승의 이미지를 형상화한 것이다. 따라서 1행의 풍요롭게 창조된 인간은 죄로 인하여 모든 걸 상실하고 5행에 이르러 가장 빈곤하게 된 상태를 행의 길이를 점점 짧게 하면서 묘사한다.

• 1연은 완전한 문장이 아니다. 1행은 하나님을 부른 뒤 그 하나님이 누구임을 관계대명사 who로 수식하는 형용사구이고, 나머지는 he(인간)가 주어인 though 양보절이다. 그 안에 decaying은 he가 쇠퇴하는 과정을 수식하는 분사구문이고, till은 언제까지 쇠퇴했다는 시간을 한정한다.

• 명사 store는 abundance와 같은 뜻으로 "풍요"를 의미한다. 숙어로 사용하는 in store와 같은 뜻이다. "저장된, 충분하게 쌓여있는." 예) I keep plenty of canned food in store for emergencies. "나는 비상시를 대비하여 통조림 음식을 잔뜩 저장해두고 있다." 그래서 물건이 잔뜩 쌓여있는 곳을 store(상점)라고 부른다. the same은 1행의 "부귀와 풍요"를 가리키는 지시대명사다.

인간을 부귀와 풍요로 창조하신, 주님,
비록 어리석게 그는 그걸 다 잃고,
점점 더 퇴락하여
가장 가난하게
되었지만,

Lines 6-10

With thee
O let me rise
As larks, harmoniously,
And sing this day thy victories:
Then shall the fall further the flight in me.

• 1연이 풍부에서 가난으로 추락했다면, 2연은 낮은 곳으로부터 상승한다. 행의 길이도 짧게 시작하여 점점 길어진다. 1연에서 하나님을 부른 후, 2연 7행에서 명령문의 주절이 시작된다. 동사 let에 붙는 동사원형은 rise + sing. "일어나게 하고 노래 부르게 하라."

• "부활절 날개"라는 제목처럼 이 시는 부활을 찬송하는 시다. 따라서 this day는 부활절이고, 이 시는 예수의 부활과 함께 자신도 바닥에서 일어나기를 기도하는 기도문이다.

• further는 동사로 "진척시키다, 추진하다." further the flight를 직역하면, "비행(飛行)을 추진하다," 더 높게 날게 하다. 10행에는 낮게 추락하면 할수록 더 높이 날 수 있다는 역설이 담겨 있다. 따라서 이 부분은 아담의 타락으로 하나님의 아들이 이 땅에 내려와 온 인류에게 구원의 은

혜를 베풀었기 때문에, 아담의 타락은 "행복한 타락"(Fortunate Fall)이라고 부르는 기독교 최고의 역설을 새롭게 표현한 것으로 볼 수 있다.[16)]

당신과 함께
아, 나로 일어나
종달새처럼 듣기 좋은 소리로
이날 당신의 승리를 노래하게 하소서.
그러면 타락은 내 안에서 나를 더 높이 날게 해줄 것입니다.

Lines 11-15

My tender age in sorrow did begin
And still with sicknesses and shame
Thou didst so punish sin,
That I became
Most thin.

• 3연은 큰 슬픔으로부터 가장 연약해지는 과정으로 다시 하강 곡선을 그린다. and로 연결된 두 개의 문장이고, 각 문장의 주어, 동사는 11행의 My tender age did begin, 13행의 Thou did so punish. 그리고 13-15행은 so ~해서 that 이하가 되었다는 구문이다.

나의 어린 시절은 슬픔에서 시작했고,
그리고 여전히 질병과 수치로

---

16) 이 개념은 다음에 나오는 존 밀턴(John Milton)의『실낙원』(*Paradise Lost*) 제10권에서 다시 설명한다.

당신은 죄를 그렇게 벌하여
나는 가장 야위게
되었습니다.

Lines 16-20

With thee
Let me combine,
And feel thy victory:
For, if I imp my wing on thine,
Affliction shall advance the flight in me.

• 가장 야윈 상태에서 다시 상승 곡선으로 이어진다. 19행의 for는 이유보다 결과로 해석하는 것이 문맥상 어울린다. imp는 매사냥 용어로 상한 깃털의 뿌리 쪽에 건강한 깃털을 접붙여서 보강한다는 뜻이다. 10행과 마찬가지로 20행에서 고통(affliction)이 나를 더 높이 날게 해준다(further the flight)는 것 또한 역설이다.

당신과 함께
나로 연합하게 하시고
이날 당신의 승리를 느끼게 하소서.
만일 내가 나의 날개를 당신 날개에 접붙이면,
고통은 내 안에서 나를 더 높이 날게 해줄 것입니다.

마무리

이 시는 인간의 죄와 고통이 하나님의 은혜를 더욱 깊이 깨닫게 해준다는 기독교적 역설을 새의 날개 형상의 이미지로 보여준다. 종달새는 문학에서 새벽(dawn), 회복(renewal), 부활(rebirth)을 상징한다. 화자는 부활의 새벽, 지저귀는 종달새처럼 죄와 고통에서 일어나 부활하신 그리스도와 함께 하늘을 날아오르기를 기도한다.

또 종달새는 노래하는 새로 유명하다. 따라서 날개라는 시각적 이미지에 새가 노래하는 청각적 이미지를 더하여 시 자체를 하나님을 찬송하는 노래로 만든다. 또 날개는 자유를 상징하고 죄와 고통을 뛰어넘는 초월적 신앙을 상징한다. 날갯짓하는 형상은 시의 내용을 더욱 강한 이미지로 전달한다고 해석할 수 있다.

The Pulley

When God at first made man,
Having a glass of blessings standing by,
Let us (said he) pour on him all we can.
Let the world's riches, which dispersèd lie,
Contract into a span

So strength first made a way;
Then beauty flowed, then wisdom, honor, pleasure.
When almost all was out, God made a stay,
Perceiving that, alone of all his treasure,
Rest in the bottom lay.

For if I should (said he)
Bestow this jewel also on my creature,
He would adore my gifts instead of me,
And rest in Nature, not the God of Nature;
So both should losers be.

Yet let him keep the rest,
But keep them with repining restlessness;
Let him be rich and weary, that at least,
If goodness lead him not, yet weariness
May toss him to my breast.

*****

Lines 1-5

> When God at first made man,
> Having a glass of blessings standing by,
> Let us (said he) pour on him all we can.
> Let the world's riches, which dispersèd lie,
> Contract into a span.

• 이 시는 허버트의 가장 잘 알려진 작품 가운데 하나이고, 존 단을 연상시키는 형이상학적 기상(conceit)이 시 전체 내용의 배경으로 자리 잡은 대표적인 작품이다. 하나님이 인간을 창조한 이야기를 기본 설정으로 하여 시에는 전혀 어울리지 않는 "도르래"라는 장치를 가지고 하나님과 인간의 관계를 비유한다.

• 1-3행은 어순이 복잡하지 않은, when이 달린 평범한 복문이다. 2행의 having은 주어 God가 a glass of blessings를 대기시키고 있다는(standing by) 분사구문이다. 태초에 하나님이 축복의 잔을 준비해 놓고 인간을 창조하는 이미지를 보여준다.

• 3-4행은 1연의 주절이다. 하나님이 자신을 복수 1인칭(us)으로 부른 건 성경을 그대로 따른 것이다. 창세기에서 하나님은 바벨탑을 쌓는 인간을 보러 땅으로 내려간다고 할 때 "우리"를 사용한다. "자, 우리가 내려가서 거기서 그들의 언어를 혼잡하게 하여 그들이 서로 알아듣지 못하게 하자 하시고"(Go to, let us go down, and there confound their language, that they may not understand one another's speech, 11:7). 신학자들은 이 표현을

단수면서 복수인 신비한 하나님의 삼위일체 정체성을 보여주는 문구로 해석한다. 이 시에서 하나님이 말하는 직접화법은 us, we라고 하고, 괄호 안의 주어는 단수 he로 쓴다.

• 4행을 대부분의 독자가 잘못 해석하는 이유는 which dispersed lie를 3형식 문장, which(주어) + dispersed(동사) + lie(목적어)로 보고, "세상의 재물(which)은 거짓말을 퍼뜨렸다"라고 번역하기 때문이다. 여기서 lie는 명사가 아니라, 2형식 문장의 동사다. 이 부분을 정확한 어순으로 쓰면, which lie dispersed, "펼쳐진 채 놓여있다." 즉, dispersed는 형용사로서 선행사 riches의 주격보어가 된다. lie는 2행의 by와 각운을 맞추기 위해 맨 뒤로 보낸 걸 알 수 있다.

• 같은 형식의 예문을 보면, A bird lies dead. "새 한 마리가 죽은 채(형용사) 누워있다." The baby lies on the bed sleeping. "아기가 침대에 자면서(현재분사) 누워있다, 누워 자고 있다." 4행은 과거분사 dispersed로 riches의 상태를 묘사한다.

• 3행은 Let + 목적어 + 동사원형 구문. 5행의 "한 뼘"(a span)은 무엇을 가리키는 것일까? 허버트는 인간을 한 뼘에 불과한 존재로 규정한다. 손가락을 펼쳐 우리의 머리를 재어보면 한 뼘 안에 들어가는 걸 알 수 있다. 그 작은 머리로 인간은 자연을 다스리고 문명을 일으키고 역사를 이끌어 왔다. 동시에 인간은 아무리 잘났다고 해도 한 뼘에 불과한 존재임을 깨우쳐주는 구절이다.

하나님이 처음 인간을 만드실 때,
축복의 잔을 대기해 놓고, (그는 말했습니다)
우리가 할 수 있는 모든 걸 그에게 쏟아 부읍시다.
퍼져있는 세상의 부유함을
한 뼘 안에 압축합시다.

Lines 6-10

So strength first made a way;
Then beauty flowed, then wisdom, honor, pleasure:
When almost all was out, God made a stay,
Perceiving that, alone of all his treasure,
Rest in the bottom lay.

• 그렇게 말한 하나님은 대기하고 있는 축복의 잔에 들어 있는 세상의 온갖 보물을 한 뼘 인간 안에 쏟아붓기 시작한다. glass, pour, flow란 단어를 사용하여 보물을 액체의 개념으로 은유한다.

• 8행의 made a stay는 "멈췄다." 9행의 of all his treasure는 "그의 모든 보물 중에서." 원래 all이 붙어서 treasures라고 복수로 써야 할 거 같지만, treasure에는 셀 수 없는 집단 명사의 의미도 있다. a treasure 혹은 treasures라고 할 때는 어떤 가치 있는 물건을 구체적으로 지칭할 때 사용한다.

• 다른 행의 어순은 정상이라 10행만 다시 쓰면, Rest lay in the bottom. 여기서 lay는 4행에 나오는 자동사 lie, "눕다, 놓여있다"의 과거형

이다.[17] Rest는 명사 "안식"이다. 이 단어를 14행의 rest와 16행의 the rest와 구분할 수 있어야 한다.

그래서 힘이 먼저 길을 열었고,
그다음 미(美)가 흘러들었고, 그다음, 지혜, 명예, 쾌락이.
거의 다 소진됐을 때, 하나님은 멈추었습니다,
그의 모든 보물 중에 오직 안식만이
바닥에 남은 걸 알아차리시고.

Lines 11-15

For if I should (said he)
Bestow this jewel also on my creature,
He would adore my gifts instead of me,
And rest in Nature, not the God of Nature;
So both should losers be.

• 특별히 어려운 부분은 없고, 이것은 가정법 문장으로 주절은 13행에서 시작한다. 11행의 for는 앞선 행에서 하나님이 멈춘 이유를 달기 위해서다. 참고로 11행에서 하나님은 3행의 we에서 단수 I로 바뀐다.

• 12행의 this jewel은 10행의 명사 Rest, "안식"을 가리킨다. 14행의 rest는 동사 "안식하다"이다. the God of Nature는 "자연을 만든 하나님."

---

17) lie와 비슷한 단어와 동사 변화를 정리하면, 1) lie(명) "거짓말"; 2) lie(동) "거짓말하다," lie – lied - lied; 3) lie(자동사) "눕다," lie – lay - lain; 4) lay(타동사) "누이다," lay – laid - laid.

인간에게 모든 보물 외에 "안식"까지 준다면, 인간은 보물을 주신 하나님을 경배하는 게 아니라, 받은 선물만 숭배할 것이다.

• 또 인간은 자연을 만든 하나님이 아니라, 자연 속에 안주하게(rest) 될 것이다. 따라서 하나님은 창조주면서 인간에게 경배를 받지 못하는 패배자, 인간은 창조주를 인정하지 않는 패배자, 둘 다 losers가 될 거라는 경고다.

> 왜냐면 만일 내가 (그는 말했습니다)
> 이 보물까지 나의 피조물에게 준다면,
> 그는 나 대신 나의 선물을 숭배하리라,
> 그리고 자연을 만든 하나님이 아니라, 자연 속에 안식하리니,
> 그러면 둘 다 패배자가 되리라.

Lines 16-20

> Yet let him keep the rest,
> But keep them with repining restlessness;
> Let him be rich and weary, that at least,
> If goodness lead him not, yet weariness
> May toss him to my breast.

• 이 시에서 rest가 세 가지 뜻으로 나오는 걸 구별할 수 있어야 한다. 그것은 일종의 word pun이다. 16행의 the rest는 "나머지," 즉 "안식"(Rest)을 제외한 나머지 모든 선물을 말한다. 여기서 yet은 but, nevertheless와 같은 의미의 접속사다. 예) She said she would be late, yet she arrived on time. "그녀는 늦을 거라고 말했지만, 정각에 도착했다."

• repining을 여러 가지 뜻으로 번역하면, "안달하고 불평하고, 푸념하면서." 인간은 많은 걸 가져도 만족할 줄 모르고, 또 돈이 아무리 많아도 불안해한다는 뜻이다. 부자가 발을 뻗고 잘 수 없다는 우리나라 속담과 같다.

• 18행의 that 역시 앞에 so를 붙여야 한다. 그러면 19-20행은 하나님이 인간에게 안식을 허락하지 않은 목적이 되고, 이 시의 결론이 된다. 가진 자나 못 가진 자나 불안하게 살 수밖에 없는 인간의 삶은 창조주가 의도한 바라는 시인의 관찰이다. 그러나 그 속에는 인간을 하나님에게로 이끌기 위한 목적이 있음을 분명히 말한다.

그래도 그에게 나머지는 갖게 합시다,
그러나 그것들을 불안한 마음으로 지키게 합시다.
그를 부유하고 지치게 합시다, 그래서 적어도
좋은 것 때문에 나를 찾지 않을지라도,
힘들고 지친 것이 그를 내 품에 오게 하도록.

마무리

이 시는 그리스 신화 "판도라의 상자"를 패러디한다. 신화는 희망(Hope)만 남고 모든 저주가 세상에 퍼진 이야기를 한다면, 허버트는 창조 이야기를 가지고 세상에 퍼져있는 온갖 축복이 한 뼘 인간 안으로 들어갔다고 상상한다. 그 과정에서 인간에게 오직 안식만 주지 않은 하나님의 뜻을 찾는다. 신화가 악의 근원을 설명했다면, 허버트는 안식이란 마지막에 남은 축복을 근거로 하나님과 인간의 관계를 설정한다.

인간의 지치고 피곤한 상태를 말하는 weary, weariness는 예수의 말씀을 인유한다. "수고하고 무거운 짐 진 자들아 다 내게로 오라 내가 너희를 쉬게 하리라"(Come to me, all you who are weary and burdened, and I will give you rest, 마 11:28).[18] 이 구절 속에 인간의 지치고 피곤한(weary) 상태가 나오고, 우리에게 쉼(rest)을 준다는 말이 다 나온다. 허버트는 이 구절을 인유하여 인간이 안식을 얻는 방법은 하나님 앞으로 가는 것임을 시로 형상화한다.

따라서 종교시와 전혀 관계없어 보이는 제목인 "도르래"는 하나님과 인간이 서로 밀고 당기는 관계로 연결돼 있음을 구체적으로 보여준다. 도르래는 인간이 줄에서 손을 놓을 때 여지없이 바닥으로 떨어지고, 당길 때 가까이 오는 장치다. 이를 하나님과 인간의 관계에 적용한 형이상학적 비유는 단의 형이상학적 기상(conceit)처럼 시의 시각적 이미지와 내용이 일치하는 놀라운 결과를 만들어낸다. 또 인간의 존재를 한 뼘 크기로 규정한 시인의 아이디어는 작은 인간의 머릿속에 담긴 무한한 능력을 말하면서, 동시에 인간의 존재성을 손바닥 크기 하나로 축소하는 탁월한 메타포를 창조한다.

---

18) New International Version (NIV)에서 인용한 구절이다.

Peace

Sweet Peace, where dost thou dwell? I humbly crave,
Let me once know.
I sought thee in a secret cave,
And ask'd, if Peace were there,
A hollow wind did seem to answer, No:
Go seek elsewhere.

I did; and going did a rainbow note:
Surely, thought I,
This is the lace of Peace's coat:
I will search out the matter.
But while I looked the clouds immediately
Did break and scatter.

Then went I to a garden and did spy
A gallant flower,
The crown-imperial: Sure, said I,
Peace at the root must dwell.
But when I digged, I saw a worm devour
What showed so well.

At length I met a rev'rend good old man;
Whom when for Peace
I did demand, he thus began:
There was a Prince of old
At Salem dwelt, who lived with good increase
Of flock and fold.

He sweetly lived; yet sweetness did not save

His life from foes.
But after death out of his grave
There sprang twelve stalks of wheat;
Which many wond'ring at, got some of those
To plant and set.

It prospered strangely, and did soon disperse
Through all the earth:
For they that taste it do rehearse
That virtue lies therein;
A secret virtue, bringing peace and mirth
By flight of sin.

Take of this grain, which in my garden grows,
And grows for you;
Make bread of it: and that repose
And peace, which ev'ry where
With so much earnestness you do pursue,
Is only there.

*****

• 이 시는 알레고리(allegory)에 속한다. 알레고리는 은유(메타포)를 길게 이야기식으로 전개하는 문학적 기법이다. 은유가 한 문장(sentence)이나 구(clause)나 단어로 어떤 사물을 비유한다면, 알레고리는 하나의 이야기 속에 또 다른 이야기를 숨겨 놓은 확장된 메타포(extended metaphor)다. 영국 문학에서 대표적인 알레고리는 존 번연(John Bunyan)의 『천로역정』(*The Pilgrim's Progress*)이다.

• 따라서 "평화"는 표면에 흐르는 상징 속에 다른 이야기를 숨겨 놓은 작품이다. 이면에 담긴 시인의 의도를 찾아내지 못한다면 내용의 절반만 알고 가는 수박 겉핥기가 된다. 따라서 이 시에 대해서는 먼저 일차적 의미를 해석한 다음, 그것이 무엇을 상징하는지를 생각한 다음 이차적 의미를 분석하기로 한다.

Lines 1-6

Sweet Peace, where dost thou dwell? I humbly crave,
Let me once know.
I sought thee in a secret cave,
And ask'd, if Peace were there,
A hollow wind did seem to answer, No:
Go seek elsewhere.

• 첫 문장은 Peace를 대문자로 의인화하여 사람처럼 부른 다음(돈호법), 의문문으로 시작하는 topic sentence다. 이 문장은 앞으로 어떤 내용이 전개될지를 한마디로 보여준다. 화자는 "평화"를 찾고 있고 이 시는 평화를 찾는 이야기일 거라고 쉽게 짐작할 수 있다. 영어는 이렇게 첫 문장에서 가장 중요한 정보를 제공하는 두괄식 방식을 취한다. 신문기사, 수필, 소설뿐 아니라, 이런 짧은 시조차 그 원칙에서 벗어나지 않는다. 영작할 때 반드시 염두에 두어야 할 매우 중요한 정보다.

• 화자가 평화를 찾기 위해 처음 간 곳은 동굴이다. "평화"를 이인칭(thee)으로 불러보지만, 평화는 대답이 없고 동굴의 공허한 울림만 들린다.

• 문장 속에 의문문을 넣으려면 if나 whether를 사용한다. 예) I wonder whether you would come to my birthday party tonight. "나는 네가 오늘 저녁 내 생일 파티에 올 건지 안 올 건지 궁금하다."

달콤한 평화여, 그대는 어디 거하느뇨? 내가 겸손히 간청하니
나로 한 번만 알게 해 주시오.
나는 당신을 은밀한 동굴에서 찾아봤고,
평화가 거기에 있는지 없는지 물었습니다.
공허한 바람은 대답하는 거 같았지요, 아니요,
다른 데 가서 찾아보시오.

Lines 7-12

I did; and going did a rainbow note:
Surely, thought I,
This is the lace of Peace's coat:
I will search out the matter.
But while I looked the clouds immediately
Did break and scatter.

• did는 앞선 행의 "다른 데 가서 찾아보시오"라는 말에, "그렇게 했다"라는 대동사다. 그다음 문장은 분사구문이다. 잘못 보면 going을 주어로 여겨, going did note a rainbow, "가는 것이 무지개를 보았다"라고 어색하게 해석할 수 있다.

• 따라서 7행을 어순대로 풀어쓰면, "while I was going, I did note a rainbow." 여기서 while은 when, as 등으로 대신할 수 있다. note는 "알아차리다"라는 뜻이니까, 무지개를 봤다는 뜻. note를 제일 뒤에 놓은

건, 영시에서 늘 그렇듯이, 9행의 coat와 각운을 맞추기 위해서다.

• 9행의 "평화의 옷자락에 달린 레이스"는 화려함을 상징한다. 17세기 당시 lace는 높은 신분의 여성들의 옷에 달린 화려한 장식이다. 화자는 평화를 coat, 즉 고급스러운 옷으로 은유했고, 무지개는 그 옷 끝에 달린 레이스라고 생각한다. 그러나 무지개는 손에 잡을 수 없는 헛된 화려함의 상징이다.

• 10행의 matter는 "물질"이면서, 여기서는 무지개라는 손으로 잡을 수 없는 것의 "실체, 본질"을 의미한다. 12행에서 동사 break와 scatter의 목적어인 rainbow는 생략했다.

> 나는 찾아 나섰습니다. 그런데 가다가 무지개를 보았습니다.
> 분명히, 나는 생각했지요,
> 이것은 평화의 옷자락에 달린 레이스라고.
> 나는 본질을 찾아야지.
> 그러나 보고 있는 사이, 구름은 갑자기 무지개를
> 끊어버렸고 흩어버렸습니다.

Lines 13-18

> Then went I to a garden and did spy
> A gallant flower,
> The crown-imperial: Sure, said I,
> Peace at the root must dwell.
> But when I digged, I saw a worm devour
> What showed so well.

• 세 번째로 평화를 찾아간 곳은 정원이다. 13행은 부사가 문장 앞에 나오는 도치문이다. 원래대로 하면, Then did I go to a garden and spy. 이것을 went I로 썼다. 예) Little did I dream that I would make so much money in this business. "나는 이 사업으로 그렇게 많은 돈을 벌게 될 줄 꿈에도 생각지 못했다."

• 시인은 이 시에서 do 동사를 여러 차례 사용한다. 원래 본동사 앞에 do를 붙이면 강조의 뜻이지만, 시에서는 운을 맞추기 위해 넣을 수 있다. gallant는 "화려하다, 용감하다"에 더해 "여자에게 친절하고 예의 바르고, 기사도 정신을 가졌다"는 뜻도 있다.

• crown imperial은 우리말로 "패모"이고, 백합과에 속한 종 모양의 꽃이다. 영어로는 "황제의 면류관, 왕관"처럼 생겼다는 의미를 지닌다.

• 나머지는 특별히 어려운 부분은 없고 17행의 saw 지각 동사는 목적어 다음에 동사원형 devour를 썼다는 것. 그러나 문맥에 따라 동사원형 대신 진행형도 가능하다. 예) I saw the man walking alone by the bank of the river. "나는 그 남자가 강둑을 따라 혼자 걷고 있는 걸 봤다." 참고로 이 예문은 "나는 혼자 강둑을 걷다가 그를 봤다"는 해석도 가능하다. 이때 walking은 him이 아니라, 주어 I를 수식하는 완전히 다른 문장이 된다. I was walking alone by the bank, and I saw him.

• 18행의 what은 선행사를 포함한 관계대명사로 "~하는 것"이고, the thing which를 하나로 묶어서 devour의 목적절을 만든다. 즉, what showed so well은 "꽃" 자체를 가리킨다. "그렇게 멋지게 보이는 것." 꽃은 아름답

지만, 더러운 벌레가 흙 속에 묻힌 뿌리를 갉아 먹고 있는 장면이다.

그다음 나는 정원으로 가서 훔쳐보았습니다,
화려한 꽃
패모, 한 송이를. 틀림없이, 나는 말했습니다,
평화가 그 뿌리에 반드시 살고 있을 거라고.
그러나 땅을 팠을 때, 나는 벌레 하나가 그렇게
멋지게 보이는 것을 게걸스럽게 갉아먹는 걸 보았습니다.

I. 표면적 이야기 vs. 숨은 이야기

지금까지의 내용을 먼저 정리하고 시의 후반부로 가도록 한다. 1~3연에서 화자는 평화를 찾다가 세 가지를 만난 이야기를 한다. 1) 텅 빈 동굴; 2) 무지개; 3) 화려한 꽃. 이건 우리가 흔히 볼 수 있는 대상들이고, 거기서 간절히 찾던 평화를 발견하지 못했다는 것은 단순한 이야기로 이해할 수 있다. 그러나 여기엔 숨은 뜻이 들어 있다. 그럼 이 세 가지는 무엇을 각각 상징하는 것일까?

첫째 텅 빈 동굴은 수도사의 삶을 상징한다. 도를 닦는 자들은 속세를 떠나 깊은 산속에 은둔하면서 금욕과 고행과 기도의 삶을 산다. 동굴은 stoic, "금욕주의자"와 hermit, "은둔자"가 들어가 명상하는 공간이다. 거기서 평화를 찾을 수 없다는 것은 이런 중세적인 삶으로는 진리를 찾을 수 없다는 종교 개혁적인 메시지다. 그래서 화자가 평화를 불렀을 때, 동굴에서 울리는 답변은 여기에 없다는 "공허한" 메아리일 뿐이다. 공허함은 바로 고행과 금욕주의 삶의 모습을 그대로 반영한다.

두 번째로 찾은 무지개는 앞선 것과 비교할 때 고행에 반대되는 삶을 말한다. 무지개의 화려한 색깔, 레이스의 값비싼 장식은 스토익의 반대인 쾌락주의자(epicurean)의 겉모습을 상징한다. 술과 음식, 마약과 도박, 쾌락과 인기를 누린다고 해도 그것은 무지개처럼 실체 없는 허상일 뿐이고, 그것으로 평화를 얻을 수 없다는 이야기다. 돈과 인기로 화려한 삶을 사는 사람들이 마약을 하거나 스스로 세상을 하직하는 경우가 이런 상황과 연결된다.

세 번째 정원은 권력이 존재하는 궁정(court)이고 정치의 세계를 상징한다. 이런 근거는 기사도 정신을 가졌다는 형용사 gallant에서 찾을 수 있다. 궁정은 기사들이 드나드는 장소이고, 권력을 잡기 위해 온갖 권모술수가 행해지는 곳이다. 또 "왕관, 제왕"이란 뜻을 가진 the crown Imperial이란 꽃 이름 자체가 왕이 거처임을 암시한다. 겉으로 화려하고 왕관을 쓴 제왕의 권력이라 할지라도, 그 뿌리 속에는 부정과 부패, 음모와 암투가 가득한 정치일 뿐이다. 권력을 잡는다고 평화를 얻을 수 없음을 보여준다.

앞서 단의 시에서 공부한 것처럼 17세기의 중요한 개념으로 이 세 가지 장소는 온 세상을 상징한다. 동굴은 검소하고 투박하고 금욕적인 country, 무지개는 화려한 삶의 공간인 city, 정원은 권력다툼의 현장인 court, 그래서 시골, 도시, 궁정은 온 땅을 대표하는 곳이 된다. 화자는 이렇게 세상을 다 뒤져봤지만, 평화를 찾을 수 없었다는 걸 함축적으로 표현한다. 40행의 everywhere란 단어가 이런 해석의 근거가 된다.

Lines 19-24

At length I met a rev'rend good old man;
Whom when for Peace
I did demand, he thus began:
There was a Prince of old
At Salem dwelt, who lived with good increase
Of flock and fold.

• Part II에 해당하는 4-7연에서는 온 세상을 뒤져도 찾을 수 없었던 평화를 찾는 이야기가 전개된다. 먼저 표면적인 내용을 분석하면, 화자

는 마침내 어떤 노인을 만난다. 영국 문학에서 노인은 "현자"를 의미할 때가 있다. 우리나라 설화에 등장하는 하얗고 긴 수염의 도사 혹은 승려와 비슷하다고 볼 수 있다. 물론 셰익스피어 작품에서처럼 늙은 남자는 허풍이 심하고 잔소리 많은 요즘의 "꼰대" 개념으로 그려지는 예도 있다.

• 영국 문학답게 노인은 여기서 기독교적인 현자, 진리를 터득한 거룩한 성자로 등장한다. 7연의 첫 행은 그런 거룩하고 선한 노인을 만난 얘기로 시작한다. 그렇게 만난 노인을 20행에서 whom으로 받았는데, 이것은 "내가 ~을 요구한 노인을 만났다"라고 뒤에서 형용사적으로 수식하면 안 된다.

• 이 구문은 계속적 용법으로 1) 한 노인을 만났고; 1) 그 노인에게 다음과 같은 것을 요구했다 라고 연속적으로 해석해야 한다. 이 문장을 풀어쓰면, I met a rev'rend good old man, and when I demanded him for Peace, he began ...

• 22행부터는 노인이 하는 이야기이다. 원본에 없는 인용부호를 현대 편집자에 따라 넣는 경우가 있다. 인용부호가 없다면, 누가 말했는지, 간접화법인지 직접화법인지를 잘 파악해야 한다. 23행의 dwelt는 문법적으로 설명하기 힘든 동사지만, 문맥상 이해하는 데 어려움은 없다. who dwelt and lived로 연결할 수 있는 부분이다.

• flock과 fold는 성경에 나오는 단어다(요 10:16). 둘을 구별하자면, flock은 "짐승의 떼, 양 떼"를 의미하고, fold는 "우리 안의 양 떼"를 의

미한다. 따라서 flock and fold는 하나의 표현으로 "예수를 따르는 자들(flock)"과 "예수를 따르는 자들이 모인 교회(fold)"라는 뜻을 지닌다. 이 시에서는 "양 떼"라는 한 가지 의미로 해석한다.

• Salem은 "평화"를 의미하는 지명이고, 유대인의 인사인 Shalom과 같은 어원에서 나온 말이다. 우리말의 "안녕하세요"와 같은 의미다.

> 마침내 나는 거룩하고 선한 노인을 만났습니다.
> 그에게 내가 평화를
> 요구했을 때, 그는 이렇게 시작했습니다.
> 오래전 한 왕자가 있었지요,
> 살렘에 살았고, 점점 늘어나는
> 양 떼들과 함께 거했습니다.

Lines 25-30

> He sweetly lived; yet sweetness did not save
> His life from foes.
> But after death out of his grave
> There sprang twelve stalks of wheat;
> Which many wond'ring at, got some of those
> To plant and set.

• 특별히 어려운 구문은 없다. 29행의 관계대명사 which의 선행사는 앞선 행에서 벌어진 일 전체를 받는다고 볼 수 있다. 29-30행을 풀어쓰면, Many people, who wondered at the event, got some of those stalks of wheat to plant and set. 여기서 그 일(event)은 죽은 그의 무덤에서 열

두 개의 밀 줄기가 자란 사실을 가리킨다.

그는 달콤하게 살았지만, 그 달콤함이 그의 생명을
원수들로부터 구하지 못했습니다.
그러나 죽은 후 그의 무덤에서
열두 줄기의 밀이 자랐고,
그것을 기이히 여긴 많은 사람이 그것을 갖다가
땅에 심었습니다.

Lines 31-36

It prospered strangely, and did soon disperse
Through all the earth:
For they that taste it do rehearse
That virtue lies therein;
A secret virtue, bringing peace and mirth
By flight of sin.

• strangely는 "이상하게"보다 "신비하게." 지금까지 공부한 방법으로 충분히 파악할 수 있는 구문이다. 35-36행은 34행의 virtue를 동격으로 반복해서 설명한 구다. by flight of sin은 "죄를 날려 보냄으로써"라는 의미니까, 죄가 떠나가고, 죄를 용서받는 것으로 생각할 수 있다.

그것은 신비하게 잘 자랐고 곧 퍼졌습니다
온 땅으로.
왜냐면 그것을 맛본 이들은 되풀이해서 말합니다,
미덕이 그 안에 있다고.

죄를 날려 보내고
평화와 기쁨을 가져오는 신비한 미덕이라고.

Lines 37-42

Take of this grain, which in my garden grows,
And grows for you;
Make bread of it: and that repose
And peace, which ev'ry where
With so much earnestness you do pursue,
Is only there.

• 37-39행은 take, make라는 두 개의 동사를 가지고 노인이 말하는 명령문이다. 39-40행의 that repose and peace는 마지막 문장의 주어이고 42행의 is는 동사다. 그 사이에 "안식과 평화"를 수식하는 관계대명사절이 삽입돼 있다.

이 곡식을 가져가시오, 내 정원에서 자라고 있고
또 당신을 위해 자라는.
이것으로 빵을 만드시오. 그 안식과
평화, 당신이 온 땅에서 두루
그렇게 열심히 찾았던 것은
거기에만 있습니다.

II. 표면적 이야기 vs. 숨은 이야기

두 번째 부분은 살렘에 한 선한 왕이 살았는데, 그는 원수들에게 죽임을 당했고, 그의 무덤에서 열두 줄기의 밀이 자라 온 세상에 퍼졌고, 그것으로 빵을 만들어 먹는 사람들은 진정한 안식과 평화를 얻는다는 표면적 이야기다. 성경을 안다면 이 정도의 내용만 가지고도 숨은 의미가 무엇인지 파악할 수 있다.

Salem은 Jerusalem, 즉 평화의 도시를 암시하고, 왕은 그곳에서 오래전 처형당한 예수를 가리킨다. 그래서 내면적 의미는 그가 부활한 후 열두 명의 제자로부터 기독교는 온 세상에 퍼지기 시작했다는 말이고, 여기서 말하는 밀은 복음의 씨앗이고 예수가 말한 "생명의 떡"을 상징한다. 따라서 이 시는 인간은 그것을 먹음으로써 구원에 이르게 되고 영원한 평화를 얻는다는 기독교의 가장 기본적인 교리를 가르친다.

이 시는 구문이나 어휘는 어렵지 않지만, 속에 감추어진 의미를 파악할 때 비로소 온전하게 이해할 수 있는 중요한 allegorical 한 작품이다. 독자들은 어떤 종교를 가졌든지, 또 신앙이 있고 없고를 떠나 당시 기독교 문화가 가능하게 한 이 작품의 아름다움을 제대로 감상할 수 있어야 한다. 따라서 영문학을 깊이 이해하기 위해서는 헬레니즘(Hellenism), 헤브라이즘(Hebraism), 그리고 기독교(Christianity)라는 서양 문화의 뿌리가 지식의 기초로 다져져 있어야 한다. 우리나라의 고전문학을 잘 이해하기 위해 불교 문화와 유교 전통을 알아야 하는 것과 다르지 않다.

Redemption

Having been tenant long to a rich lord,
  Not thriving, I resolvèd to be bold,
  And make a suit unto him, to afford
A new small-rented lease, and cancel th' old.

In heaven at his manor I him sought;
  They told me there that he was lately gone
  About some land, which he had dearly bought
Long since on earth, to take possessiòn.

I straight returned, and knowing his great birth,
  Sought him accordingly in great resorts;
  In cities, theaters, gardens, parks, and courts;
At length I heard a ragged noise and mirth

  Of thieves and murderers; there I him espied,
  Who straight, Your suit is granted, said, and died.

*****

Lines 1-4

Having been tenant long to a rich lord,
Not thriving, I resolvèd to be bold,
And make a suit unto him, to afford
A new small-rented lease, and cancel th'old.

• 이 시 역시 짧은 allegory에 속한다. 표면적으로 진행되는 이야기의 배후에 감추어진 의미가 들어 있다. 1행에서 화자(I)인 세입자(tenant)와 부유한 임대인(landlord)과의 관계가 설정되고, 빌려준 갑과 빌린 을의 이야기가 시작된다. lord는 집주인, landlord란 단어에도 적용되고, 하나님(Lord)이라는 말에도 적용되는 이중성을 보인다. 이면적 의미를 거기서 찾아야 한다.

• Having과 thriving은 분사구문이고, 주절은 2행의 I resolved에서 시작한다. "부유한 집주인에게 오랫동안 세입자로 살면서 잘 살지(번성하지) 못하였기에, 나는 결심했다." 그다음 to 부정사 네 개가 나온다. 1) to be bold; 2) (to) make a suit; 3) to afford; 4) (to) cancel. 일차적으로 이걸 모두 resolved에 붙여서 "대범해지기로, 요청하기로, 감당하기로, 취소하기로 마음먹었다"라고 할 수 있다.

• 그러나 이차적인 생각으로 대범해지고 요청하기로 마음먹는 것은 화자인 세입자의 몫이지만, afford와 cancel의 주체는 집주인이다. afford는 이때 "감당하다"가 아니라, provide, supply, 즉 "제공하다"의 의미가 된다. 예) The tree affords ample shade. "이 나무는 충분한 그늘을 제공한다." Today's program afforded great pleasure to all of us. "오늘 프로그램은 우리 모두에게 큰 기쁨을 주었다."

• 따라서 앞의 두 부정사는 resolved에 붙어서 "~하기로 마음먹었다"가 되고, 뒤의 두 부정사는 make a suit에 붙어서 "제공해달라고, 취소해달라고 청원하다"가 된다.

• 많은 독자는 make a suit에서 실수한다. suit는 "옷"이 아니라 "청원"이다. 오랫동안 세입자 생활로 어렵게 산 화자가 "대범해지기로 결심"했다면, "옷 만들기"가 아니라 "요청하기"라고 정확한 의미를 찾을 수 있어야 한다.

부유한 집주인 밑에서 오랫동안 세입자로 살면서
번성하지 못했기에, 나는 대범해지기로,
또 그에게 청원 올리기로 마음먹었습니다.
오래된 계약을 취소하고, 값싼 새 임대로 바꿔 달라고.

Lines 5-8

In heaven at his manor I him sought;
They told me there that he was lately gone
About some land, which he had dearly bought
Long since on earth, to take possessiòn.

• 이를 위해 화자는 집주인을 찾아 나선다. 그런데 비현실적으로 그가 찾아간 곳은 하늘이다. heaven을 언급함으로써 시인은 집주인이 하나님이란 사실을 드러낸다. 따라서 1행의 a rich lord는 landlord면서 "하나님"(Lord)이란 이중적 의미가 확인된다.

• 6-8행에서 특별히 어려운 표현은 없다. 하늘에 사는 집주인이 오래전 지구에서 비싸게 주고 산 땅을 소유하러 최근에 갔다고 한 이야기 역시 비현실적인 상황을 묘사한다. 무엇을 의미할까?

하늘에 있는 그의 저택으로 나는 그를 찾아 나섰고,
그곳 사람들은 내게 말했습니다. 그분은
오래전 이 땅에서 비싸게 사둔 땅을
소유하려고 최근 떠났다고.

Lines 9-11

I straight returned, and knowing his great birth,
Sought him accordingly in great resorts;
In cities, theaters, gardens, parks, and courts;

• knowing 역시 분사구문이다. 10행의 accordingly는 집주인의 신분에 "걸맞게"라는 의미다. 따라서 화자는 집주인의 높은 신분에 맞게 돈과 권력을 가진 자들이 있는 곳이면 어디든 찾아 나선다.

• 3연의 마지막 12행을 떼어 놓은 이유는 이 행이 4연의 13-14행으로 연결되어 새로운 문장이 되기 때문이다.

나는 곧바로 돌아와, 그의 위대한 탄생을 알기에,
그에게 걸맞은 곳으로 그를 찾아 나섰습니다. 유명한 리조트,
도시, 극장, 정원, 공원, 그리고 궁정으로.

Lines 12-14

At length I heard a ragged noise and mirth
Of thieves and murderers; there I him espied,
Who straight, Your suit is granted, said, and died.

• ragged는 주로 "누더기가 된, 고르지 못한" 등의 의미지만, 소음(noise)과 같은 소리와 연결될 때는 harsh처럼 청각적 이미지를 주는 뜻이 된다. unpleasant to ear, "귀에 거슬리는." mirth는 유쾌하고 떠들썩하게 웃는 소리. 이것은 이 땅에 내려온 집주인이 화려하고 멋진 데 있는 것이 아니라, 도적과 강도가 득실거리는 장소에 있다는 말이다.

• 그곳에서 그를 몰래 훔쳐보고 있는 화자에게 그는 화자의 청원이 받아들여졌다고 선언하고 죽는다. 이것은 하나님의 아들이 이 땅에 내려와 왕으로 산 게 아니라, 가장 낮은 데서 살다가 십자가에 달려 죽은 이야기라는 걸 알 수 있다. 그러나 이 시는 그런 의미 안에 더 깊은 뜻을 담고 있다. 그것을 이해해야 한다.

> 마침내 나는 들었습니다. 도적들과 살인자들의 시끄러운 소리와
> 유쾌한 법석을. 거기서 나는 그분을 훔쳐보았고,
> 그분은 바로 너의 청원은 받아들여졌다고 말하고 운명하셨습니다.

마무리

이 시에서 집주인과 세입자의 관계는 "확장된 메타포"로 그 이면에는 감추어진 또 다른 이야기가 전개되고 있음을 알 수 있다. 겉에 드러나는 이야기에 대해 다음과 같은 질문을 할 수 있다.

1) 비싼 임대계약(old)을 취소하고 싼 계약(new)으로 바꿔 달라는 요청의 의미는?
2) 하늘의 집주인이 비싸게 주고 산 땅을 소유하러 이 땅에 왔다는 의미는?
3) 도적과 강도가 떠드는 시끄러운 곳이 상징하는 것은?
4) 마지막에 요청을 들어주었다는 말의 뜻은?

이 질문에 제대로 답할 수 있을 때 시는 완전하게 이해한 것이 된다.

1) 오래된(old) 계약은 구약의 율법을 상징하고, 비싼 계약 때문에 세입자가 번성하지 못한다는 것은 율법의 의무가 너무 힘들어 인간의 노력으로는 감당할 수 없다는 뜻이다.

새롭고(new) 싼(small-rented) 계약은 오직 믿음으로 구원을 얻는다는 신약에 기록된 그리스도의 언약을 말한다. 값이 싼 이유는 믿음이란 가장 단순한 방법으로 구원을 얻기 때문이지, 그리스도의 희생이 값싸다는 의미는 아니다.

2) 오히려 7행에서 비싸게(dearly) 값을 치르고 땅을 소유했다는 것은 인간을 구원하기 위하여 하나님의 아들의 죽음이란 값비싼 희생을 치렀다는 말이다.

3) 예수는 예루살렘의 왕궁이 아니라 베들레헴의 마구간에서 태어났고, 권력자나 종교지도자들과 어울린 것이 아니라, 세리와 창녀와 죄인들과 함께 지냈고, 마지막에는 강도와 함께 십자가 형틀에 달려 죽임을 당한다.

4) "너의 요청은 허락되었다"라는 말은 예수가 십자가상에서 마지막으로 한 "다 이루었다"(It is finished)는 말과 같다(요 19:30). 이것은 I paid in full, "내가 다 갚았다, 완납했다"라는 경제적인 언어다. 청원이 받아들여졌다는 건 아예 비싼 임대료를 집주인이 대신 갚아주었다는 이야기다. 즉, 죄의 삯을 죽음으로 갚아야 하는 인간과 그 값을 자신의 희생으로 대신 지불한 아들의 관계를 보여준다. 그리스도의 죽음이 하나님에게는 엄청나게 비싼 값이지만, 우리에게는 값없는 은혜가 된다는 구원의 원리를 allegory에 담은 작품이다. 시의 제목 "Redemption"은 포로를 찾기 위해 지불하는 "몸값"의 의미를 지닌 단어로 시의 내용과 잘 연결된다.

Love (III)

Love bade me welcome. Yet my soul drew back
    Guilty of dust and sin.
But quick-ey'd Love, observing me grow slack
    From my first entrance in,
Drew nearer to me, sweetly questioning,
    If I lack'd any thing.

"A guest," I answered, "worthy to be here";
    Love said, "You shall be he."
"I, the unkind, ungrateful? Ah my dear,
    I cannot look on thee."
Love took my hand, and smiling did reply,
    "Who made the eyes but I?"

"Truth, Lord, but I have marred them; let my shame
    Go where it doth deserve."
"And know you not," says Love, "who bore the blame?"
    "My dear, then I will serve."
"You must sit down," says Love, "and taste my meat."
    So I did sit and eat.

*****

Lines 1-6

Love bade me welcome. Yet my soul drew back
Guilty of dust and sin.
But quick-ey'd Love, observing me grow slack
From my first entrance in,

Drew nearer to me, sweetly questioning,
If I lack'd any thing.

• "Love (III)"는 같은 제목의 여러 시 중에 세 번째에 해당한다는 뜻이다. Love라는 의인화된 존재와 화자(I)의 대화 내용이다. bade는 bid의 과거로 인사할 때 많이 쓰는 단어다. 예) I bid you farewell. "너에게 작별을 고한다, 잘 가렴."

• 2행의 guilty는 주어 my soul의 상태를 말하는 주격보어. guilty에는 전치사 of가 붙어, "~에 대하여 유죄인, 죄의식을 느끼는." dust는 "먼지, 흙"이지만, 여기엔 더 깊은 종교적인 의미가 있다. 인간은 흙으로 빚어진 피조물임을 가리키고, 화자는 그런 티끌에 불과한 인간이란 존재 자체에 죄의식을 느낀다.

• slack은 "느슨한, 굼뜬, 느린" 등의 뜻이지만, 여기서는 망설이는 동작으로 보면 된다. 3-6행에도 ~ing 형의 분사로 동시다발적인 동작을 묘사한다. observing "관찰하고는," questioning "물어보면서."

• 두 분사를 제외하면 문장의 골격은 단순하다. But quick-eyed Love drew nearer to me. "눈치 빠른 사랑은 나에게 더 가까이 왔다."

• lack은 동사로 쓰였다. 형용사로 "부족한," 명사로 "부족, 결핍"이란 뜻으로 많이 쓰이지만, 동사로는 "~이 없다, 부족하다." 예) The Lord is my shepherd; I shall not lack. "여호와는 나의 목자시니 내게 부족함이 없으리로다"(시 23:1). 참고로 이 구절에서 lack 대신 want를 쓰는 경우가 많다. want, 즉 "~을 원한다"라는 말은 그것이 없거나 부족하다는

결핍을 말한다. 물 마시길 원한다면 몸에 물이 부족하다는 뜻이다. "나는 원하는 게 없다" = "내게 부족한 게 없다."

• 6행의 if는 "만약 ~"이라는 가정법이 아니라, 간접의문문을 이끄는 접속사로 whether와 같다. 또 if 절이 이끄는 간접화법이다. 직접화법으로 바꾸면, "Do you lack anything?"

> 사랑은 나를 환영했지만, 나의 영혼은 뒤로 물러섰지요,
> 먼지와 죄로 인한 죄의식으로.
> 그러나 눈치 빠른 사랑은, 내가 처음 들어가면서부터
> 머뭇거리는 걸 보고는,
> 내게 다가와 다정하게 물었습니다,
> 뭐 부족한 것이 있냐고.

Lines 7-12

> "A guest," I answered, "worthy to be here";
> Love said, "You shall be he."
> "I, the unkind, ungrateful? Ah my dear,
> I cannot look on thee."
> Love took my hand, and smiling did reply,
> "Who made the eyes but I?"

• 이제부턴 직접화법으로 대화가 진행된다. "뭐 부족한 것이 있냐"는 질문에 "I lack a guest worthy to be here"로 대답한다. Love는 어떤 조그만 거라도 부족한 것이 있냐고 물었는데, 화자의 답변은 이 자리에 들어올 손님, 즉 자기 자신 전체를 lack의 목적어로 만들어 그런 손님

자격이 없다고 고백한다.

• You shall be he는 "네가 자격 있는 그 손님"이란 말이면서, shall은 화자의 의지와 상관없이, "내가 너를 그런 손님으로 만들어주겠다"라는 speaker의 의지를 강하게 담고 있다.

• 9행의 unkind는 "불친절하다"지만, 여기엔 "사악한, 자비롭지 못한" 등의 의미가 담겨 있다. 10행에서 "당신을 바라볼 수 없다"라는 화자의 말에 사랑은 자신이 사람의 눈을 창조한 창조주임을 강조한다. eye와 I의 같은 소리를 이용한 word pun이다.

> 나는 말했습니다, "여기 있을 자격 있는 손님이 부족합니다."
> 사랑은 말했습니다, "네가 그 사람이 될 거다."
> "못되고 배은망덕한 제가요? 아, 주님,
> 저는 당신을 바라볼 수가 없습니다."
> 사랑은 내 손을 잡고 웃으며 답했습니다,
> "누가 눈을 만들었지, 나 말고?"

Lines 13-18

> "Truth, Lord, but I have marred them; let my shame
> Go where it doth deserve."
> "And know you not," says Love, "who bore the blame?"
> "My dear, then I will serve."
> "You must sit down," says Love, "and taste my meat."
> So I did sit and eat.

• mar는 "훼손하다, 못쓰게 만들다." 13행의 뒷부분은 가벼운 명령문이다. 화자는 Love에게 let 사역동사로 부탁한다. where it doth deserve에서 it는 shame이고, 그런 "수치가 마땅히 가야 할 곳으로 가게 해달라"고 말한다. 죄를 지은 인간이 가야 할 곳은 하나님(Love) 앞이 아님을 암시한다.

• 15행, bear the blame은 "비난을 감당하다," 여기선 "죄를 짊어지다." 16행에서 화자는 자격 없는 자신을 받아준 Love에게 감사하여, 그를 위해 serve, "섬기겠다"라고 하자, Love는 도리어 자신이 화자를 섬기겠다고 말한다.

> "사실입니다, 주님, 그러나 저는 그것을 망가뜨렸습니다,
> 저의 수치가 마땅히 갈 곳으로 가게 해주세요."
> "너는 모르느냐," 사랑은 말합니다, "누가 그 책임을 졌는지?"
> "주님, 그럼 제가 섬기겠습니다."
> "너는 앉아서," 사랑은 말합니다, "내 살을 먹어야 한다."
> 그래서 나는 앉아서 먹었습니다.

마무리

이 시는 성찬 예식(Holy Communion)을 묘사한 작품으로 성찬에 참여하는 죄인 된 인간의 모습과 그 마음속에 자리한 죄의식을 잘 보여준다. 화자는 처음부터 선뜻 다가서지 못하고 망설이지만, 차츰 사랑이란 존재로 나타난 하나님에 의해 용서받은 사람이 되고 그리스도의 죽음을 상징하는 살을 먹는 식탁의 자리에 앉게 된다.

허버트는 세 편의 "사랑"(Love)이란 제목의 시를 썼다. "사랑" I과 II는 이 땅의 세속적 사랑과 그 사랑이 어떻게 거룩한 사랑보다 더 많은 관심을 끄는지에 집중한다. 특히 I은 세속적인 인간의 사랑과 죽지 않는 영원한 사랑의 관계를 들여다보고, II는 하나님의 사랑과 인간의 욕망을 연결 짓는 접촉점을 탐구한다.

"Love (III)"에서는 사랑으로 의인화한 하나님과 성찬에 참여하는 화자의 대화를 통하여 하나님은 자격 없는 죄인을 초대하여 그의 살을 먹게 하는 성찬의 신비를 보여준다. "사랑"은 바로 인간의 죄를 용서한 하나님의 사랑이 구현된 하나님 자체를 상징한다.

여기서 인간이 하나님을 위해 할 수 있는 일은 없다는 개혁주의 신앙을 볼 수 있다. 인간의 노력과 행위로 하나님을 어떻게 할 수 있을 거라는 생각은 잘못된 것임을 말한다. 구원은 하나님이 우리를 위해 희생함으로써 거저 주어진 은혜(grace)이지, 우리의 노력(work)으로 얻을 수 없다는 바울의 신학을 그대로 보여준다.

Virtue

Sweet day, so cool, so calm, so bright,
The bridal of the earth and sky;
The dew shall weep thy fall to-night,
For thou must die.

Sweet rose, whose hue angry and brave
Bids the rash gazer wipe his eye;
Thy root is ever in its grave,
And thou must die.

Sweet spring, full of sweet days and roses,
A box where sweets compacted lie;
My music shows ye have your closes,
And all must die.

Only a sweet and virtuous soul,
Like season'd timber, never gives;
But though the whole world turn to coal,
Then chiefly lives.

*****

Lines 1-4

Sweet day, so cool, so calm, so bright,
The bridal of the earth and sky;
The dew shall weep thy fall to-night,
For thou must die.

• day는 여기서 주어도 아니고 목적어도 아니다. 3행에서 thy라는 소유격이 붙으면서 day는 이인칭이고 사람처럼 부르는 돈호법이란 걸 알 수 있다. 화자는 "아름다운 날"을 부른 다음, 이를 "땅과 하늘의 결혼식"과 동격으로 만든다. "낮"을 땅과 하늘이 만난 결혼식으로 표현한 이유는 무엇일까? 낮은 밝고 아름답고 즐거운 시간이란 의미에서 결혼식으로 은유한다.

• 1행은 "s" sound로 만든 두운(alliteration)이다. so sweet day, so cool, so calm, so bright. 두운 "s" 소리가 반복되면 행의 의미를 세게 누르는 느낌으로 힘이 들어가면서 동시에 뱀이 내는 소리 hiss를 연상시켜 불길하고 섬뜩한 이미지를 준다. 아름다운 날이 지나고 밤이 됐을 때 닥칠 암울한 변화를 예고하는 청각적 효과로 볼 수 있다.

• 특히 day는 땅과 하늘의 결혼식과 동격이면서, 둘의 혼인을 성사시켰다는 의미에서 혼례식을 주재하는 priest(사제)가 된다. 여기서 우리는 형이상학적 기상을 본다. day와 priest는 서로 유사성이나 동질성이 전혀 없음에도 같은 역할을 하는 주체가 되고, 둘 사이의 비교가 이뤄진다는 의미다.

• 낮을 밝고 아름답다고 부르지만, 태양이 지고 저녁이 되면 밝은 낮은 사라진다. 시간의 변화를 거스를 수 없다는 사실은 3행의 슬픈 분위기에서 드러난다. 화자는 이것을 thy fall to-night, "오늘 밤 그대(낮)의 추락, 타락, 몰락"이라고 묘사한다. 거기다 밤이 되면 맺히는 이슬은 일몰을 슬퍼하는 눈물이 된다.

• 이걸 다시 결혼식 비유와 연결하면, 아름답고 밝은 한낮의 결혼식 축제가 끝나고 밤이 되었을 때, 신부는 순결을 잃게 되고 시인은 그것을 "그대의 몰락"으로 표현했다고 볼 수 있다. 따라서 이슬은 순결을 상실한 신부의 눈물이 된다.

• 앞서 존 단의 시에서 설명했듯이, 르네상스 시대 영어에서 die는 성적인 결합과 성적 절정을 연상하는 단어로 쓰인 것을 고려한다면, 4행의 die는 신부와 신랑의 성관계를 의미한다. day가 죽으면서(fall) 이슬(dew)이 맺히는 이미지는 신부의 첫날밤 잠자리(die)와 순결을 상실(fall)하여 슬퍼하는 눈물과 비교한다고 해석할 수 있다.

> 아름다운 날이여, 그렇게 서늘하고 고요하고 밝은,
> 땅과 하늘의 혼례식인 (날이여),
> 이슬은 오늘 밤 당신의 몰락을 슬퍼하리라,
> 그대는 죽어야 하기에.

Lines 5-8

> Sweet rose, whose hue angry and brave
> Bids the rash gazer wipe his eye;
> Thy root is ever in its grave,
> And thou must die.

• 2연에서 돈호법의 대상은 "장미"다. 그다음 whose는 소유격 관계대명사로 장미를 뒤에서 수식한다. 그 부분을 순서대로 다시 쓰면, whose angry and brave hue bids the rash gazer wipe his eye. 여기서 angry에는

색깔의 의미가 없지만, 분노를 색으로 묘사한다면 붉은색이 되고 그것은 곧 붉은 장미를 가리킨다. brave 역시 "용감하다"가 아니라, "보기 좋고, 화려하고, 찬란하다."

• 앞선 Love (III)에서 나온 bid(Love bade me welcome)가 여기서는 사역동사로 목적어(the rash gazer) + 동사원형(wipe)을 받는다.

• 6행의 rash gazer, "성급한 응시자"는 누구를 의미할까? 아름답고 붉은 장미의 현재 모습을 보고 즐기는 사람이 아니라, 시간이 지나면 지게 될 장미를 미리 내다보고 슬퍼하는 사람을 가리킨다.

• 그 이유는 7-8행에 있다. 뿌리가 땅에 박혀있는 장미를 보고 이미 무덤에 묻힌 거라고 바라본 시인의 놀라운 관찰이 그걸 말해 준다. 그런 이유로 성급한 사람은 장미가 지금 아무리 아름다워도 언젠가 질 수밖에 없음을 예측하고 눈물을 흘린다.

> 어여쁜 장미여, 그 붉고 화려한 색으로
> 성급한 응시자의 눈물을 훔치게 하는 (장미여),
> 그대 뿌리 늘 무덤 속에 있어,
> 죽을 수밖에 없기에.

Lines 9-12

Sweet spring, full of sweet days and roses,
A box where sweets compacted lie;
My music shows ye have your closes,
And all must die.

• 3연에서 화자는 앞선 1-2연에 나오는 아름다운 낮과 장미를 모두 담고 있는 "달콤한 봄날"을 부른다. 그러면서 봄날을 달달한 것들이 가득 들어 있는 박스로 표현한다. sweets는 영국사람들에게 사탕, 케이크, 푸딩 등 모든 달콤한 것들을 말한다.

• 음악과 시간은 불가분의 관계이다. 시간 예술인 음악은 시작이 있고 반드시 종결(closes)이 있기 때문이다. 따라서 화자는 아름다운 봄날마저 음악처럼 끝나는 시간이 있음을 한탄한다.

달콤한 봄이여, 아름다운 날과 장미로 가득하고,
향기로운 것이 빽빽이 들어찬 상자인 (봄이여),
나의 음악은 너에게도 종결이 있음을 보여주나니,
모든 것은 죽어야만 하리라.

Lines 13-16

Only a sweet and virtuous soul,
Like season'd timber, never gives;
But though the whole world turn to coal,
Then chiefly lives.

• 화자는 1-3연에 등장하는 낮과 장미와 봄날은 시간이 지나면서 모두 사라지지만, 마지막 연에서 영원히 죽지 않는 것은 "아름답고 덕스러운 영혼"이라고 말한다. 그러면서 영혼을 "잘 마른 목재"와 비교한다. 그다음 gives는 여기서 "포기하다, 무너지다" 등의 의미로 "죽는다"라고 해석할 수 있다.

• 그렇다면 왜 잘 마른 나무를 영원히 죽지 않는 영혼과 비유한 것일까? 이것은 이 시의 난해한 부분이다. 어떤 사람은 잘 마른 목재를 강하고 오래간다는 의미에서 영혼과 어울린다고 본다. 또 석탄과 잘 마른 목재를 잘 대조한다고 생각한다.

• 그러나 15행에 나오듯이 "온 세상이 석탄으로 변한다 해도," 잘 마른 목재는 변치 않고 영원히 남는다는 것은 이해하기 힘들다. 오히려 잘 마른 목재는 불에 잘 타고 재가 되어 쉽게 소멸하지 않을까? 그것을 죽지 않는 영혼과 연결한 직유법은 약해 보인다. 14-15행은 not A, but B의 문장이다.

> 오직 아름답고 덕스러운 영혼만이,
> 잘 마른 재목처럼, 결단코 죽지 않고,
> 온 세상이 석탄으로 변할지라도,
> 무엇보다 살아남으리.

마무리

이 시는 인간의 영혼 안에 있는 미덕이 얼마나 중요한지를 강조한다. 이 세상의 모든 자연의 미는 변할 수밖에 없지만, 인간이 간직하고 있는 미덕은 영원히 남는다는 메시지다. 그런 미덕을 가진 영혼은 불멸한다는 것을 허버트는 질 수밖에 없는 낮과 장미와 봄을 예로 들어 비교한다. 세상의 변화는 물질적인 것에는 찾아오지만, 추상적인 것에는 손을 대지 못한다는 개념이 들어 있다. 미덕은 곧 영혼을 감싸는 보호막임이라는 뜻이다.

그러나 덕스러운 영혼을 잘 마른 목재와 비유한 것은 이해하기 힘들고, 그 속에 담긴 시인의 의도를 발견하기가 쉽지 않다. 계속 고민해야 할 부분으로 남겨둔다. 허버트의 시는 여기서 마치고 다음 시인으로 넘어간다.

제3장

John Milton

(1608-1674)

Introduction

존 밀턴은 1667년 출판된 위대한 기독교적 서사시 『실낙원』(*Paradise Lost*)의 저자로서 영국 문학사상 최고의 시인 중 하나로 꼽히고, 동시에 정치가이며 신학자로서 논문과 저서를 통해 출판과 표현의 자유, 인간의 기독교적 자유를 주창한 매우 선각자적인 사상가로 평가받는다. 이후 그의 힘 있고 수사학적인 산문과 시의 웅장함은 영국 문학에 지대한 영향을 주는데, 특히 그의 스타일은 18세기 영국 시에 좋건 나쁘건 직접적인 영향을 끼쳐 모방 영웅시(mock-heroic)의 탄생으로 이어지고, 이후 소설이란 새로운 형식이 등장하는 발판을 제공한다. 더구나 『실낙원』은 시인과 소설가, 작곡가와 영화제작자, 예술가와 공상과학자에 이르기까지 상상력의 도약을 일으키는 풍부한 문학적 자원을 담은 보고(寶庫)가 된다. 특히 공화정(Republic)의 이상을 추구한 그의 정치적 산문은 자유와 평등사상을 미국과 유럽의 문화적, 정치적 토대로 만드는 데 지대한 영향을 끼친다. 학자들은 미국의 독립선언문(1776)과 프랑스 혁명(1789)의 사상적 뿌리를 밀턴의 정신에 둔다. 이렇게 밀턴의 시와 산문은 문학적 상상력을 제공하고, 시민의 권리와 종교적 자유를 옹호하는 매우 중요한 지적 자산으로 남아 있다.

밀턴은 1608년 런던에서 법원 서기로 부자가 된 아버지에게 태어났고, 시골에 저택이 한 채 더 있을 정도로 유복한 가정에서 성장한다. 그는 St. Paul's School에서 공부한 후 케임브리지대 크라이스트 칼리지(Christ's College)에 입학한다. 거기서 술을 입에 대지 않았던 밀턴은 동급생들에게 절반은 조롱으로 "The Lady of Christ's"(크라이스트 칼리지의 숙녀)라는 별명을 얻는다. 밀턴의 이십 대 초상화는 그가 하얀 피부, 섬세한 이목구비, 적갈색의 머리를 가진 여성스러운 인물임을 보여준다. 졸업하면 목사가 되는 것을 당연한 사명으로 여겼음에도 밀턴은 대학 시절부터 라틴어, 이탈리아어, 영어로 시를 쓰기 시작한다.

졸업 후 그는 목회자의 길을 포기하고 부친의 집에서 6년 동안 직업을 갖지 않고 작품을 쓰는 데 시간을 보낸다. 1635년 밀턴의 가족은 버킹엄셔(Buckinghamshire)의 호튼(Horton)으로 이사하고, 밀턴은 거기서 그리스어, 라틴어, 이탈리아어 등을 공부한 후 프랑스와 이탈리아로 여행을 간다. 1630년대 후반 밀턴은 파리에서 네덜란드 출신의 법률가며 신학자인 휴고 그로티우스(Hugo Grotius)를 만나고, 이탈리아 피렌체(Florence)에서 천문학자 갈릴레오 갈릴레이(Galileo Galilei)를 만난다. 후자를 만난 경험은 『실낙원』의 갈릴레오의 망원경 이야기에서 언급되기도 한다. 또 눈먼 과학자와의 대화는 표현과 출판의 자유를 주장한 『아레오파지티카』(*Areopagitica*)에 기록된다. 1639년 런던으로 돌아온 후 그는 조카와 몇몇 아이들을 가르치기 위해 학교를 세우기도 한다. 그 후 영국에서는 왕과 의회 사이의 내란(Civil War)이 일어나고, 밀턴은 정치에 발을 들여놓으면서 그의 시작(詩作) 활동은 1667년 『실낙원』이 출간되기까지 20여 년간 멈추게 된다.

올리버 크롬웰(Oliver Cromwell)이 이끄는 청교도 혁명에 가담한 밀턴은 교회 감독제도를 반대하고(1642), 이혼론을 발표하고(1643), 언론과 표현의 자유를 주창하고(1644), 영국 왕 찰스(Charles) 1세의 처형을 지지하는(1649) 일련의 소논문을 발표한다. 그는 크롬웰 정부에서 외국어 서기관 혹은 요즘의 외교부 장관(Secretary for Foreign Tongues)으로서 영국 공화정의 외교 서신을 라틴어와 여러 외국어로 작성하고 정치적 프로파간다를 배포하는 책임을 맡는다. 1649년 찰스 1세를 처형한 후 밀턴은 『왕과 행정관의 임기』(*The Tenure of Kings and Magistrates*)라는 논문에서 폭군을 폐위시키고 처벌할 수 있는 권리가 백성에게 있다고 주장한다.

1652년 밀턴은 43세의 나이에 완전히 실명한다. 그러나 그의 실명은 시적인 욕망을 자극하고 언어적 화려함과 풍요로움을 제공하여 그가 젊었을 때 가졌던 시인의 꿈, 그것도 대서사시를 쓰고자 했던 소명을 기억하게 한다. 1660년 프랑스에 망명해 있던 찰스 2세의 왕정복고(Restoration)와 함께 밀턴은 크롬웰 공화정의 지지자면서 찰스 1세 처형을 옹호한 전력 때문에 생명에 대한 위협을 느껴 피신한다. 그러나 면책과 망각의 법(the Indemnity and Oblivion Act) 선포로 사면을 받고 활동을 재개했으나 체포되고 앤드루 마블(Andrew Marvell)과 같은 친구의 도움으로 석방되는 일련의 사태를 겪는다. 그의 반 가톨릭 서적은 프랑스에서 불태워지고, 집은 과거보다 가난하게 되고, 그의 이후 작품은 딸과 조카, 친구와 제자, 고용된 구술 대필자가 받아적으면서 완성된다.

밀턴은 1642년 매리 포웰(Mary Powell), 1656 캐서린 우드콕(Katherine Woodcock), 1662년 엘리자베스 민셜(Elizabeth Minshull)과 세 번의 결혼을 한다.[19] 첫 아내 매리 포웰은 신혼여행이 끝나자마자 시인의 삶에 싫증을 느껴 친정으로 돌아가 3년을 지낸다. 이때 밀턴은 그의 유명한 『이혼론』(*The Doctrine and Discipline of Divorce*)을 완성한다. 그는 이 글에서 진정한 결혼은 육체뿐 아니라 정신이 하나가 될 때 가능하다고 주장한다. 밀턴은 당시 배우자의 육체적 부정(infidelity)만을 이혼 사유로 규정한 영국 교회법에 반박하여, 성격 차이(incompatibility)도 이혼 조건이어야 한다는 당시로써는 앞서가는 사상을 펼친다. 그는 도덕적으로 엄격하고 까다로운 청교도였지만, 그의 종교적 신념은 이단 사상으로 간주 될 정도로 현대적이고 파

19) 밀턴이 세 번 결혼한 이유는 처음 두 아내가 먼저 세상을 떠났기 때문이다. 세 번째 아내만이 밀턴보다 오래 살았다.

격적이었고, 더구나 엄격한 청교도 교리와 충돌할 정도로 진보적이었다.

밀턴은 1674년 11월 8일 버킹엄셔의 찰폰트 세인트 가일즈(Chalfont St. Giles)에서 통풍으로 사망하고, 부친이 묻힌 세인트 가일즈의 크리플게이트(Cripplegate) 교회에 안장된다. 밀턴의 시적 재능은 어려서부터 엄청난 두각을 나타냈고, 그의 개인적인 삶과 작품은 영문학사에서 많은 논쟁을 불러왔다. T. S. 엘리엇조차 밀턴에 대하여 그의 과도한 학식이 그의 감수성을 시들게 했다고 공격했다. 또 그의 시가 후대에 끼친 영향은 나쁜 영향일 수밖에 없었다고 주장했다.

『실낙원』이 그리는 인간의 타락과 낙원 상실이란 주제는 밀턴의 마음속에 1640년대부터 있었다. 밀턴의 야심은 그리스의 호메로스(Homer)와 로마의 베르길리우스(Virgil)와 같은 고대 시인의 작품에 버금가는 국가적 서사시를 쓰는 것이었다. 그러나 허구인 영국 아서 왕(King Arthur)의 전설보다, 역사적 진실인 성경에 기록된 인간 타락과 낙원의 상실, 그리스도의 구원으로 이어지는 하나님의 역사적 섭리를 쓰는 것을 옳게 여겨 방향을 바꾼다. 『실낙원』은 1667년 열 권(book)으로 출판됐다가 1674년 열두 권으로 재판된다. 밀턴이 살았던 혼돈의 시대상은 『실낙원』에서 그가 묘사한 종교적 갈등이란 주제 속에 고스란히 흔적으로 남아 있다.

『실낙원』의 난해한 구문, 어려운 어휘, 복잡하고 웅장한 스타일은 작품을 읽기 어렵게 만든다. 천지창조, 하나님과 사탄, 아담과 이브라는 성경 속 이야기는 시인의 상상력으로 화려한 옷을 입고 위대한 서사시로 탄생한다. 루시퍼(Lucifer)는 하늘에서 가장 높고 아름다운 천사장이었으나, 하나님과 동등해지려는 교만이 그의 머리에서 삐져나오면서 우주 최초의 죄가 탄생하고 그는 스스로 타락한다. 그는 사탄이 되어 천사 삼 분의 일을 이끌고 하나님을 대항하여 하늘의 전쟁을 일으킨다. 그러나 사흘 만에 아들(Son)에게 대패한 사탄은 타락한 무리와 함께 무저갱(bottomless pit)으로 곤두박질쳐 끝내 지옥의 불타는 호수에 떨어진다. 그는 함께 타락한 추종자들 사이에서 깨어나면서 비참한 몰골을 드러낸다. 그럼에도 그의 사악한 의지는 꺾이지 않는다.

> 모든 걸 상실한 건 아니다. 불굴의 투지,
> 복수 열정, 멸하지 않는 증오심,
> 그리고 결코 굴하거나 항복하지 않을 용기.

> All is not lost; th' unconquerable Will,
> And study of revenge, immortal hate,
> And courage never to submit or yield. (I, 106-08)

작품의 제1권에서부터 밀턴은 루시퍼를 강력한 존재로 그린다. 독자들이 그를 동정할 정도의 화려한 묘사는 이후 낭만주의 시인들에게 깊은 인상을 주어 윌리엄 블레이크(William Blake)와 퍼시 비시 셸리(Percy Bysshe Shelley)는 사탄을 하늘의 독재에 대항한 이 작품의 진정한 영웅으로 봤다. 그러나 그것은 격랑의 시대인 낭만주의 시인들의 객기일 뿐, 사탄은 작품의 마지막으로 갈수록 악의 원형이면서 비굴하고 야비하기 그지없는 거짓의 아비로 드러난다.

이후 많은 예술작품이 『실낙원』으로부터 영감을 받아 탄생한다. 그중 대표적인 것은 조셉 하이든(Joseph Hayden)의 오라토리오 『천지창조』(*The Creation*), 알렉산더 포프(Alexander Pope)의 『머리채 겁탈』(*The Rape of the Lock*)과 『우졸우인전』(*The Dunciad*), 존 키트(John Keat)의 『엔디미언』(*Endymion*), 로드 바이런(Lord Byron)의 『최후의 심판』(*The Vision of Judgment*), 그리고 톨킨(J. R. R. Tolkien)의 환타지 영웅전설 『반지의 제왕』(*The Lord of the Rings*)에 나오는 악마 사우론(Sauron) 등이다.

VII

How soon hath Time, the subtle thief of youth,
　Stol'n on his wing my three-and-twentieth year!
　My hasting days fly on with full career,
　But my late spring no bud or blossom show'th.
Perhaps my semblance might deceive the truth
　That I to manhood am arriv'd so near;
　And inward ripeness doth much less appear,
　That some more timely-happy spirits endu'th.
Yet be it less or more, or soon or slow,
　It shall be still in strictest measure ev'n
　To that same lot, however mean or high,
Toward which Time leads me, and the will of Heav'n:
　All is, if I have grace to use it so,
　As ever in my great Task-Master's eye.

*****

Lines 1-4

> How soon hath Time, the subtle thief of youth,
> Stol'n on his wing my three-and-twentieth year!
> My hasting days fly on with full career,
> But my late spring no bud or blossom show'th.

• 이 소네트는 밀턴이 스물셋이 되던 해에 지은 것으로, 시인의 소명을 가졌음에도 아무런 열매를 맺지 못하고 있는 자신을 자책하는 내용으로 시작한다. 첫 문장은 감탄문이다. 시간(Time)은 젊음을 훔쳐 가는

도둑이란 메타포로 의인화되고, 동시에 날개 달린 새로 비유되어 빠르게 날아가는 시각적 이미지를 더한다. Time과 the subtle thief of youth는 동격이다. "젊음을 훔쳐 가는 교활한 도둑인 시간."

• 이 문장의 뼈대만 쓰면, How soon has Time stolen my three-and twentieth year! "시간은 얼마나 빨리 나의 스물세 번째 해를 훔쳐 갔는지!" 이렇게 문장의 골격을 찾는 것은 영어를 제대로 이해하는 가장 중요한 기초다. 나머지는 골격에 살을 붙인 수식으로 문장을 장식하는 말이다.

• 그다음 중요한 것은 단어의 뜻을 문맥에 맞게 옮기는 거다. 예를 들어, 3행의 career를 우리가 흔히 알고 있는 "경력"으로 번역하면, 전혀 말이 되지 않는다. 사전을 샅샅이 뒤져 이 문장에 맞는 뜻을 찾아야 한다. 그럼 "속도"가 문맥상 가장 적절한 단어임을 알 수 있다.[20] full career는 full speed와 같이 "전속력"이라는 뜻이다. 참고로 career가 동사로 쓰이면 "빠르게 움직이다, 전속력으로 달리다." 예) The sports car careered down the highway. "스포츠카는 고속도로를 전속력으로 달렸다." 이 시에선 명사로 쓰였다.

• 밀턴은 인생을 사계절로 나누어 스물셋의 나이를 "늦은 봄"으로 묘사한다. 봄은 꽃을 피우는 계절이다. 그 나이까지 아무것도 성취하지 못했다는 것을 늦은 봄이면서도 꽃을 피우지 못한 상황과 비유한다.

---

20) 영어 실력은 어휘력은 말할 것도 없고, 사전에 나온 의미 중 문맥에 맞는 정확한 뜻을 적용하는 능력에 반드시 정비례한다.

젊음의 은밀한 도둑인 시간은 얼마나 신속히
그의 날개에 실어 나의 스물세 번째 해를 훔쳐 갔는지!
나의 성급한 날들은 전속력으로 날아가지만,
내 늦은 봄은 꽃봉오리도, 활짝 핀 꽃도 못 보여주누나.

Lines 5-8

Perhaps my semblance might deceive the truth
That I to manhood am arriv'd so near;
And inward ripeness doth much less appear,
That some more timely-happy spirits endu'th.

• 이 문장은 요즘 사고방식으로 말하면 자신의 동안(童顔)을 자랑하는 거로 보인다. semblance는 "외모"이고, 자신의 외모는 어떤 사실을 숨길 수도 있다는 말이다. 그 사실인 the truth는 that 이하를 말한다. that 문장을 순서대로 쓰면, That I am arrived so near to manhood. 이렇게 바꾸고 보면 어려워 보이지 않고, 사실 어렵지도 않다. 자신의 얼굴은 나이만큼 성숙하게 보이지 않는다는 뜻이다.

• 8행의 that은 지금까지처럼 so that으로 생각하면 안 된다. 7행의 inward ripeness를 받은 주격 관계대명사이고 동사는 endue다. endue는 put on과 같은 뜻으로 옷을 "입는다, 입고 있다." more timely-happy spirits는 "나이에 더 잘 어울리는 행복한 영혼들." inward ripeness that more timely-happy spirits put on. "나이에 맞는 행복한 영혼들이 옷 입고 있는 내면의 성숙함." 밀턴은 그런 성숙함이 자신에게는 덜 나타난다고 불평하고 있다. 다시 말해서 밀턴 나이의 사람 중에는 나이에 걸

맞은 내면적 성숙 혹은 그 성숙함의 결과물을 만들어낸 사람이 있다는 의미다.

• 학자들은 이 구절을 밀턴보다 앞선 시대에 활약했던 위대한 시인 에드먼드 스펜서(Edmund Spenser)를 염두에 둔 것으로 추측한다. 스펜서는 같은 나이에 벌써 위대한 작품을 남겼는데, 자신은 그러지 못하고 있음을 비교한다.

> 아마도 나의 외모는 진실을 속일 수도 있으리,
> 내가 어른에 그렇게 가까이 이르렀다는 진실을.
> 그리고 좀 더 나이에 걸맞은 행복한 영혼들이 보여주는
> 그런 내적 성숙함은 훨씬 덜 나타나고 있노라.

• 여기서 내적 성숙은 그 성숙함으로 이루어 놓은 어떤 성취나 업적을 말한다. 밀턴은 같은 나이에 많은 걸 이룬 사람들을 "나이에 더욱 걸맞게 옷을 갖춰 입은 행복한 영혼들"이라고 부른다. 그들이 옷 입고 있는(endue) 내적 성숙은 앞서 얘기한 그 나이에 꽃을 피운다는 비유로 연결되고, 그것은 곧 겉으로 드러나는 결과가 된다.

Lines 9-12

> Yet be it less or more, or soon or slow,
> It shall be still in strictest measure ev'n
> To that same lot, however mean or high,
> Toward which Time leads me, and the will of Heav'n:

• 이 시는 이탈리아 혹은 페트라르크카식 소네트로 처음 8행의 octave + 나머지 6행의 sestet로 나눠진다. 따라서 이 소네트는 1-8행에서 세월의 흐름과 스물셋 나이에도 별다른 성취를 이루지 못한 자신을 책망하다가, sestet에서 상황이 뒤집히면서 반전이 일어나고 결론이 나온다. 참고로 셰익스피어 소네트(Shakespearean sonnet)는 4행의 quatrain 3개 + 마지막 2행의 couplet으로 구성되고 마지막 2행에서 결론이 나온다.

• 9행의 yet은 반전을 이끄는 단어다. 처음에 시간은 젊음을 훔쳐 가는 날개 달린 "간교한 도적"이라고 한 것과 달리, 여기선 Time을 하늘의 뜻과 똑같은 역할을 하는 것으로 그린다. 또 인간의 성취는 크거나 작거나, 빠르거나 느리거나, 높거나 낮거나, 서로 비교할 수 없을 정도로 모두 같은 운명에 도달한다는 말로 자신을 위로한다.

• 이 문장의 골격만 쓰면, It shall be still even to that same lot. "그것은 여전히 같은 운명이 될 것이다." 여기서 It의 선행사는 무엇일까? It는 7행의 inward ripeness, "나이에 맞는 어떤 성취, 성숙함"이 되어야 가장 적절하다. 왜냐면 인간의 성취나 성숙은 좀 빠르든 느리든, 크든 작든, 어차피 모두 같은 운명에 이르게 될 것이기 때문이다.

• 모든 것은 덜하든지 더하든지, 빠르든지 느리든지, 미천하거나 높거나, 엄격한 잣대로 볼 때, 시간과 하늘의 뜻이 인도하는 그 똑같은 운명에 도달할 수밖에 없다는 밀턴의 신앙이다. 여기서 12행의 "시간"은 운명이라는 이교도적 개념이고 "하늘의 뜻"은 기독교적 개념이다. 밀턴은 여기서 서양 문화의 양대 기둥인 그리스 사상과 기독교 사상을 접목한다.

그러나 덜하거나 더하거나, 빠르거나 느리거나,
그것은 엄격한 의미에서 시간과 하늘의 뜻이
나를 인도하는 운명에 이르면 여전히 같아지리라,
아무리 미천하거나 고귀하다 할지라도.

Lines 13-14

All is, if I have grace to use it so,
As ever in my great Task-Master's eye.

• 13행 it의 선행사가 무엇인지 찾기가 쉽지 않다. 주어인 all을 말한다면, all은 그럼 무엇이고 all을 사용한다는 건 무슨 뜻일까? 시간을 사용한다는 개념에서 보면, 앞에 나온 Time을 가리킬 수도 있다. 어떤 의미든지 간에 all은 화자 개인이나 이 세상의 모든 일이 하나님(Task-Master)에게는 다 똑같게 된다는 의미가 된다.

• Task-Master가 어려운 임무를 주고 그것을 엄하게 감시하는 "감독"의 개념이라면, 밀턴은 하나님을 인간에게 사명이나 재능을 주고 그것을 지켜보는 존재로 여긴다. 그러면서도 감독인 하나님의 눈으로 보기에는 인간이 하는 모든 일은 시간과 능력의 차이는 있어도 결국은 같아진다는 말이다.

비록 내가 그걸 사용할 은총을 입는다 해도,
모든 것은 나의 위대한 감독의 눈에는 한결같으리.

• 이렇게 번역한다면, 그가 사용한다고 한 it는 하나님이 인간에게 준

사명이나 재능이 될 수 있다. 이것을 다음 시에 나오는 달란트 비유에 적용하면, 달란트를 적게 받든 많이 받든, 그것을 가지고 최선을 다해 사용하기만 하면 결과의 많고 적음과 관계없이 똑같이 잘했다고 칭찬받는 거와 같다. 왜냐면 모든 것은 인간이 성취하는 크기와 관계없이 하나님의 눈에 같다고 했기 때문이다.

마무리

이 시의 결론은 시간이 빨리 흘러 나이에 어울리는 성취를 당장 이루지 못한다고 할지라도, 인간이 할 수 있는 일이란 빠르거나 늦거나, 높거나 낮거나, 미천하거나 존귀하거나, 결국 하나님의 관점에서 보면 다 같은 것이고, 또 모든 것은 그의 뜻대로 이뤄진다는 하나님을 향한 전적인 의존의 선포다. 여기엔 또 인간의 행위(work)와 믿음(faith), 자유의지(free will)와 예정(predestination)이라는 서로 대립하는 기독교적 가치와 개념이 들어 있다. 가톨릭 신앙의 중요한 요소인 행위로써 뭔가를 성취하려고 했던 밀턴의 처음 의지는 청교도 신앙의 뿌리인 예정이라는 하나님의 절대적 주권 앞에 복종한다. 내 의지로 뭔가를 성취하려는 인간적 욕망은 하나님이 정하신 운명 앞에서 도토리 키 재기식 결과일 뿐임을 깨닫는다.

그러나 밀턴은 인간의 자유의지를 철저히 신봉한 사상가로서 소극적 관망자의 삶이 아니라, 온몸으로 헌신하는 적극적 참여자의 삶을 산다. 이 시는 그가 젊어서부터 가지고 있던 시인으로서의 야망, 서사시에 대한 욕망이 훗날 눈이 멀었음에도 성취되고 완성될 것을 내다본 예언적 메시지가 된다. 그가 개척한 운명은 결국 하나님의 뜻이었음을 이 소네트는 보여준다.

XIX

When I consider how my light is spent,
  Ere half my days, in this dark world and wide,
  And that one Talent which is death to hide
  Lodged with me useless, though my Soul more bent
To serve therewith my Maker, and present
  My true account, lest he returning chide;
  "Doth God exact day-labor, light denied?"
  I fondly ask. But patience, to prevent
That murmur, soon replies, "God doth not need
  Either man's work or his own gifts; who best
  Bear his mild yoke, they serve him best. His state
Is Kingly. Thousands at his bidding speed
  And post o'er Land and Ocean without rest:
  They also serve who only stand and wait."

*****

• 이 소네트는 "On His Blindness"라는 제목으로 많이 알려진 실명(失明)에 대한 밀턴의 명상이다. 처음엔 눈먼 것을 불평하지만, 마지막은 앞선 소네트처럼 모든 걸 하나님의 뜻에 맡기는 전적인 헌신으로 끝을 맺는다.

• 참고로 이 소네트의 많은 문장은 행의 끝에서 시작하여 그다음 행으로 연결된다. 예를 들면, though my soul more bent / To serve (4-5); and present / My true account (5-6); to prevent / That murmur (8-9); doth not need / Either man's work (9-10); who best / Bear his mild yoke (10-11); His state / Is kingly (11-12); speed / And post (12-13). 이것을 영어로 enjambment라고 하고 우리 말로는 "구(clause)에 걸치기," 즉 시의 한 문장이 다음 행으로 계속 이어진다는 뜻이다.

• 이런 이유로 이 시는 quatrain이나 sestet 혹은 couplet로 끊어서 분석할 수 없다. 짧은 행을 이해하고 나중에 연결하는 수밖에 없다. 번역은 행을 설명할 때 넣고 나중에 전체를 번역하기로 한다.

Lines 1-2

When I consider how my light is spent,
Ere half my days, in this dark world and wide,

• light, "빛"에는 소멸해가는 화자의 "삶, 수명"과 제목에서 알 수 있는 "시력"의 의미가 동시에 담겨 있다. light와 대조되는 dark는 당시 정치적, 종교적 혼란을 겪고 있던 어두운 시대상 + 육체적으로 실명하여 앞을 볼 수 없는 깜깜한 세상 두 가지를 모두 말한다.

• Ere는 시어로 before라는 뜻이다. spent는 빛이 "소진했다, 다 써버렸다." 시의 첫 부분은 모두 when에 붙은 종속절이고 주절은 한참 아래에 있다. 영어는 이렇게 수식에 또 수식이 붙는 방식으로 문장이 만들어진다. 이 시에서 when에 연결된 모든 구와 절이 끝나고, 나중에 나타나는 주절의 주어 + 동사를 찾는 것은 매우 어렵지만, 반드시 파악해야 하는 중요한 부분이다.

• "이 어둡고 넓은 세상에서 나의 날의 절반이 지나기도 전에 어떻게 나의 빛이 다 소진됐는지를 생각할 때에." "나의 날의 절반"은 촛불처럼 타들어 가는 인생을 비유하고, "나의 빛"이 소진됐다는 건 시력을 등잔불로 비유한 거다. 따라서 실명은 등잔불이 다 타서 꺼진 이미지로 나타난다. 이 시에서 빛은 "시력"에 대한 메타포로 계속 사용된다는 것을 기억해야 한다.

Lines 3-4

> And that one Talent which is death to hide
> Lodged with me useless, though my Soul more bent

• when에 붙은 종속절은 계속된다. that 이하는 1행 consider의 목적절이다. 문장을 다시 쓰면, 1) When I consider how my light is spent + when I consider that one Talent lodged with me useless. 여기서 lodged는 자동사로 "머물러 있다, 박혀 있다, 꽂혀 있다."

• that 이하를 독립된 문장으로 쓰면, One Talent lodged with me useless. "한 달란트가 내게 쓸모없이 머물러 있었다, 남아 있었다." 자신의 재능이 사용되지 않고 썩고 있다는 뜻이다. 그 사이의 which 관계대명사 절은 one Talent를 수식한다. "감추면 죽음인 한 달란트를."

• "그리고 감추면 죽음인 한 달란트가 내게 그대로 남아 사용되지 않고 있음을 생각할 때." 그럼 "감추면 죽음"이란 말은 무슨 뜻일까? 성경에 나오는 "달란트 비유"에서 답을 찾을 수 있다(마 25:14-30). 하나님은 모든 사람에게 각자의 능력대로 재능(달란트)을 주신다는 이야기다.

• 이 비유에서 주인은 세 명의 종에게 각각 다섯 개, 두 개, 한 개의 달란트를 주고 타국으로 먼 여행을 떠난다. 처음 두 종은 열심히 노력하여 받은 것만큼의 달란트를 더 남기고, 하나를 받은 종은 그것을 사용하지 않고 땅에 묻어둔다. 돌아온 주인은 달란트를 더 남긴 종들을 칭찬하고 주인의 잔치에 초대하지만, 아무 일도 하지 않은 세 번째 종에겐 크게 분노하여 그를 바깥 어두운 곳으로 내쫓는다. 밀턴은 자신에게 주어진 재능을 사용하지 않는다면 하나님의 진노를 피할 수 없고, 그것은 곧 죽음을 의미한다고 이야기한다.

• 4행 끝의 though 절은 5행으로 이어지고 여전히 when에 붙은 양보절이다. 여기서 화자는 자신의 진실한 속마음을 드러낸다. "비록 내 영혼은 ~에 더 기울어져 있지만, ~을 하고 싶은 마음은 더 크지만."

Lines 5-8

> To serve therewith my Maker, and present
> My true account, lest he returning chide;
> "Doth God exact day-labor, light denied?"
> I fondly ask. But patience, to prevent

• ~을 하고 싶은 마음은 to 부정사로 설명된다. 1) bent to serve my Maker: "나의 창조주를 섬기는 것." 2) bent to present my true account: "나의 진실한 결산 장부를 보여드리는 것." account는 달란트 비유에서처럼 열심히 일하여 이윤을 남긴 결과를 말한다. 재능을 사용하여 큰 이익을 남기고 싶은 마음은 더 굴뚝 같지만, 그러지 못하고 있음을 한탄한다. therewith는 "그것(한 가지 재능)을 가지고."

• when이 이끄는 종속절은 lest 절로 이어지면서 계속된다. lest 절은 앞선 행에서 많은 걸 남기고 싶어 한 이유이다. lest는 "~하면 안 되니까, ~을 두려워하여." lest he returning chide를 다시 쓰면, lest he chides when he returns. "그가 돌아왔을 때 꾸짖을까 두려워하여, 꾸짖지 않도록." 달란트 비유의 세 번째 종처럼 될까 두려워서. 여기까지가 모두 when에 붙은 종속절이다.

• 여기까지 의역하면, "내 인생의 절반도 지나기 전, 이 어둡고 넓은 세상에서 어떻게 나의 시력이 소진됐는지를 생각할 때에, 또 감추면 죽음인 한 달란트가 내게 사용되지 않고 남아있는 걸 생각할 때에, 비록 내 영혼은 그가 돌아와서 꾸짖지 않도록 나의 성실한 결산 장부를 더 보여드리고 싶지만은"

• 여기까지 밀턴은 시인의 소명과 실명이란 악조건을 연결하여 어떻게 할 수 없는 현실을 하나님께 호소하려는 의지를 내보인다. 그렇다면 그다음 나오는 문장의 주절은 불평으로 연결될 수밖에 없다. 그것이 바로 주절인 I fondly ask이고, ask의 목적절은 7행의 직접화법 문장이다. 여기서 fondly에는 두 가지 상반된 뜻이 들어있어서 잘못 해석하면 완전히 다른 내용이 된다. 1) "사랑스럽게, 다정하게, 귀엽게"; 2) "어리석게, 경솔하게, 분별없이."

• 둘 중 어떤 의미인지는 문맥을 통해 찾아야 한다. 7행에서 하나님을 향하여 외친 질문은 다정한 질문일 수가 없다. 내용을 보면, "하나님은 시력을 앗아가 놓고는 시를 쓰라고 하십니까?" 이것은 당돌하고 함부로 한 불평이다.

• 어떤 의미에서 밀턴이 7행에서 따지듯 던지는 질문은 굉장히 논리적이다. day와 light, 낮과 빛은 서로 떨어질 수 없는 불가분의 관계를 맺고 있다. day-labour는 밝은 낮에 하는 노동이고, light denied는 "빛이 거절된" 밤과 같은 상태를 말한다. 인간적인 관점에서 한낮에 할 수 있는 일을 밤에 하라고 한다면 이건 부당한 요구가 된다. 따라서 시력을 잃은 사람에게 시인의 재능을 사용하라는 요구는 불합리한 것이고, 따라서 밀턴의 불평은 논리적이고 타당해 보인다.

• 여기까지가 octave(8행)의 전개이고, 9행부터 sestet에서 반전이 일어난다. 이때 등장하는 Patience, "인내"는 밀턴의 마음속에 있는 의인화된 음성을 상징한다. "인내가 ~을 막기 위하여."

Lines 9-11

> That murmur, soon replies, "God doth not need
> Either man's work or his own gifts; who best
> Bear his mild yoke, they serve him best. His state

• to prevent의 목적어는 That murmur, "그런 불평," 동사는 replies. "그러나 인내는 그런 불평을 막기 위해 곧 대답합니다." 크리스천들은 이런 내면의 음성을 성령의 소리로 해석한다. 밀턴의 한쪽 마음은 실명이 된 자신의 처지를 불평하지만, 다른 쪽은 그런 불평을 막고 있음을 알 수 있다.

• 9행부터 마지막까지는 "인내"가 밀턴에게 하는 답변이다. "하나님에겐 인간의 수고나 그의 재능이 필요하지 않노라." 우리가 착각하는 것은 하나님은 마치 우리의 일을 필요로 하실 거라는 생각이다. 인간이 일하든

일하지 않든, 하나님의 존재는 그대로이고 그가 주관하시는 역사는 그의 섭리대로 흘러간다는 사실을 밀턴은 내면의 소리를 통해 듣기 시작한다.

• 내가 열심히 일해서 무슨 공을 세우면 하나님의 형편이 더 나아지리란 생각은 교만이다. 거기서 시작된 것이 기복 신앙이다. 믿음이 아니라, 행위로 하나님을 기쁘시게 하겠다는 잘못된 신앙이다. 기복신앙을 가진 자들은 세상에서의 성공과 실패를 가지고 사람을 판단하는 척도로 삼는 오류를 범한다.

• 이때 밀턴은 실명했다고 하나님을 원망하던 당당함과 교만함에서 깨어난다. 하나님은 밀턴의 재능, 아니 인간의 노력과 행위로 달라지는 존재가 아니라는 것. "인내"로 의인화된 내면의 음성은 밀턴에게 하나님의 때를 기다리라는 암시를 전달한다.

• 10행 끝에서 11행으로 이어지는 문장 역시 성경에 근거한 표현이다. 문장을 순서대로 다시 쓰면, they who bear his mild yoke best serve him best. "그의 가벼운 멍에를 가장 잘 지고 가는 사람이 그를 가장 잘 섬기는 사람이니라." "그의 가벼운 멍에"에서 his는 하나님을 가리키고, 이것은 예수님의 말씀에서 따온 표현이다. "이는 내 멍에는 쉽고 내 짐은 가벼움이라"(For My yoke is easy and My burden is light, 마 11:30). 인간에게 주어진 멍에는 하나님이 주신 것이란 개념이다.

• 밀턴에게 실명은 그가 짊어지고 가야 하는 멍에이고 고통이다. 그것을 주신 하나님께 불평할 게 아니라, 그 십자가를 겸손히 지고 가는 게 그를 더 잘 섬기는 것이란 놀라운 발견이다.

Lines 12-14

Is Kingly. Thousands at his bidding speed
And post o'er Land and Ocean without rest:
They also serve who only stand and wait."

• 11행의 state가 "사회적 지위나 계급"이라면, His state is Kingly는 "하나님의 위치는 왕과 같노라." 그다음은 그리스, 로마, 초대 교부 시대로부터 중세와 르네상스 시대에 이르기까지 중요한 철학적, 기독교적 사상으로 대립해온 "행동하는 삶과 명상하는 삶"(active life and contemplative life)의 비교다.

• 12-13행은 active life를 말한다. 하나님은 왕과 같아서 그가 명령하시면 수많은 사람이 행동하는 결과로 이어진다. at his bidding은 "그의 요청에 따라." 이 문장의 동사는 speed + post. post는 고어로 "급하게 달리다." "수많은 사람은 그의 요청에 땅과 바다를 넘어 쉬지 않고 달리고(speed) 또 달리나니(post)." 하나님이 명령만 하시면 온 세상은 움직인다는 그의 전능함을 표현한다.

• 이와 대비되는 것은 14행의 contemplative life이다. "단지 서서 기다리는 사람도 하나님을 섬기는 사람이리라." 재능을 가지고 열심히 일하는 것도 하나님을 섬기는 거지만, 그가 주신 십자가를 조용히 지고 가는 삶 역시 그를 잘 섬기는 것이란 깨달음이다. 가진 재능을 사용할 수 없도록 시력을 앗아간 일에 대해 당당하게 불평했지만, 인내의 음성은 그게 아니었다. 자기 몫의 멍에를 지고 잠잠히 서서 그의 뜻을 기다리는 것. 그것도 하나님을 섬기는 일이란 대반전이 일어난다.

• 이 소네트는 행(line)대로 번역하기가 어려운 구문이다. 의미도 끊어지고 연결도 매끄럽지 않은 어색한 문장이 된다. when에 붙는 긴 종속절과 거기에 삽입된 문장까지 연결하려면, 산문으로 풀어써야 이해할 수 있는 구문이다. 이 문제를 해결하기 위해서 아래 번역에서는 괄호를 이용했다. 괄호 다음에 "그때"를 추가하여 전체가 when의 종속절임을 상기시킨다.

> 이 어둡고 넓은 세상에서 나의 날이 절반도 지나기 전,
> 나의 빛이 어떻게 소진됐는지를 생각할 때,
> 그리고 감추면 죽음인 한 달란트가 내게 쓸모없이
> 묵혀있던 것을 생각할 때, (비록 내 영혼은 그것으로
> 나의 창조주를 섬기고 싶고, 또 그가 돌아와서 꾸짖지 않도록
> 나의 참된 장부를 보여드리고 싶지만,) 그때
> 나는 분별없이 질문합니다, "하나님은 낮의 노동을
> 요구하십니까, 빛을 거절하시고서는?" 그러나 인내가
> 그 불평을 막기 위해 곧 대답합니다, "하나님은 인간의 행위나
> 그의 재능이 필요하지 않도다. 그의 가벼운 멍에를
> 잘 지는 자들, 그들이 그를 잘 섬기는 것이라. 그는
> 왕이시라, 수천 명이 그의 요청에
> 땅과 바다를 넘어 쉬지 않고 속도 내어 달려오나니.
> 단지 서서 기다리는 자들도 (그를) 섬기는 것이라."

마무리

이 시는 자기에게 주어진 재능을 발휘하고자 하는 간절한 소망과 실명이라는 역경 사이에서 갈등하는 시인의 모습을 담고 있다. 결론은 하나님의 하나님 되심으로 끝을 맺는다. 그는 인간의 수고 없이도 스스로 존재하고 세상을 다스리는 전능한 존재임을 증명한다. 내가 뭘 행함으로써 하나님 앞에 정당하게 설 수 있다는 교만으로부터 그가 주시는 고통을 감사히 받고 그의 가벼운 멍에를 지고 가는 것, 그의 뜻이 무엇인지 잠잠히 서서 기다리는 겸손으로 바뀌는 과정이 잘 드러난다. 극심한 실명의 고통을 하나님의 은혜로 받아들이는 밀턴의 놀라운 신앙고백이 아닐 수 없다. 이런 신앙적 성숙을 경험한 밀턴은 끝내 위대한 대서사시 『실낙원』을 완성하고 시인으로서의 소명에 응답하는 귀중한 삶을 살아낸다.

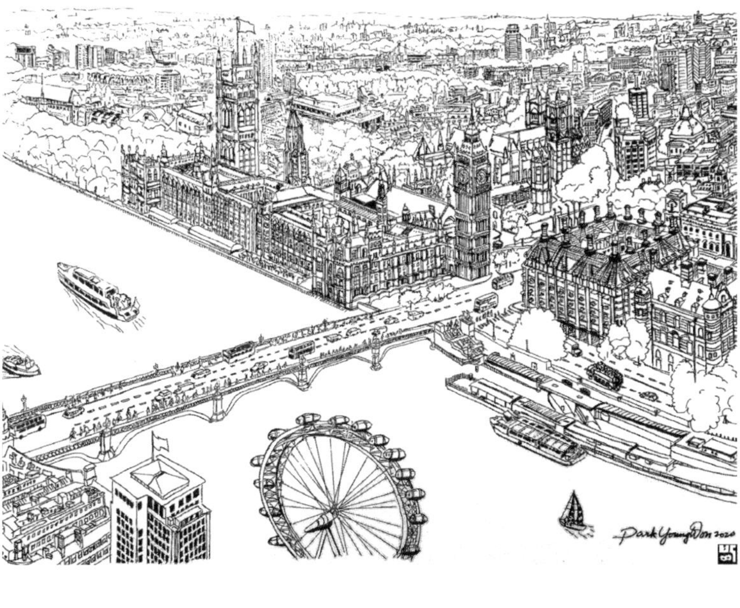

from *Paradise Lost*

서사시의 특징

C. S. 루이스(Lewis)에 따르면, 서사시(epic)에는 두 종류가 있다. 첫째는 오랫동안 구전돼 오다가 후대에 기록으로 남은 primary epic, 즉 최초의 원시적 서사시이고, 둘째는 secondary epic, 즉 원시적 서사시를 모방한 이차적 서사시로 전설이나 역사, 신화나 설화 등에 시적 기교를 더하여 완성한 창작물을 말한다. primary epic에 속하는 작품은 고대 근동 지방의 『길가메시』(*Gilgamesh*) 전설(기원전 3000년), 그리스의 호메로스(Homer)가 쓴 『일리아드』(*Iliad*)와 『오디세이』(*Odyssey*) (기원전 1000년), 영국의 『베오울프』(*Beowulf*) (기원후 975-1025년) 정도다. secondary epic에는 로마 시대 베르길리우스(Virgil)의 『아에네이드』(*Aeneid*), 단테(Dante)의 『신곡』(*The Divine Comedy*), 에드먼드 스펜서(Edmund Spenser)의 『요정 여왕』(*The Faerie Queene*), 타소(Tasso)의 『예루살렘 해방』(*Jerusalem Delivered*) 등이 있고, 지금 우리가 분석하려는 밀턴의 『실낙원』(*Paradise Lost*)도 여기에 해당한다.

따라서 secondary epic에는 시인들이 만든 몇 가지 공통된 형식이 있다. 이런 요소가 포함된 작품을 우리는 서사시라고 부른다.

서사시의 특징

1) 주인공은 뛰어난 인물(man)이면서 영웅(hero)
2) 배경은 국가적 혹은 우주적으로 거대하고
3) 대단한 용맹과 액션이 요구되고
4) 초자연적 존재인 신, 천사, 악마의 힘이 작용하고
5) 문체는 웅장한 운문(verse)이고
6) 시의 여신(Muse)에게 영감을 구하면서 시작하고
7) 작품은 사건의 중간에서부터(*in medias res* or into the middle of things) 전개되고
8) 긴 족보나 참전하는 군대의 리스트(catalogue)가 나열되고
9) 서사시적 비유(epic simile)가 많이 나오고
10) 영국 시의 경우 약강 5보격(iambic pentameter)의 무운 시(blank verse)로 기록된다.

위 항목 중 몇 가지는 본문에서 부연 설명할 기회가 있고 나머지는 이 책의 목적상 생략한다. 여기서는『실낙원』의 지극히 작은 부분만 다룬다. 그것을 자세히 분석하고 설명한 내용을 표본으로 삼아, 영국의 대문호가 그린 천지창조와 인간의 타락, 아들(Son)을 통한 구원이라는 인류 역사를 꿰뚫는 방대한 서사시를 가늠해보는 것은 독자의 몫이다. 일단 시급한 과제는 밀턴의 스타일을 직접 경험하고 복잡한 구문을 파악하는 일이다. 그다음 그의 상상력으로 덧붙여진 성경 이야기 속에서 우리의 영적 정체성을 깨닫고, 우리는 왜 이 자리에 와있는지를 아는 지식에 도달하는 일이다. 이런 의미에서 밀턴은 같은 종교시를 썼음에도 단과 허버트, 또 이후에 나오는 시인들과 구별되는, 시인이면서 예언자, 신학자면서 사상가임을 알 수 있다. 17세기 영국 시의 다양성과 영문학의 진수를 체험하기에 더없이 좋은 작품이 아닐 수 없다.

Book I

OF Man's First Disobedience, and the Fruit
Of that Forbidden Tree, whose mortal tast
Brought Death into the World, and all our woe,
With loss of *Eden*, till one greater Man
Restore us, and regain the blissful Seat,
Sing Heav'nly Muse, that on the secret top
Of *Oreb*, or of *Sinai*, didst inspire
That Shepherd, who first taught the chosen Seed,
In the Beginning how the Heav'ns and Earth
Rose out of *Chaos*: or if *Sion* Hill
Delight thee more, and *Siloa's* brook that flow'd
Fast by the Oracle of God; I thence
Invoke thy aid to my advent'rous Song,
That with no middle flight intends to soar
Above th' *Aonian* Mount, while it pursues
Things unattempted yet in Prose or Rhyme.
And chiefly Thou, O Spirit, that dost prefer
Before all Temples th' upright heart and pure,
Instruct me, for Thou know'st; Thou from the first
Wast present, and with mighty wings outspread
Dove-like satst brooding on the vast Abyss
And mad'st it pregnant: What in me is dark
Illumine, what is low raise and support;
That to the highth of this great Argument
I may assert Eternal Providence,
And justify the ways of God to men.

*****

Lines 1-5

Of Man's First Disobedience, and the Fruit
Of that Forbidden Tree, whose mortal taste
Brought Death into the World, and all our woe,
With loss of *Eden*, till one greater Man
Restore us, and regain the blissful Seat,

• 첫 부분은 위의 서사시 특징 중 6번에 해당하는 Muse에게 영감을 구하는 내용이다. 문제는 16행까지 계속되는 첫 문장에서 주절을 찾는 일이다. 또 문장의 종류를 아는 것이다. 전치사 of로 시작하는 구문에서 주어, 동사가 바로 나오기는 힘들다. 여기서 of는 "~에 관하여"라는 about의 의미이다. 그렇다면 그것에 관하여 무얼 어떻게 하라는 것일까? 어떻게 하라는 주절은 6행에서 시작한다.

• of 구문은 4행의 till 전까지 하나로 묶인다. "인간 최초의 불순종과 금지된 나무의 열매에 관하여." 그다음 whose 관계대명사 소유격으로 앞선 "열매"를 수식한다. "그 치명적인 맛이 세상에 죽음과 우리의 모든 고통을 가져다준 (그 금지된 나무의 열매에 관하여)." 그리고 with가 붙어 부대 상황이 추가된다. "에덴의 상실과 함께."

• 에덴의 상실, 죽음과 고통이 언제까지 계속될지는 till 문장이 시간을 정해준다. "더 위대한 한 사람이 우리를 회복하고 축복의 자리를 다시 찾아줄 때까지." 이걸 전체적으로 연결하면, "인간 최초의 불순종에 관하여, 그리고 더 위대한 한 사람이 우리를 회복하고 축복의 자리를 다

시 찾아줄 때까지 그 치명적인 맛이 에덴의 상실과 함께 죽음과 우리의 모든 고통을 이 세상에 가져다준 그 금지된 나무의 열매에 관하여." 주요 골격은 밑줄 친 말이고 나머지는 열매가 무엇을 했으며 그래서 상실된 에덴은 언제 회복될 건지 등이 삽입된 수식이다. 영어는 이렇게 명사 뒤에 관계대명사나 분사를 연결하여 수식하는 방식으로 문장을 만드는 언어다. 좋은 예는 다음에 나오는 앤드루 마벨의 "On a Drop of Dew" 해설을 참조.

Lines 6-8

> Sing Heav'nly Muse, that on the secret top
> Of *Oreb*, or of *Sinai*, didst inspire
> That Shepherd, who first taught the chosen Seed,

• 그 불순종과 금단의 열매에 관하여 ~을 하라는 것이 6행의 첫 단어인 Sing, 즉 "노래하라"이다. 따라서 첫 문장의 종류는 명령문임을 알 수 있다. Heavenly Muse는 명령을 받는 대상의 이름을 부른 거다. "노래하라, 하늘의 뮤즈여." Sing of로 연결되어 "~에 관하여 노래하라." 나머지는 앞서 설명한 1-5행까지의 긴 서술이다. 첫 문장을 순서대로 쓰면, Sing Heavenly Muse, of Man's First Disobedience and the Fruit of that Forbidden Tree. "노래하라, 하늘의 뮤즈여, 인간 최초의 타락과 그 금지된 나무의 열매에 관하여." 같은 형식으로 예문을 만들면, Think, my dear students, of your first day at school. "친애하는 학생 여러분, 여러분이 이 학교에 처음 왔던 그 날을 생각해보십시오." 전치사 of는 about으로 대신할 수 있다.

• Heavenly Muse 다음도 역시 줄줄이 연결된 수식이고 부연설명이다. 6행의 관계대명사 that의 선행사는 Heavenly Muse(주어) + did inspire(동사) + That Shepherd(목적어). "그 목자에게 영감을 준 하늘의 뮤즈여." 그 사이의 on the secret top of *Oreb*, or of *Sinai*는 그 목자에게 영감을 준 장소를 말한다. "호렙산 혹은 시내산 신비로운 꼭대기에서."

• 그다음 8행의 관계대명사 who의 선행사는 That Shepherd(주어) + first taught(동사) + the chosen Seed(목적어). seed는 고어로 offspring, progeny, "자손, 후손"이란 뜻으로 여기서는 chosen이 붙어 성경에서 말하는 선택된 이스라엘 백성을 가리킨다. 목자가 누구냐면, "선택된 백성에게 처음으로 ~을 가르쳐준 목자."

Lines 9-12

In the Beginning how the Heav'ns and Earth
Rose out of *Chaos*: or if *Sion* Hill
Delight thee more, and *Siloa's* brook that flow'd
Fast by the Oracle of God; I thence

• 9-10행은 목자가 무엇을 가르쳤는지를 말하는 taught의 목적절이다. "선택된 백성에게 태초에 하늘과 땅이 혼돈에서 어떻게 일어났는지, 창조되었는지를 처음 가르쳐주었던 / 그 목자 / 그에게 호렙산 혹은 시내산의 신비로운 꼭대기에서 영감을 주었던 / 하늘의 뮤즈여 / 노래하라, Of 이후 앞서 설명한 내용에 대하여."

• 여기서 목자는 구약성경의 첫 권인 창세기(Genesis)에서 천지창조를 기록한 모세를 가리킨다는 걸 알 수 있다. 밀턴은 모세가 천지창조를

기록할 수 있었던 건 성령의 영감을 받았기 때문이라고 믿고,『실낙원』을 시작하면서 바로 같은 영감을 달라는 기도(invocation)를 하고 있다. 겉으론 그리스 신화의 Muse를 부르지만, 사실은 성경을 기록하는데 영감을 준 성령을 지칭한다. 이 작품은 이렇게 헬레니즘, 헤브라이즘, 기독교라는 서양 문화의 토대 위에 세워졌지만, 결국은 그리스 신화가 아닌 성경만이 진리임을 드러낸다.

• 그다음 if 절은 앞선 문장과 문법적으로 연결하기에 어려운 점이 있다. 굳이 대조하자면, 앞에서 구약의 모세와 지명을 언급한 것과 균형을 맞추기 위해 신약의 예수와 당시 지명을 썼다고 해석할 수 있다. 모세에게 영감을 준 성령의 영감을 구한 다음, 10행에서 or "그게 아니면" 하면서 신약시대 예수가 거닐던 "시온의 언덕"과 그가 시각장애인의 눈을 뜨게 한 "실로암 연못"이 그대(성령)를 더 기쁘게 한다면, 나는 그 영감을 마찬가지로 구한다는 간절한 소망의 피력이다.

• 원대한 서사시를 시작하면서 구약과 신약을 모두 아우르는 기도가 아닐 수 없다. "아니면 만약 시온의 언덕과 하나님의 신탁 가까이 흐르던 실로암의 연못이 그대(성령)를 더 기쁘게 한다면," 나는 그때 활약한 성령의 도움을 구한다, 그 성령이 노래하기를 기도한다. "하나님의 신탁"은 예루살렘 성전이면서 동시에 예수를 지칭하는 말일 수 있다.

Lines 13-16

> Invoke thy aid to my advent'rous Song,
> That with no middle flight intends to soar
> Above th' *Aonian* Mount, while it pursues
> Things unattempted yet in Prose or Rhyme.

• 밀턴은 자신의 시를 "모험적인 노래"라고 부른다. 그만큼 상상력으로 채워야 할 부분이 많다는 뜻이다. 그것을 위해 "그러므로 당신(성령)의 도움을 간청합니다." 그다음은 또 계속되는 수식이다. Aonian Mount는 그리스 신화의 뮤즈들이 거하는 헬리콘산 기슭이고 시인들에게 영감을 주는 근원지로 알려진 곳이다.

• with no middle flight는 "중간을 비행하는 것 없이, 중간 정도를 나는 게 아니라." 자신의 시가 그리스의 산 중턱이 아니라, 그것을 뛰어넘어 더 높이 날고 싶다는 말은 인간의 상상력으로 지어낸 그리스 신화보다 더 역사적 진실인 성경의 진리를 담겠다는 뜻이다. 그래서 뮤즈의 영감이 아니라 성령의 영감을 구하고 있다. 밀턴은 그리스 신화는 비교 대상일 뿐 성경만이 진리임을 강조한다.

• while이 이끄는 문장 역시 삽입된 절이다. "이것이 산문이나 운문에서 시도된 적이 없는 것들을 추구하는 동안." 이건 앞에서 표현한 adventʼrous Song과 연결된다. 지금까지 시나 산문에서 시도된 적이 없는 인간의 타락과 에덴의 상실이란 주제를 가지고 엄청난 모험의 노래를 완성하려는 밀턴의 의지가 드러난다. 여기까지가 이 작품의 첫 문장이다.

Lines 17-18

And chiefly Thou, O Spirit, that dost prefer
Before all Temples thʼ upright heart and pure,

• 그리곤 이제 자신이 구하는 영감은 그리스 신화의 뮤즈가 아니고 성경의 성령임을 구체적으로 밝힌다. 다른 신이 아니라, "바로 당신, 오 성령이여." 다음에 이를 수식하는 that 이하의 관계대명사 문장이 뒤따른다. 동사 prefer는 "A보다 B를 좋아한다"고 할 때 전치사 to를 쓴다. 예) People prefer coffee to tea. "사람들은 차보다 커피를 더 좋아한다." 그런데 여기선 to 대신 before를 썼다.

• 순서대로 다시 쓰면, O, Spirit, that does prefer the upright and pure heart before (to) all temples. "모든 성전보다 정직하고 순결한 마음을 더 좋아하시는 오, 성령이여." upright heart는 시편에서 "정직한 마음"으로 번역된 표현이다(119:7).

• 성전(temple)이 양을 잡아 제사하는 공간이라면, 이 문장에 나오는 비교의 대상인 정직한 마음과 성전은 또 다른 성경 구절에서 찾을 수 있다. "순종이 제사보다 낫고 듣는 것이 숫양의 기름보다 나으니"(삼상 15:22). 성령은 정직하지 않고 불순종하는 마음으로 살진 송아지를 바치는 제사보다, 정직하고 순종하는 우리의 심령을 더 좋아한다는 것을 말한다.

Lines 19-22

Instruct me, for Thou know'st; Thou from the first
Wast present, and with mighty wings outspread
Dove-like satst brooding on the vast Abyss
And mad'st it pregnant: What in me is dark

• 성령을 부른 뒤, 다시 두 번째 명령문을 만든다. "가르쳐주십시오, 당신은 알고 있잖아요." 그다음 성령이 천지창조에 관하여 알고 있는 이유를 나열한다. "당신은 처음부터 존재했습니다." 19행의 주어 Thou에 따른 동사는 1) know (알고 있다); 2) was present (존재했다); 3) sat (앉아있다); 4) made (만들었다). 20-21행은 창세기의 기록을 다시 쓴 것이다. "하나님의 영은 수면 위에 운행하시니라"(And the Spirit of God moved upon the face of the waters, 1:2).

• 밀턴은 성령을 거대한 날개를 펼친 비둘기(dove-like)로 묘사하고, 창조 이전의 혼돈(chaos)을 의미하는 "거대한 심연"(the vast Abyss)을 여성의 자궁으로 은유한다. 그는 "수면 위에 운행하다"는 히브리 원어가 바로 brooding, "새가 알을 품고 있다"란 뜻임을 알고, 하나님의 신(성령)은 여자의 자궁과 같은 심연(카오스, 혼돈)을 품어 임신시키고 천지를 탄생시켰다는 놀라운 이미지를 만들어낸다.

• 밀턴은 천지창조를 비롯하여 천사의 타락과 인간의 타락을 이야기하려는 자신의 엄청난 과업을 앞에 두고 이 모든 과정에 관여했던 성령을 불러 그때의 이야기를 가르쳐달라는 두 번째 명령문을 만든다.

Lines 23-26

Illumine, what is low raise and support;
That to the highth of this great Argument
I may assert Eternal Providence,
And justify the ways of God to men.

• 23행의 Illumine은 illuminate이고 세 번째 명령이다. "밝혀주십시오." 그런데 목적어가 되는 22행 끝의 What in me is dark는 하나의 독립된 문장이다. "내 안에 있는 것은 어둡습니다." 따라서 Illumine은 어두운 것을 "밝게 비춰달라"는 말로 이해하면 된다.

• 23행의 raise and support는 네 번째 명령이고 what is low는 그 목적어다. "낮은 것을 높여주시고 떠받쳐주소서." 24행 That 앞에는 역시 so를 넣어야 한다. "그래서 ~하도록." highth는 height이고 to the highth of this great Argument는 "이 시가 추구하는 위대한 주제와 명분의 최정점에 이르기까지, 주제와 명분에 딱 맞도록."

• so that 문장의 주어와 동사는 25-26행에 있고, 여기에 『실낙원』의 가장 중요한 주제와 목적이 밝혀진다. Providence는 하나님이 세상을 운영하시는 "섭리"를 말한다. "내 안의 어두운 것을 밝히시고 낮은 것을 높이고 떠받쳐주소서. 그리하여 이 위대한 주제와 명분에 딱 맞게 내가 영원한 하나님의 섭리를 주장하고 인류를 향한 하나님의 뜻이 정당함을 증명할 수 있도록."

마무리

Providence, "하나님의 섭리"는 그가 세상을 경영하는 방식을 의미한다. 인간의 역사를 인도하고 관여하고 주관하는 과정이다. 인간의 관점에서는 실패로 보이지만 나중엔 성공으로 드러나고, 혹은 그 반대의 현상이 벌어지는 모든 배후에는 하나님의 섭리가 작용한다. 또 "인간을 향한 하나님의 뜻을 정당화한다는 것"은 신정론(神正論, theodicy)이다. 악은 언제나 존재하지만, 하나님은 아담의 타락과 낙원의 상실을 예수그리스도의 구원으로 역전시킴으로써 그가 하시는 일의 결국은 언제나 옳은 데로 진행된다는 기독교적 세계관을 의미한다.

제1권을 시작하면서 성령의 영감을 간구하고, 작품의 목적을 선포한 1-26행까지를 Proem 혹은 "서문"이라고 한다. 그다음부터 사건이 전개되는데, 위에 열거한 서사시의 특징 중 7번 *in medias res*에 해당하는 "사건의 중간부터" 시작하는 원칙이 여기에 적용된다. 이것을 쉽게 설명하면, 1-10번의 사건이 벌어졌다고 가정할 때, 서사시는 나중에 벌어진 4번이나 5번 사건부터 시작한다는 말이다. 『실낙원』에서는 사탄이 하늘에서 전쟁을 일으킨 다음 대패하여 그와 함께 타락한 졸개 천사 삼분지 일과 함께 지옥에 떨어진 상태에서 시작한다. 시간상으로 먼저 벌어진 하늘의 전쟁은 나중에 제5-6권에 등장한다.

Book X

Forsake me not thus, *Adam,* witness Heav'n
What love sincere, and reverence in my heart
I bear thee, and unweeting have offended,
Unhappily deceiv'd! Thy suppliant
I beg, and clasp thy knees; bereave me not,
Whereon I live, thy gentle looks, thy aid,
Thy counsel in this uttermost distress,
My only strength and stay: Forlorn of thee,
Whither shall I betake me, where subsist?
While yet we live, scarce one short hour perhaps,
Between us two let there be peace; both joining,
As join'd in injuries, one enmity
Against a foe by doom express assign'd us,
That cruel Serpent: On me exercise not
Thy hatred for this misery befall'n;
On me already lost, me than thyself
More miserable! Both have sin'd; but thou
Against God only; I against God and thee;
And to the place of judgment will return,
There with my cries importune Heaven; that all
The sentence, from thy head remov'd, may light
On me, sole cause to thee of all this woe;
Me, me only, just object of his ire!
She ended weeping; and her lowly plight,
Immoveable, till peace obtain'd from fault
Acknowledged and deplor'd, in *Adam* wrought
Commiseration; soon his heart relented
Towards her, his life so late, and sole delight,
Now at his feet submissive in distress;

Creature so fair his reconcilement seeking,
His counsel, whom she had displeas'd, his aid:
As one disarm'd, his anger all he lost,
And thus with peaceful words uprais'd her soon.

*****

Lines 914-17

Forsake me not thus, *Adam,* witness Heav'n
What love sincere, and reverence in my heart
I bear thee, and unweeting have offended,
Unhappily deceiv'd! Thy suppliant

• 두 번째 에피소드는 아담과 이브가 타락한 후 제10권에서 벌어지는 일이다. 제9권에서 타락한 두 사람은 처음에 술 취한 것처럼 정신이 몽롱해지고, 그다음엔 욕정에 사로잡혀 타락 후 최초의 섹스를 즐긴다. 그 후 정신없이 잠을 자고 깨어난 인류 최초의 부부는 타락한 현실을 직시하고 서로에게 비난의 화살을 돌리면서 거친 싸움을 시작한다. 두 사람의 관계가 파국에 이르기 직전, 이 상황을 먼저 수습하는 사람은 여자인 이브다. 우리가 읽으려고 하는 부분은 이브가 아담에게 잘못을 고백하고 용서를 구하는 장면이다.

• 이 문장도 명령문이다. "그렇게 나를 버리지 말아 주세요, 아담." 그 다음 witness Heaven을 직역하면, "하늘이여 증인이 되어 주소서"인데, 감탄사로 "하늘이여 굽어살펴주소서"라고 번역한다. 하늘이 나의 진심을 알아주는 증인이라는 뜻이고, 다음은 하늘이 다 알고 있는 내용을

말한다. "내 마음이 당신을 향한 얼마나 진실한 사랑과 존경심을 간직하고 있는지를, 그리고 나도 모르게 죄를 범했고, 불행하게 속임 당했는지를!" 이를 하늘은 알고 있다는 말이다.

• unweeting은 unwitting의 옛 철자이고 형용사지만, 여기선 부사로 쓰였다. "나도 모르게." have offended는 종교적으로 "죄를 범했다." 즉, 속임 당하여 나도 모르게 죄를 범했다는 것은 뱀의 유혹에 빠져 선악과를 따먹은 행위를 말한다. 917행 마지막 부분의 Thy suppliant는 문장이 다음 행으로 이어지는 enjambment이다. "당신의 애원자인, 당신에게 애원하는." suppliant는 supplicant의 다른 철자로 "애원하는 사람, 탄원자"라는 뜻이다.

Lines 918-22

> I beg, and clasp thy knees; bereave me not,
> Whereon I live, thy gentle looks, thy aid,
> Thy counsel in this uttermost distress,
> My only strength and stay: Forlorn of thee,
> Whither shall I betake me, where subsist?

• 917-18행을 잘못 해석하면, "나는 당신의 애원을 구합니다"라고 할 수 있다. 지금 남편의 용서를 구하는 상황에서 이브가 남편의 애원이나 간청을 바란다는 말은 앞뒤가 안 맞는다. 따라서 917행의 Thy suppliant는 이브 자신을 가리키는 말로 이해해야 한다. "당신의 탄원자로서, 당신에게 애원하는 사람으로서, 당신의 무릎을 붙잡고 간절히 구합니다." 그리고 간절히 구하는 내용은 그다음 문장이다.

• 밀턴의 어려운 점은 구문이다. 919행의 Whereon I live는 I live on + 명사, "명사에 의존하여 산다"는 말을 관계부사인 whereon을 먼저 쓰고 의존하는 명사는 그다음에 나열한 특이한 구문이다. 명사에 의존하여 살기 때문이라는 이유로 받아들이면 된다. 다시 쓰면, Bereave me not (because) I live on your gentle looks, your aid, your counsel in this uttermost distress. "나를 버리지 말아 주세요, 이 극심한 불행 속에는 나는 당신의 부드러운 얼굴과 당신의 도움과 당신의 조언을 의지하고 살기 때문입니다."

• 그다음은 You are가 생략된 문장이다. "(당신은) 나의 유일한 힘이고 버팀목." 다음은 분사구문으로 시작한다. "If I am forlorn of you, where shall I betake me, where shall I subsist?. "당신에게 버림받으면, 내가 갈 곳이 어디며 어디서 목숨을 부지하리까?"

Lines 923-28

While yet we live, scarce one short hour perhaps,
Between us two let there be peace; both joining,
As join'd in injuries, one enmity
Against a foe by doom express assign'd us,
That cruel Serpent: On me exercise not
Thy hatred for this misery befall'n;

• 이 문장의 주요 골격은 924행의 let there be peace between us two. "우리 둘 사이에 평화가 있게 하소서." 나머지는 전부 수식이다. while이 이끄는 절에서 scarce one short hour perhaps는 "어쩌면 짧은 한 시간이 안 되는 동안일지라도"란 뜻이다. 선악과를 먹으면 "반드시 죽으리라"

라고 한 하나님의 말씀을 기억한 이브는 그 죽음의 때가 언제 닥칠지 모르기 때문에 살아있는 시간이 한 시간이 안 된다고 해도 화해하자는 말이다. 전체를 의역하면, "어쩌면 한 시간이 채 안 되는 짧은 시간을 살더라도 우리 서로 화해합시다."

• both 이후는 서로 화해한 상태를 분사구문으로 수식한다. by doom express assigned us라는 말에서 이브는 자신을 유혹한 뱀을 마치 그들을 파멸하기 위해 신속하게 운명적으로(by doom express) 배정된, 역할이 주어진(assigned) 원수(foe)로 생각하고 있음을 알 수 있다. 924-26행을 순서대로 다시 쓰면, (with) both joining one enmity (as joined in injuries) against a foe, that cruel Serpent, assigned us by express doom. "우리 둘은 (상처도 같이 입은 것처럼) 신속한 파멸을 위해 우리에게 찾아온 저 사악한 뱀, 원수에 대항하여 같은 원한을 품으면서 (우리 둘 사이에는 평화가 있게 합시다)."

• 그러면서 명령문은 계속된다. "(우리에게) 닥친 이 불행 때문에 당신의 증오를 내게 쏟지 마소서." 이브는 이미 타락하여 비참해진 상황에서 그들의 원수인 사탄을 대항하기 위해 힘을 합쳐도 부족한데, 두 사람 사이의 계속된 분열과 증오는 좋을 게 없다는 논리를 편다.

Lines 929-31

On me already lost, me than thyself
More miserable! Both have sin'd; but thou
Against God only; I against God and thee;

• 이브는 증오심을 자기에게 쏟지 말라는 말을 반복하면서 자신의 상태를 설명한다. "이미 타락한 나에게, 당신보다 더 비참한 나에게! 우리 둘 다 죄를 지었지만, 당신은 하나님에게만 지었고, 나는 하나님과 당신에게 지었으니."

Lines 932-36

> And to the place of judgment will return,
> There with my cries importune Heaven; that all
> The sentence, from thy head remov'd, may light
> On me, sole cause to thee of all this woe;
> Me, me only, just object of his ire!

• 위 문장의 주어는 생략된 이브 "I"이고 동사는 1) will return + 2) importune, "간청하다." 순서대로 다시 쓰면, And I will return to the place of judgment, (and) there importune Heaven with my cries that all the sentence removed from your head may light on me, (the) sole cause of all this woe to you, (light) on me only, (the) just object of his ire!

• 여기서 "심판의 자리"에 간다는 것은 하나님 앞에 나아간다는 말이다. "나는 심판의 자리로 돌아가 거기서 울면서 하늘에 간청할 것입니다, 당신의 머리에 내려진 모든 선고가 취하되어 내게 다 내려지도록, 당신에게 닥친 이 모든 고통의 유일한 원인인 내게만, 하나님의 진노의 유일한 대상인 오직 내게만!"

Lines 937-40

She ended weeping; and her lowly plight,
Immoveable, till peace obtain'd from fault
Acknowledged and deplor'd, in Adam wrought
Commiseration: Soon his heart relented

• 이브는 이렇게 울면서 아담에게 호소한다. 울음을 그친 다음 문장에서 주어, 동사를 찾기 또한 쉽지 않다. 골격만 쓰면, Her lowly plight wrought commiseration in Adam이다. "그녀의 겸손한, 낮은 자세는 아담의 마음속에서 연민을 일으켰다." 나머지는 "낮은 자세"를 수식하는 말이다. "움직일 생각을 안 하는." 언제까지? till 이하가 될 때까지. till 문장을 다시 쓰면, immovable till peace would be obtained from fault (which had been) acknowledged and deplored. "인정하고 뉘우친 잘못으로부터 화해가 이뤄질 때까지 움직일 기미를 보이지 않는 그녀의 낮은 자세."

• 940행은 "곧 그의 마음은 누그러진다 ~"

Lines 941-42

Towards her, his life so late, and sole delight,
Now at his feet submissive in distress;

• "~ 그녀를 향하여." 그다음은 이브에 대한 아담의 생각이다. his life so late, and sole delight는 그 앞의 her를 동격으로 부연 설명하는 구절이다. "바로 최근까지 그의 생명이었고 유일한 기쁨이었던 그녀, 지금 그의 발에 엎드려 불행(고통) 속에서 모든 걸 내려놓고 있는 그녀를 향하여."

• 여기서 submissive를 "복종하는" 자세로 번역하면 여자를 남자에게 심하게 종속시키는 느낌을 준다. 자존심을 버리면서까지 가정의 평화를 위하여 남편에게 용서를 구하는 넓은 마음을 가진 아내의 모습으로 해석해야 한다. 세상은 이렇게 자신을 희생하는 여자들에 의해 움직인다는 사실을 밀턴은 분명히 보여주고 있다.

Lines 943-44

> Creature so fair his reconcilement seeking,
> His counsel, whom she had displeas'd, his aid:

• 계속해서 이브를 묘사하는 아담의 표현이다. 이 부분을 다시 쓰면, Creature so fair seeking his reconcilement, his counsel, and his aid, whom she had displeased. 밀턴은 이렇게 seeking의 목적어 세 개를 뒤죽박죽으로 놓았다. 분명 iambic pentameter에 맞추기 위한 선택일 것이다.

• 여기서 whom she had displeased는 삽입된 문장이고, 아담을 선행사로 하는 목적격 관계대명사 절이다. 선행사 Adam은 없지만, 이브가 이전에 기분 나쁘게 한 사람이므로 아담을 수식하는 절이다. 또 had displeased 과거완료 시제를 쓴 것은 타락하기 이전 남편의 말을 안 듣고 나갔다가 뱀의 유혹을 받은 대과거 상황을 말하고 있다. "전엔 그를 불쾌하게 만들었던, 지금은 그의 화해와 충고와 도움을 구하고 있는 이렇게 아름다운 존재."

Lines 945-46

As one disarm'd, his anger all he lost,
And thus with peaceful words uprais'd her soon.

• 이 문장을 다시 쓰면, Like a person who was disarmed, he lost all his anger, and thus upraised her soon with peaceful words. "마치 무장해제된 사람처럼, 그는 모든 분노를 버리고 평화로운 말로 그녀를 곧 일으켜 세운다." 그다음은 아담의 긴 화해의 대화로 이어진다.

마무리

이브의 대사는 상황이 점점 더 험악해지는 순간 등장하여 국면을 전환하는 매우 중요한 내용이다. 밀턴의 위대한 점은 세상을 바꾸는 역할을 여자에게 맡긴 그의 통찰력에 있다. 또 세상이 돌아가는 패턴을 정확하게 읽었다는 의미에서 밀턴 문학의 보편성과 불멸성을 찾을 수 있다. 그는 소위 페미니스트의 공격을 많이 받지만, 사실은 남자와 여자의 본질을 정확히 알고 각자에게 맞는 역할을 준 것뿐이다.

같은 관점에서 성경 역시 창조의 원칙에 맞는 남자와 여자의 역할을 언급할 뿐, 남녀를 성차별의 대상으로 여기지 않는다. 물론 남자들에 의해 남성 중심적으로 기록된 점은 무시할 수 없는 사실이다. 이브가 자신을 버리고 복종적으로 아담에게 용서를 구했다면, 그것은 남성의 편협함을 뛰어넘는 여성의 관대함과 우아함으로 이해해야 한다. 그리고 이런 일들은 지금 이 시대에도 일상적으로 벌어지는 보편적 현상이라는 걸 알아야 한다. 성에 따른 역할의 차이는 한 옥타브 차이가 나는 남녀의 목소리가 구분되는 것처럼, 각자의 역할은 다르지만, 언제나 존중되어야 할 중요한 가치임을 밀턴은 우리에게 가르쳐준다.

Book XII

......but now lead on;
In mee is no delay; with thee to go,
Is to stay here; without thee here to stay,
Is to go hence unwilling; thou to mee
Art all things under Heav’n, all places thou,
Who for my wilful crime art banisht hence.
This further consolation yet secure
I carry hence; though all by mee is lost,
Such favor I unworthy am voutsaf’t,
By mee the Promis’d Seed shall all restore.
So spake our Mother *Eve*, and *Adam* heard
Well pleas’d, but answer’d not; for now too nigh
Th’ Arch-Angel stood, and from the other Hill
To thir fixt Station, all in bright array
The Cherubim descended; on the ground
Gliding meteorous, as Ev’ning Mist
Ris’n from a River o’re the marish glides,
And gathers ground fast at the Laborer’s heel
Homeward returning. High in Front advanc’t,
The brandisht Sword of God before them blaz’d
Fierce as a Comet; which with torrid heat,
And vapor as the *Libyan* Air adust,
Began to parch that temperate Clime; whereat
In either hand the hast’ning Angel caught
Our ling’ring Parents, and to th’ Eastern Gate
Led them direct, and down the Cliff as fast
To the subjected Plain; then disappear’d.
They looking back, all th’ Eastern side beheld
Of Paradise, so late thir happy seat,

Wav'd over by that flaming Brand, the Gate
With dreadful Faces throng'd and fiery Arms:
Some natural tears they drop'd, but wip'd them soon;
The World was all before them, where to choose
Thir place of rest, and Providence thir guide:
They hand in hand with wand'ring steps and slow,
Through *Eden* took thir solitary way.

*****

• 제12권 아담과 이브가 에덴동산에서 추방당하는 마지막 장면이다. 제10권에서 서로 화해한 최초의 부부는 제11권에서 "선행적 은총, 이미 내려진 은총"(prevenient grace)에 따라 하나님 앞에 나아가 죄를 뉘우치고 회개하고 용서받는다. 선행적 은총이란 사람의 마음속에 박혀있는 돌 같은 강퍅함을 제거하여 회개할 마음을 열어주는 하나님의 은혜를 말한다. 그다음 회개하느냐 마느냐의 선택은 인간에게 있다는 알미니안 적 교리다.[21]

• 아담과 이브를 용서하신 하나님은 아담을 에덴에서 추방하기 전 그의 죄로 인하여 전개될 인류의 역사를 천사 마이클을 보내 교육

21) 알미니안주의(Arminianism)는 17세기 네덜란드의 개혁주의 신학자 야코부스 알미니우스(Jacobus Armininus, 1560-1609)가 주장한 교리다. 이 교리는 존 캘빈(John Calvin)의 예정론(predestination)에 대한 반응으로, 하나님의 주권과 인간의 자유의지는 병립할 수 있다는 주장이다. 예정론이 구원은 하나님의 일방적인 선택이라고 했다면, 알미니안주의는 구원은 인간의 이성적인 믿음, 즉 선택에 달려있다는 교리다. 한마디로 알미니안주의는 인간의 자유의지를 인정한다. 장로교가 캘빈주의라면, 감리교와 침례교는 알미니안주의다.

한다. 마이클은 아담을 데리고 에덴의 언덕에 올라 그의 아들 가인(Cain)의 형제 살인을 시작으로 대홍수까지를 비전(vision)으로 보여주고, 제12권부터는 그 이후의 역사를 이야기(narrative)로 들려준다. 이야기 중 인류 역사의 한 시점에 메시아(Messiah)가 이 땅에 내려와 아담의 원죄로 인해 멸망할 수밖에 없는 온 인류를 대신하여 고난을 받고 죽임을 당하는 부분에 이르자, 아담은 자신의 죄를 후회해야 할지 아니면 온 인류가 구원자를 얻게 되었음을 더 기뻐해야 할지 혼란에 빠진다.

> O goodness infinite, goodness immense!
> That all this good of evil shall produce,
> And evil turn to good; more wonderful
> Then that which by creation first brought forth
> Light out of darkness! full of doubt I stand,
> Whether I should repent me now of sin
> By mee done and occasion'd or rejoice
> Much more, that much more good thereof shall spring,
> To God more glory, more good will to Men
> From God, and over wrath grace shall abound. (XII 469-78)

> 오, 무한한 선이여, 끝없는 선이여!
> 이 모든 선이 악으로부터 나오고
> 악이 선으로 바뀌다니. 창조 때 어둠에서
> 최초의 빛이 나온 것보다 더 놀라운 일!
> 나는 혼란으로 가득 쌓여 서 있노라,
> 내가 저지르고 초래한 죄를 지금 회개해야 할지
> 아니면 거기서 훨씬 더 좋은 선이 나와
> 하나님께는 더 큰 영광, 인간에게는 더 선한 뜻이

베풀어진 것을, 또 노여움을 뛰어넘는 은총이
충만해질 것을 더 크게 기뻐해야 할지.

• 아담이 겪는 혼란을 신학적으로 *Felix culpa* (Fortunate Fall, 행복한 타락)라는 모순어법(oxymoron)으로 설명한다. 성 어거스틴(St. Augustine)은 하나님은 악의 존재를 아예 허락하지 않는 거보다, 악을 허용한 다음 악으로부터 선을 끌어내는 그의 섭리를 더 좋다고 판단했다고 설명한다. 따라서 인류가 구원자로서 세상에 오신 하나님의 아들을 만날 수 있었던 것은 아담의 타락 때문이란 이율배반적인 기독교 교리가 성립된다. 이것은 또 제1권 서문에서 "인간을 향한 하나님의 길을 정당화하리라"는 신정론의 목적이 성취되었음을 의미한다.

• 아담은 천사 마이클로부터 낙원은 상실하지만 "내적 낙원"(paradise within)은 언제나 우리와 함께할 거란 약속을 받고 산에서 내려온다. 이브는 여자의 후손에게서 구원자가 나오리라는 약속을 듣고 위로를 받는다. 그리고 마침내 낙원을 영원히 떠날 시간이 찾아온다.

Lines 614-19

... now lead on;
In mee is no delay; with thee to goe,
Is to stay here; without thee here to stay,
Is to go hence unwilling; thou to mee
Art all things under Heav'n, all places thou,
Who for my wilful crime art banisht hence.

• 아담이 천사 마이클과 함께 있는 동안 이브는 잠을 잤고, 아담이 돌

아오자 함께 에덴을 떠날 채비를 한다. 이브가 아담에게 하는 말이다. "이제 앞장서세요. 내겐 지체할 생각이 없습니다. 당신과 함께 떠나는 건 여기에 사는 것과 같고요, 당신 없이 여기 사는 건 억지로 떠나는 거와 같지요. 내가 임의로 범한 죄 때문에 이곳에서 추방당하는 당신은 내게 하늘 아래 모든 것, 모든 곳입니다."[22)]

Lines 620-23

> This further consolation yet secure
> I carry hence; though all by mee is lost,
> Such favor I unworthy am voutsaf't,
> By mee the Promis'd Seed shall all restore.

• 여기서 consolation, "위로"는 여자의 후손에게서 세상을 구원할 메시아가 탄생하리란 약속을 말한다. "더 크면서도 확실히 보증된 이 위로를 가지고 떠납니다." 다음 문장을 순서대로 쓰면, though all is lost by me, I [who is] unworthy am vouchsafed such favor [that] the Promised Seed by me shall restore all. "비록 나로 인하여 모든 걸 상실했지만, 하찮은 나는 이런 은총을 하사받습니다, 내게서 나온 약속된 씨가 모든 걸 회복하리란 은총을."

22) 여기서 이브가 아담을 "하늘 아래 모든 것, 모든 장소"라고 부른 것은 존 단이 "The Sun Rising"에서 사랑하는 여인을 all states, "모든 나라"라고 부르고, Shine here to us, and thou art everywhere, "여기 우리를 비추어라, 그럼 너는 세상 모든 곳에 있는 것"이라고 한 사상과 같다. 밀턴 역시 아담을 이브의 모든 장소라고 부름으로써 소우주(microcosm)를 대우주(macrocosm)로 확장하는 르네상스 시대의 Neoplatonism을 반영한다.

Lines 624-25

So spake our Mother *Eve*, and *Adam* heard
Well pleas'd, but answer'd not; for now too nigh

• "우리의 어머니 이브는 이렇게 말했고, 아담은 듣고 매우 흡족했지만, 대꾸하지는 않는다. 왜냐면 지금 너무 가까이." 12행의 끝은 13행으로 이어진다. 『실낙원』 마지막 장면은 이렇게 enjambment로 계속 연결된다.

Lines 626-28

Th' Arch-Angel stood, and from the other Hill
To thir fixt Station, all in bright array
The Cherubim descended; on the ground

• 이 부분을 순서대로 다시 쓰면, The Arch-Angel stood, and the Cherubim all in bright array descended from the other Hill to their fixed station. "천사장은 서 있었고, 모두 빛나는 대열을 이룬 체루빔 천사들은 다른 쪽 언덕으로부터 그들의 정한 위치로 내려왔다."

• 천사들이 땅에 내려오는 장면을 묘사하는 내용이 시작된다. "땅 위로는."

Lines 629-32

Gliding meteorous, as Ev'ning Mist
Ris'n from a River o're the marish glides,
And gathers ground fast at the Laborer's heel
Homeward returning. High in Front advanc't,

• 이 부분에서 시인은 천사들이 땅에 미끄러지듯 깔리는 장면과 강에서 피어오른 저녁 안개가 땅에 덮이는 모습을 직유법으로 비유한다. 천사들은 "땅 위로 유성처럼 미끄러지듯." as 문장을 다시 쓰면, as evening mist risen from a river over the marish glides and gathers ground fast at the laborer's heel, [who is] returning homeward.

• 이 문장의 주어는 저녁 안개이고 동사는 glides + gathers. "강으로부터 늪지대 위로 피어오른 저녁 안개가 미끄러지듯 흐르면서 집으로 돌아가는 노동자의 발뒤꿈치를 바싹 뒤따르는 것처럼, 천사들은 땅 위로 유성처럼 미끄러져 내려와 그들의 정해진 위치에 자리 잡았다."

• 여기서 고된 일과에 지친 노동자(laborer)가 터덜터덜 집으로 향하는 발걸음을 묘사하는 목적은 타락과 함께 아담이 받은 저주, 즉 남자는 평생 이마에 땀 흘리며 노동해야 한다는 암울한 현실을 상기시키기 위함이다.

Lines 633-36

The brandisht Sword of God before them blaz'd
Fierce as a Comet; which with torrid heat,
And vapor as the *Libyan* Air adust,
Began to parch that temperate Clime; whereat

• 그다음 분위기는 급하고 험악하게 변한다. 19행 끝에서부터 "높이 선두에 뽑아 올려진 신검(神劍)은 그들 앞에서 혜성처럼 맹렬히 불타고 있었다." 관계대명사 which의 선행사는 the brandished Sword of God이고 동사는 began to parch, 목적어는 that temperate Clime. 그 사이의 with torrid heat and vapor as the Libyan air adust는 신검의 뜨거운 상태를 묘사한다. "리비아 사막의 불에 탄 공기처럼, 몹시 뜨거운 열과 증기로 신검(which)은 (에덴의) 온화한 기후를 뜨겁게 태우기 시작했다."

• 온화했던 에덴의 공기는 타락 후 천사들이 휘두른 불 칼에 의해 타들어 가기 시작한다. 인간의 타락은 자연의 타락을 초래했고, 자연은 인간에게 순응하길 거부한다. 여기서 계속 나오는 as는 서사시의 특징 9번의 직유법(epic simile)에 해당한다.

Lines 637-40

In either hand the hast'ning Angel caught
Our ling'ring Parents, and to th' Eastern Gate
Led them direct, and down the Cliff as fast
To the subjected Plain; then disappear'd.

• 이 부분에는 특별히 어려운 구문은 없다. 급한 천사와 아쉬움에 지체하는 아담과 이브의 모습이 대조적이다. "서두르는 천사는 양손으로 우리의 머뭇거리는 부모의 손을 붙잡고 동쪽 문으로 곧바로 와서는 그들을 빠르게 벼랑 아래로 인도하여 낮은 평원 바닥에 내려다 놓고 사라졌다." 신학자들은 에덴동산이 높은 벼랑으로 둘러싸여 바깥세상으로부터 단절된 세계였다고 추측한다. 아담과 이브는 천사의 손에 붙잡혀 이 벼랑을 끌어내려 오다시피 한 것으로 밀턴은 묘사한다.

• 천사는 사라지고, 아담과 이브가 평원에 남겨진 순간은 인간이 영적세계와 단절되는 순간이다. 에덴에 있는 동안 두 사람은 영적 존재와 자연스럽게 교류하며 살았지만, 이 순간 이후 인간은 물질세계라는 공간에 사로잡힌 존재로 살아간다.

Lines 641-44

They looking back, all th' Eastern side beheld
Of Paradise, so late thir happy seat,
Wav'd over by that flaming Brand, the Gate
With dreadful Faces throng'd and fiery Arms:

• 문장을 순서대로 다시 쓰면, Looking back, they beheld all the Eastern side of Paradise. "고개를 돌려 그들은 낙원의 동쪽 전체를 바라봤다." 그다음은 모두 낙원을 수식하는 말이다. "그렇게 최근까지 그들의 행복했던 보금자리, (지금은) 불타는 칼이 드리워져 있고, 그 문에는 무시무시한 얼굴과 불붙은 군장이 집결해 있는."

Lines 645-47

> Some natural tears they drop'd, but wip'd them soon;
> The World was all before them, where to choose
> Thir place of rest, and Providence thir guide:

• natural tears는 울려고 하지 않아도 저절로 주르륵 흐르는 눈물이다. 낙원을 떠나는 아담과 이브의 눈에서 자신도 모르게 눈물이 흐르지 않는다면 오히려 이상하다. 그러나 그다음이 더 중요하다. "그들은 바로 눈물을 닦는다." 이것은 슬픔을 이기고 앞으로 나아가려는 의지와 용기를 암시한다. 눈물을 흘리는 것과 그것을 닦는 것은 절망과 희망이 뒤섞일 인생의 단면을 보여준다. 그들은 계속해서 뒤를 돌아보며 울지 않았다. 곧 눈물을 닦았다는 것은 패배에 굴하지 않는 인간의 용기와 희망을 상징한다. 그들은 뒤가 아니라 앞을 바라본 것이다.

• 646행의 where는 선행사 the World를 받아 "~을 해야 할 곳"이란 뜻이다. 영어에서 to 부정사는 미래 시제를 가리킬 때가 많다. 예) I am about to leave. "나는 곧 떠날 예정이다." Don't forget to remember it. "이거 기억할 것을 잊지 마라, 잊지 말고 꼭 기억해라."

• 두 행에서 생략된 것을 다 쓰면, The World was all before them, where they were (supposed) to choose their place of rest (with) Providence (as) their guide. "안식처로 삼아야 할 온 세상이 그들 앞에 펼쳐져 있었다, 그들을 안내할 하나님의 섭리와 함께."

Lines 648-49

> They hand in hand with wand'ring steps and slow,
> Through *Eden* took thir solitary way.

• 『실낙원』의 마지막 문장이다. 지금 우리가 사는 세상에 첫발을 디디는 장면이다. They(주어) + took(동사) + their solitary way(목적어)로 된 3형식 문장이다. 다시 쓰면, Hand in hand with wandering and slow steps, they took their solitary way through *Eden*. "손을 잡고 방황하는 느린 걸음으로 그들은 에덴을 지나 외로운 길을 출발했다."

마무리

이 작품의 마지막 장면은 아이로니컬하게 인류의 역사가 첫발을 내딛는 시간적 공간이 된다. 『실낙원』은 이렇게 인간의 타락과 낙원의 상실로 끝을 맺지만, 결론 뒤에는 인류 최초의 삶이 시작되는 묘한 여운을 남긴다. solitary way라는 표현에는 눈먼 밀턴이 말년에 겪었을 외로움과 쓸쓸함이 그대로 묻어난다. 또 wandering steps에서 인간은 방랑할 수밖에 없는 존재임을 본다. 아담과 이브는 눈에 보이는 에덴을 상실한 후 눈에 보이지 않는 "내적 낙원"을 약속받지만, 이제 그것을 찾아 출발하는 그들의 여정은 외롭고 쓸쓸할 수밖에 없다. 마지막 장면에서 인생의 모든 짐을 짊어진 인류 최초 부부의 우울한 모습을 본다.

그럼에도 결론적으로 하나님의 섭리를 안내자(Providence thir guide)로 두었다는 말 속에 모든 것이 합력하여 선을 이루실 하나님의 뜻과 이 작품의 목적이 담겨 있음을 본다. "인간을 향한 하나님의 길을 정당화하겠다"는 밀턴의 강한 의지의 표명을 한마디로 압축한 결론이다. 거인과 같은 시인은 성경의 역사와 인류의 역사 속에서 그가 발견한 놀라운 하나님의 섭리를 음악처럼, 그리고 그림처럼 서사시로 완성한다. 따라서 사탄은 이 작품의 주인공이 될 수 없다. 이 속에서 밀턴이 의도한 바를 발견할 때 비로소 『실낙원』은 제대로 읽은 위대한 서사시가 된다.

제4장

Andrew Marvell

(1621-1678)

Introduction

앤드루 마벨은 1621년 3월 요크셔(Yorkshire)의 와인스테드-인-홀더니스(Winestead-in-Holderness)에서 목사의 가정에 태어난다. 그의 아버지는 마벨이 세 살 때 헐(Hull)로 이사하여 그곳에서 홀리 트리니티 교회(Holy Trinity Church)의 부목사가 되고, 마벨은 헐 문법학교에서 교육을 받고 케임브리지대 트리니티 칼리지(Trinity College)의 특별 장학생으로 입학한다. 1637년 그는 "케임브리지 뮤스"(Musa Cantabrigiensis)에 그리스어와 라틴어로 쓴 두 편의 시를 게재하고, 1637년 졸업과 함께 연구자로 선발되어 몇 년을 더 머물다가 부모가 모두 사망한 후 대학을 떠난다.

그 후 몇 년 동안 마벨이 무슨 일에 종사했는지는 불분명하다. 그러나 학자들은 그가 1642-46년 사이에 프랑스, 네덜란드, 스위스, 스페인, 이탈리아를 여행한 것으로 추정한다. 그가 케임브리지에서 쓴 그리스어와 라틴어 시는 팬데믹의 창궐을 슬퍼하고, 찰스 1세 아들의 탄생을 축하하는 내용이다. 그는 원래 왕의 편에 선 사람이었고 찰스 1세 처형 후 영국 왕실에 대해 동정심을 갖기도 하지만, 현실에서는 크롬웰 공화국을 위해 일한다. 크롬웰의 의회 군을 지휘하던 토마스 페어팩스(Thomas Fairfax) 장군 딸의 가정교사를 하며 그의 저택에 기거하던 마벨은 이 시기에 저택을 소재로 "애플턴 하우스"(Upon Appleton House, To My Lord Faifax)라는 중요한 시를 완성한다. 이 시에서 그는 영국 왕실과 의회 간의 내란, 정치적 격변의 시대에 벌어지는 페어팩스와 그 자신의 정치적 입장과 앞서 밀턴의 소네트에서 이야기한 active & contemplative life를 탐구한다. 이 시는 마벨이 시인으로서 그리고 한 남자로서 발전

해가는 성장 과정을 잘 보여준다. 이때 그의 가장 잘 알려진 시, "그의 수줍은 애인에게"(To His Coy Mistress)도 완성된다.

1653년 마벨은 밀턴과 각별한 친구가 되고 당시 라틴어 장관이었던 밀턴의 강력한 추천으로 라틴어 차관이 된다. 왕을 지지하던 사람이 크롬웰 정권을 위해 일하면서 공화정 지지자가 된 것이다. 두 사람은 같은 연봉을 받았지만, 마벨에게는 연금이 없었다. 마벨은 또 크롬웰의 조카면서 후견인인 윌리엄 더튼의 가정교사가 된다. 1660년 왕정복고 후 마벨은 공화정에 협조한 죄 때문에 처벌을 받아야 함에도 사면을 받고 이번에는 왕정 아래서 정치 활동을 계속한다. 그런데 사면받았을 뿐 아니라, 배후에서 조용히 찰스 2세 정부를 설득하여 밀턴의 투옥 기간 연장을 막고, 처형 가능성까지 없애주는 은인 역할을 한다. 두 사람의 친밀함은 마벨이 밀턴의 『실낙원』 두 번째 판에 작품을 칭송하는 서시, "밀턴의 『실낙원』에 부쳐"(On Mr. Milton's *Paradise Lost*)를 헌정한 것에서 더욱 잘 드러난다.

1659년부터 마벨은 헐을 대표하는 영국의회 의원(Member of Parliamentary)으로 선출된 후 그의 몰년까지 정치가로 활동하면서 정치적 논문과 풍자문학(satires)을 남긴다. 1678년 마벨은 삼일열에 걸려 의료사고로 사망하고, 그의 시집 『잡동사니 시』(*Miscellaneous Poems*)는 1681년 사후 출판된다.

마벨의 삶과 그가 남긴 작품은 다양성과 폭넓은 주제로 특징지어진다. 섬세함과 내면세계를 성찰하는 상상력의 재능을 가진 그는 젊은 시절 서정적 탐구에 몰두하다가, 나이가 들어 영국의 정치적 혼란의 시대를 거치면서 인간의 문제와 정치적 이슈를 다루는 풍자시로 전향한다. 그가 죽은 바로 다음 세기는 마벨을 정치가로서만 기억했지만, 이후엔 감추어져 있던 그의 서정시가 계속해서 세상에 알려지면서, 그를 따라 다니던 정치적 공인의 이미지는 사라지고 17세기 형이상학파 시인으로 더 많이 알려지게 된다.

To His Coy Mistress

Had we but world enough and time,
This coyness, lady, were no crime.
We would sit down, and think which way
To walk, and pass our long love's day.
Thou by the Indian Ganges' side
Shouldst rubies find; I by the tide
Of Humber would complain. I would
Love you ten years before the Flood,
And you should, if you please, refuse
Till the conversion of the Jews.
My vegetable love should grow
Vaster than empires and more slow;
An hundred years should go to praise
Thine eyes, and on thy forehead gaze;
Two hundred to adore each breast,
But thirty thousand to the rest;
An age at least to every part,
And the last age should show your heart.
For, lady, you deserve this state,
Nor would I love at lower rate.

But at my back I always hear
Time's wingèd chariot hurrying near;
And yonder all before us lie
Deserts of vast eternity.
Thy beauty shall no more be found;
Nor, in thy marble vault, shall sound
My echoing song; then worms shall try
That long-preserved virginity,

And your quaint honor turn to dust,
And into ashes all my lust;
The grave's a fine and private place,
But none, I think, do there embrace.

Now therefore, while the youthful hue
Sits on thy skin like morning dew,
And while thy willing soul transpires
At every pore with instant fires,
Now let us sport us while we may,
And now, like amorous birds of prey,
Rather at once our time devour
Than languish in his slow-chapped power.
Let us roll all our strength and all
Our sweetness up into one ball,
And tear our pleasures with rough strife
Through the iron gates of life:
Thus, though we cannot make our sun
Stand still, yet we will make him run.

*****

Lines 1-4

Had we but world enough and time,
This coyness, lady, were no crime.
We would sit down, and think which way
To walk, and pass our long love's day;

• 이 시는 형이상학파 시를 이야기할 때 늘 등장하는 대표적인 시 중 하나다. 단의 "The Flea"의 형식과 비슷한 삼단논법으로 여인의 사랑

을 구하는 내용이다. 어쩌면 이 시대 시인들은 자신의 문학적 기교를 동원하여 거절하는 여인을 어떻게 설득할 것인지를 시를 가지고 연습하거나 경쟁한 것은 아닐까 하는 생각이 든다. *carpe diem*(seize the day)이란 주제는 늘 그런 성격을 띠고 있다.

• Had we는 If we had를 도치하여 쓴 가정법 문장이다. 그러면서 첫 문장은 이 시 전체의 topic sentence다. but은 only의 뜻이고, If we only had는 "우리에게 ~만 있다면."

• world와 time은 공간과 시간을 말한다. 1연은 시간과 공간의 지배에서 벗어난 세상을 가정한다면, 사랑하는 관계에서 무엇을 추구할지를 상상하는 내용이다. 첫 문장은 그런 세상이라면 여인의 수줍음은 crime이 아니라는 얘기로 시작한다. 이 말은 현실은 시공의 지배를 받기 때문에 여인의 수줍음은 범죄가 된다는 반어적 표현이다. 어떤 기준으로도 죄가 될 수 없는 "수줍음"을 법률상 범죄행위라고 부른 것은 또한 과장법이다.

• 3행 would에 붙는 동사는 sit, think, pass 세 가지다. 만약 시간과 공간만 충분하다면, 할 수 있는 행동을 나열한다. long love's day란 말로 정적이고 긴 시간의 흐름을 묘사한다. walk라는 말이 나오지만, 그것도 "걸을 생각"일 뿐이지, 아직 움직이는 건 아니다.

> 만약 우리에게 충분한 세상과 시간만 있다면,
> 이 수줍음은, 여인이여, 범죄가 아닙니다.
> 우리는 앉아서 어디로 걸어갈지를 생각하고,
> 그러면서 우리의 긴 사랑의 하루를 보낼 겁니다.

Lines 5-12

Thou by the Indian Ganges' side
Shouldst rubies find; I by the tide
Of Humber would complain. I would
Love you ten years before the Flood,
And you should, if you please, refuse
Till the conversion of the Jews.
My vegetable love should grow
Vaster than empires and more slow;

• 이제 할 일을 구체적으로 나열한다. 5-7행 문장을 어순대로 쓰면, You should find rubies by the Indian Ganges; I would complain by the tide of Humber. 험버강은 마벨이 살던 영국 동쪽 해안에 있는 도시 헐(Hull)을 지나 도버해협으로 흐르는 강이고, 갠지스강은 인도에 있는, 당시 영국의 관점에서는 지구 반대편에서 흐르는 강이다. 여인과 공간적으로 가장 멀리 떨어져 있어도 불평하지 않고 기다리겠다는 말이다.

• 공간을 말한 다음, 8행에서 시간을 말한다. before the Flood는 노아의 "홍수 이전"이라는 말이면서, 동시에 엄청나게 오래전 시간(a very long time ago)을 의미하는 관용적 표현이다. 이것을 라틴어로 만든 영어 단어는 antediluvian, 유머러스한 뉘앙스로 "아주 오래된, 구식의."

• 홍수 이전이 역사가 시작되기 전의 가장 먼 과거라면, 14행의 till the conversion of the Jews, "유대인들이 개종할 때까지"는 역사가 종결되는 마지막 시간대를 말한다. 이것은 성경에서 심판 날이 가까워지면

모든 유대인이 기독교로 개종할 것이란 구절을 인유한 표현이다.[23] 시간이 많다면, 사랑을 거절하는 여인에게 이렇게 긴 시간을 주겠다는 과장법이다.

• 11행의 vegetable love에서 "vegetable"은 마벨이 오랜 시간 자라고 많은 시간이 걸린다는 뜻의 "식물 같은"이란 의미로 이 시에서 처음 사용한 마벨의 신조어다. 시간이 많다면, 제국보다 더 거대하고 더 느리게 자란다는 말 속에는 Rome was not built in a day, "로마는 하루아침에 이뤄지지 않았다"라는 속담이 숨겨져 있다.

> 당신은 인도 갠지스강 강가에서
> 루비를 찾고, 나는 험버강
> 물결 옆에서 불평하고. 나는 당신을
> 홍수 십 년 전부터 사랑할 것이고,
> 당신은, 원한다면, 유대인의 개종 때까지
> 거절해도 됩니다.
> 나의 식물 같은 사랑은 자랄 겁니다,
> 제국보다 더 거대하고, 더 느리게.

---

23) 로마서에서 사도바울은 이스라엘 백성은 마지막에 가서 모두 구원을 받을 것이라고 말한다. "이 신비는 이방인의 충만한 수가 들어오기까지 이스라엘의 더러는 우둔하게 된 것이라. 그리하여 온 이스라엘이 구원을 받으리라"(Israel has experienced a hardening in part until the full number of the Gentiles has come in. And so all Israel will be saved, 11:25b-26a).

Lines 13-20

An hundred years should go to praise
Thine eyes, and on thy forehead gaze;
Two hundred to adore each breast,
But thirty thousand to the rest;
An age at least to every part,
And the last age should show your heart.
For, lady, you deserve this state,
Nor would I love at lower rate.

• 다음 행부터는 더욱 구체적으로 숫자를 가지고 여자의 몸을 오랜 기간 사랑하겠다는 표현을 나열한다. 13-14행을 어순대로 쓰면, An hundred years should go to praise your eyes and (to) gaze on your forehead. 특별히 어려운 구문이나 어휘나 숨은 뜻은 없다.

• 15-17행에 없는 동사는 13행의 should go가 생략된 거다. should go는 "가야 한다"지만, 애인의 몸을 감상하기 위해 그만큼의 시간을 소비하겠다는 가정이다. 마지막에 가서야 여인의 마음을 얻어도 괜찮을 정도로 느리고 정적인 사랑을 이야기한다.

• 19-20행은 여자를 향한 아첨의 말이다. 이렇게 오랜 세월 사랑하는 이유를 여인의 높은 가치에 둔다.

백 년은 당신의 눈을 찬양하고
당신의 이마를 바라보는 데 써야 할 겁니다.
이백 년은 두 젖가슴을 흠모하는데,

그러나 삼만 년은 나머지 몸으로 가고,
적어도 한 시대를 각 지체에 쓰고.
그리고 마지막 시대는
당신의 속마음을 보여주어야지요.
왜냐면, 여인이여, 당신은 이런 자격이 있기 때문이고,
나도 이보다 더 낮은 수준으로 사랑하지 않을 겁니다.

Lines 21-24

But at my back I always hear
Time's wingèd chariot hurrying near;
And yonder all before us lie
Deserts of vast eternity.

• 1연에서 시간이 많다면 여인을 한없이 기다리겠다는 상황이 정(正)이라면, 2연에서는 But으로 반(反)의 논리가 시작된다. 즉, 시간은 많은 게 아니라 없다는 것. 밀턴이 "How soon hath Time"에서 시간을 날개 달린 도적으로 은유했다면, 마벨은 날개 날린 전차로 비유한다. 고대로부터 17세기에 이르기까지 가장 빨랐던 교통수단은 전쟁, 경주, 왕의 행차에 등장했던 말이 끄는 전차였을 거다. 거기에 날개를 달았다면, 당시 독자들에게는 어떤 속도감을 주었을지 짐작할 수 있다. 설상가상으로 달리는 소리를 등 뒤에서 항상 듣고 있다는 것은 급하게 쫓기는 분위기를 만든다.

• 23-24행을 어순대로 쓰면, Deserts of vast eternity lie yonder all before us. "광대한 영원의 사막이 저 멀리 우리 앞에 놓여 있다." 이것은

각 개인이 이 세상을 떠난 이후, 혹은 전 인류의 역사가 끝나는 시점 이후를 말하거나, 아니면 두 가지 모두를 의미할 수 있다. 마벨은 그 시간 너머를 기독교적 내세로 보지 않고, 영원한 사막이란 공간으로 본다. 단이 죽음 후의 부활과 천국을 기대하고 소망했다면, 마벨은 시간이 끝나면 사막이란 삭막한 영원만 남는다는 반기독교적 개념을 말한다. 이것은 수줍어하는 애인에게 지금을 붙잡지 않으면(*carpe diem*) 모든 걸 놓친다는 절박함을 강조하려는 수법인지 모른다.

그러나 나의 등 뒤에서 나는 언제나 듣습니다
시간의 날개 달린 전차가 가까이서 달려오는 소리를.
그리고 저 멀리 우리 앞에는
온통 광대한 영원의 사막이 놓여 있습니다.

Lines 25-32

Thy beauty shall no more be found;
Nor, in thy marble vault, shall sound
My echoing song; then worms shall try
That long-preserved virginity,
And your quaint honor turn to dust,
And into ashes all my lust;
The grave's a fine and private place,
But none, I think, do there embrace.

• 특별히 문법적으로 어려운 부분은 없다. marble vault는 대리석으로 만든 거대한 무덤이다. 유럽에서 부유한 가문은 대대로 가족의 시신을 대리석으로 장식한 거대한 납골당에 안치했다. 따라서 23-24행에서 언

급한 시간 너머의 세계는 2연의 마지막 부분에서 죽음으로 연결된다.

• 아름다움이 늙어서 추해지는 변화는 셰익스피어를 비롯하여 많은 시인이 노래하고 슬퍼했다. 그러나 마벨은 변화 정도가 아니라, 미(美)의 죽음과 소멸을 이야기한다. 순결조차 무덤 속의 벌레가 먼저 빼앗을 거라는 경고다. 이렇게 순결을 이야기한다는 점에서 화자는 처녀인 여인에게 잠자리를 요구하고 있고, 여인은 그걸 오랫동안 거절했던 상황임을 알 수 있다. 단이 "The Flea"를 쓰게 된 배경과 같다.

• 29행에서 화자는 여인이 지키려는 순결을 quaint라는 단어를 사용하여 "이상하고, 특이하고, 고리타분하다"라고 묘사한다. 30행에서는 29행의 동사 shall turn이 생략됐고, 29행의 turn 앞에는 shall이 생략된 것으로 읽어야 한다. 다시 쓰면, And your quaint honor shall turn to dust, and all my lust shall turn into ashes.

• dust는 아무리 아름다운 육체, 여기선 구체적으로 순결한 몸이라 해도 죽으면 흙으로 변하고, 그것은 먼지와 같다는 걸 의미한다. ashes는 아무리 뜨겁게 불타는 화자의 욕정이라 할지라도, 죽고 나면 다 타고 남은 재로 변할 결과를 가리킨다.

• 31행에서 무덤을 private하고 좋은 공간이라고 말한 것으로 봐서 여인은 화자의 공개적인 구애를 꺼렸고, 남들의 구설수를 두려워했다는 암시가 들어 있다. 따라서 화자는 은밀한 곳을 원하는 여인에게 그것을 죽은 다음 무덤에서 찾는다고 해도, 거기서 할 수 있는 일은 아무것도 없다는 말로 설득한다.

당신의 아름다움은 찾을 수 없을 것이고,
나의 메아리치는 노래도 대리석 무덤 속에서는
들리지 않을 것입니다. 그때 구더기들은
그렇게 오랫동안 간직했던 순결을 맛볼 것이며,
그리고 당신의 이상스러운 정조는 먼지가 되고,
나의 모든 욕망은 재로 변할 겁니다.
무덤은 괜찮고 은밀한 곳이지만,
아무도, 내 생각엔, 거기서 포옹하지 않습니다.

Lines 33-40

Now therefore, while the youthful hue
Sits on thy skin like morning dew,
And while thy willing soul transpires
At every pore with instant fires,
Now let us sport us while we may,
And now, like amorous birds of prey,
Rather at once our time devour
Than languish in his slow-chapped power.

• 3연은 마지막 합(合)이면서 결론이다. 시간이 많다면 영원히 기다리겠지만, 시간은 날개 달린 전차가 되어 뒤에서 달려오고 있으니, 결론은 therefore, "그러므로" 어서 사랑하자는 논리적인 귀결로 이어진다. 33-36행은 두 개의 while에 붙는 종속절이라 아직 완전한 문장이 아니다. 아래 설명을 읽기 전에 주절을 먼저 찾아보는 것은 좋은 훈련이고 효과적으로 공부하는 방법이다.

• 첫 번째 while 문장에 어려운 부분은 없다. like를 사용한 직유법으로 젊음을 "아침이슬"로 비유한다. 두 번째 while 문장을 보면 여인에게도 뜨거운 열정이 감춰져 있음을 알 수 있다. willing, "~을 하고 싶어 하는, 준비된"이란 단어가 그것을 암시한다.

• transpire는 "일어나다, 생기다, 발산하다," pore는 명사로 "땀구멍." instant는 "즉시, 즉석"이라는 형용사지만, a crying need와 같은 "간절한"이라는 의미도 있다. 이걸 모두 연결하면, "하고 싶어 하는 그대의 영혼이 모든 땀구멍에서 간절한 불꽃을 일으키는 동안."

• 젊은 여인의 온몸에서 발산되는 정열적인 욕망과 간절한 욕구를 표현한다. 사실 화자만이 여인을 간절하게 원하는 것이 아님을 알 수 있다. 여인은 명예를 더럽히면 안 된다는 강박에 사로잡혀 정조를 지키려는 일념으로 본능적인 욕구를 감추고 있을 뿐이다. 화자는 그것을 자극하고 있다.

• 이렇게 두 개의 while 종속절로 현재의 상태를 묘사한 다음, 37행에서 주절은 let으로 시작되는 간접명령문이다. 참고로 화자는 3연에서 "지금"이라는 now를 세 번, "당장"이라는 at once를 한 번 더 추가하면서 시간이 없고 시급한 분위기를 만든다. 명사 sport는 요즘 "스포츠, 운동"이란 뜻이지만, 동사가 되면 "즐기다, 놀다, 농락하다"는 의미가 된다.

• "맹금"(birds of prey)을 왜 amorous, "연애하는," 혹은 "성관계를 원하는"이란 말로 수식했는지는 알 수 없다. 당시 알려진 동물에 대한 지식

에 따라 맹금류가 서로 사랑할 때 보이는 동작을 보고 사용한 형용사인지 모를 일이다. 39행에는 앞의 let us가 생략됐다. 어순대로 풀어쓰면, Rather let us devour our time at once. 맹금류처럼 시간을 게걸스럽게 먹자고 함으로써, 날카로운 부리로 먹이를 강하게 뜯어 먹는 독수리의 강력한 이미지를 느끼게 한다.

• 40행의 slow-chapped은 어려운 표현이다. chapped가 jawed라는 뜻이라면, 턱으로 씹는 동작을 의미하고, slow-chapped power는 모든 걸 천천히 갉아먹는 시간의 힘을 의미한다.

• 여기서 languish는 1연에서 vegetable love를 의미하는 "식물처럼 느리고 천천히 자라는 사랑"을 연상하게 한다. 시간이 많으면 그런 사랑이 가능하지만, 시간은 우리를 기다려주지 않는다. 따라서 시간의 힘 앞에서 서서히 시들기보다, 지금 바로 시간 자체를 게걸스럽게 먹어버리자는 역설적인 제안을 한다.

그러므로, 지금, 청춘의 혈색이
당신 피부에 아침이슬처럼 앉아있는 동안,
또 당신의 준비된 영혼이 즉시 타는 불꽃을
모든 땀구멍에서 발산하는 동안,
지금 할 수 있을 때 즐겨봅시다,
그리고, 지금, 연애하는 맹금류처럼
바로 우리의 시간을 탐식합시다,
천천히 갉아먹는 시간에 시들어지기보다.

Lines 41-46

Let us roll all our strength and all
Our sweetness up into one ball,
And tear our pleasures with rough strife
Through the iron gates of life:
Thus, though we cannot make our sun
Stand still, yet we will make him run.

• 간접 명령문은 계속된다. strength는 남성성을, sweetness는 여성성을 가리킨다고 볼 때, 그 두 가지를 굴려 하나의 공을 만든다는 것은 남녀의 육체가 한 몸이 된 모습을 연상하게 한다. 그렇게 생각할 때 "거친 싸움으로 우리의 기쁨을 찢자"라는 표현 역시 성적인 뉘앙스를 풍긴다.

• 44행의 through the iron gates of life를 "생의 철문을 뚫고서"라고 직역한다면, 시간이란 장애물을 뚫고, 시간의 한계를 극복하면서, 즉 가는 시간에 지배당하지 않고, 시간을 앞서 정복하면서 우리의 쾌락을 추구하자는 강력하고 적극적인 이미지를 보여준다.

• 45-46행은 마지막 결론이다. 어차피 막을 수 없는 시간의 흐름에 끌려가기보다, 시간이 우리를 따라오도록 더 앞서 나가자는 역설이다.

우리의 모든 힘과 모든 부드러움을 굴려
하나의 공으로 만들어봅시다.
그리고 시간의 철문을 뚫고
거친 싸움으로 우리의 쾌락을 찢어버립시다.

그리하여, 태양을 멈추게 할 수는 없어도,

우리는 그를 달리게 할 수는 있습니다.

마무리

우리는 가끔 시간이 부족할 정도로 열심히 사는 사람을 본다. 그럴 때 우리는 그가 시간에 끌려다니지 않고 오히려 앞서간다고 표현한다. 이 시의 결론으로 화자는 수줍어하는 애인에게 사랑을 그렇게 열심히 하자는 끈질긴 요청을 남긴다. 지금 바로 이 순간 우리에게 주어진 시간을 붙잡자는 주제(*carpe diem*)와 일치한다. 인생이 짧다면, 주어진 짧은 시간에 지배받지 않고 오히려 시간이 우리를 쫓아올 정도로 시간을 초월한 사랑을 하자는 강력한 메시지다.

이 논리에 설득되어 수줍어하는 여인이 화자에게 몸을 허락했는지는 알 수 없다. 그러나 이 시가 사백 년 가까운 시간이 지난 이 시대에도 대표적인 형이상학파 시로 읽히고 있다는 사실은 시간과 공간을 초월하여 수많은 독자의 마음에 울림을 주었다는 의미가 된다.

On a Drop of Dew

See how the orient dew,
Shed from the bosom of the morn
  Into the blowing roses,
Yet careless of its mansion new,
For the clear region where 'twas born
  Round in itself incloses:
  And in its little globe's extent,
Frames as it can its native element.
  How it the purple flow'r does slight,
    Scarce touching where it lies,
  But gazing back upon the skies,
    Shines with a mournful light,
      Like its own tear,
Because so long divided from the sphere.
  Restless it rolls and unsecure,
    Trembling lest it grow impure,
  Till the warm sun pity its pain,
And to the skies exhale it back again.
    So the soul, that drop, that ray
Of the clear fountain of eternal day,
Could it within the human flow'r be seen,
    Remembering still its former height,
    Shuns the sweet leaves and blossoms green,
    And recollecting its own light,
Does, in its pure and circling thoughts, express
The greater heaven in an heaven less.
    In how coy a figure wound,
    Every way it turns away:
    So the world excluding round,

Yet receiving in the day,
Dark beneath, but bright above,
Here disdaining, there in love.
How loose and easy hence to go,
How girt and ready to ascend,
Moving but on a point below,
It all about does upwards bend.
Such did the manna's sacred dew distill,
White and entire, though congealed and chill,
Congealed on earth: but does, dissolving, run
Into the glories of th' almighty sun.

*****

• 해설을 시작하기 전에 이 시는 구문이 매우 어렵고 단어의 뜻을 제대로 찾기가 어렵다는 말을 먼저 일러둔다. 그러나 자세히 분석해보면 문법적으로 완벽하다는 것을 알 수 있고, 이해가 되는 순간 어려움이 사라지는 걸 경험할 수 있다. 그만큼 영어 공부하기 좋은 문학이라는 뜻이다. 다음 해설을 보기 전에 스스로 구문파악을 하면서 해석에 도전해보고 얼마나 이해하는지를 가늠해본다면 영어 실력을 향상하는데 더없이 좋은 작품이 될 것이다.

• 작품을 요약하면, 시의 제목인 이슬은 여기서 인간의 영혼을 비유하는 알레고리로 사용될 뿐이고, 작품의 주제는 영혼의 맑고 깨끗함을 노래하는 것이다. 하늘에서 내려온 영혼은 이슬이 증발하듯이 가능하면 빨리 원래의 자리인 천국으로 돌아가려고 한다는 이야기이다.

Lines 1-8

See how the orient dew,
Shed from the bosom of the morn
Into the blowing roses,
Yet careless of its mansion new,
For the clear region where 'twas born
Round in itself incloses:
And in its little globe's extent,
Frames, as it can, its native element.

• 이 시는 연으로 나뉘어 있지 않아, 문장을 중심으로 끊어서 분석한다. 1-8행 전체가 한 문장이고 문장의 종류는 명령문이다. 이 문장 해석의 관건은 how 문장의 주어인 the orient dew의 동사를 찾는 일이다. 여기서 잠시 멈추고 동사를 찾는 시간을 갖기 바란다. 골격은 See how the orient dew ~. "보라 동방의 (영롱한) 이슬이 ~ 하는 것을." 따라서 ~ 하는 동사를 찾아야 한다.

• 1-8행은 영어 문장에서 매우 중요한 분사가 종류대로 들어 있는 문장이다. 그러므로 본동사를 분사와 구분하는 게 올바른 해석의 관건이다. 분사는 수동태를 만드는 과거분사와 능동태를 만드는 현재분사로 나누어진다. 분사는 바로 앞에 있는 명사를 수식하는데, 명사의 동작이 수동적이면 과거분사, 능동적이면 현재분사로 수식한다.

• 예) The sun rising in the east. 이건 문장이 아니다. "동쪽에서 떠오르는 태양." 태양이 떠오르는 것은 능동적인 행동이다. 문장으로 쓰면, The sun rises in the east. "해는 동쪽에서 뜬다"; The plan canceled yesterday. 이것 역시 문장이 아니다. "어제 취소된 계획." 취소된 것은 수동적인 동작이다. 문장으로 쓰면, The plan was canceled yesterday. "그 계획은 어제 취소됐다."

• 분사 외에 형용사로도 명사를 수식할 수 있다. 예) The door wide open. "활짝 열린 문." 문장으로 만들면, You will find the door wide open. "너는 문이 활짝 열린 걸 발견할 거다."

• 이 시는 이렇게 과거완료, 현재진행, 형용사로 명사를 수식하는 구절이 가득하다. 그것을 본동사와 구분할 때 제대로 번역할 수 있다는 말을 다시 강조한다. 1-8행에서 분사나 형용사를 먼저 찾아보면, the orient dew shed from the bosom; the orient dew careless of its mansion; the orient dew scarce touching, but gazing. 이렇게 여기서만 과거분사, 형용사, 현재진행 등 세 가지 종류가 다 등장한다. 이제 남은 동사는 6행의 incloses + 8행의 frames이다. 이것이 바로 두 개의 본동사다.

• 본동사에 목적어를 넣어 이 문장의 골격을 쓰면, See how the orient dew incloses round in itself, and how it frames its native element in its little globe's extent. 여기서 round는 명사이고 지구와 같은 "구"를 의미한다. "어떻게 동방의 이슬이 둥근 구(round)를 그 안에 담는지(incloses)를 보라, 또 어떻게 그것이 자신의 태생적 요소(native element)를 그 작은 구의 범위 안에 가두어 놓는지(frames)를 보라."

• 8행의 native element가 하늘에서 태어난 이슬의 속성이라면, 하늘처럼 맑고 깨끗한 것을 가리킨다. 이슬이 물방울을 가지고 동그라미를

형성한 모습과 그 안에 맑고 깨끗한 물을 담고 있는 것을 섬세하게 묘사한 구절이다.

• 문장의 골격에 분사를 넣으면, 주어 the orient dew의 의미가 더욱 화려해진다. 1) how the orient dew, shed from the bosom of the morn into the blowing roses. "아침의 품으로부터 활짝 핀 장미 위에 뿌려진(맺힌) 동방의 이슬"; 2) yet careless of its mansion new, for the clear region where it twas born. "그러나 그것(이슬)은 태어난 맑은 곳이 그리워 새 집에는 관심 없이." 여기서 its new mansion은 이슬이 맺혀 있는 장미, where it was born은 이슬이 태어난 하늘. 이슬이 맺혀 있는 장미와 이슬이 태어난 하늘을 대조하고 있다.

• 이슬이 꽃잎 위에서 동글동글 맺혀 굴러가는 모습을 마치 이슬이 장미라는 새 거처에 마음을 두고 싶어 하지 않는다고 표현한 놀라운 비유가 아닐 수 없다. 또 native element에서 element는 "생물이 사는 본래의 장소, 고유 영역, 활동 영역" 등의 뜻을 가진다. native가 붙었으니까 "태어난 장소," 즉 하늘을 가리킨다. 그럼 이슬은 그 작은 공간 안에 고향인 하늘을 담았다는 뜻이 된다.

• 전체를 의역하면, "보시오, 아침의 품으로부터 활짝 핀 장미 위에 발산된 영롱한 이슬을, 그러면서 자기가 태어난 맑은 곳이 (그리워) 새 거처에는 무관심한, 그 이슬이 동그라미를 그 안에 어떻게 에워싸고 있는지를, 또 작은 구의 범위만큼 그 안에다 자신이 태어난 곳의 성분을 할 수 있는 만큼 담아내는지를 (보시오)."

• 위 밑줄 친 말은 주어 "동방의 혹은 영롱한 이슬"을 수식하는 분사와 형용사다. 이렇게 우리말로 바꿔놓고 보면 영시가 얼마나 문법적으로 정확한지를 눈으로 확인할 수 있고, 영어와 한글이 얼마나 유사한지를 알 수 있다. 참고로, 아래 번역은 행으로 하지 않고, 우리말 순서대로 한다. 괄호는 우리말이 자연스럽게 이해되도록 첨가한다.

보라, 아침의 품으로부터
만발한 장미에 발산된 영롱한 이슬
(그러나 자기가 태어난 맑은 곳이 그리워
새 거처에는 관심 없는)
그 영롱한 이슬이 어떻게
자기 몸 안에 구를 에워싸고 있는지를,
또 그 작은 구 범위 안에서
태어난 곳의 성분을 틀 안에 담아내는지를.

Lines 9-14

How it the purple flow'r does slight,
Scarce touching where it lies,
But gazing back upon the skies,
Shines with a mournful light,
Like its own tear,
Because so long divided from the sphere.

• 9-14행도 1행의 명령문 동사인 See의 목적절이 된다. See how 주어 + 동사. 계속 나오는 it는 "이슬"을 가리킨다. 여기서 분사구문은 it가 동시에 진행하는 부대 상황을 말한다. 우리말로는 "~을 하면서."

• 10행의 scarce는 ~ly가 안 붙어도 부사로 scarcely, hardly와 같은 부정의 뜻이다. 따라서 10-11행의 scarcely + but은 not A but B 구문이다.

• 이 문장의 골격만 쓰면, (See) how it does slight the purple flower, (and) shines with a mournful light. "이것(이슬)이 어떻게 자줏빛 꽃을 우습게 여기고, 슬픈 빛을 발하는가를 보시오." how 문장의 본동사는 does slight + shines. 아래 밑줄 친 touching과 gazing은 앞서 얘기한 이슬이 본동사와 동시에 하는 능동적인 행동을 묘사하는 분사다. "그것이 맺혀 있는 곳에 안 닿으려고 하면서(not), 그러나(but) 하늘을 돌아보면서." 이슬방울에 비치는 하늘을 보고, 이슬이 마치 하늘을 돌아본다고 표현한 대단한 상상력과 관찰력이다.

• 분사를 포함한 문장 전체를 번역하면, "(보라) 어떻게 그것이 자줏빛 꽃을 무시하는지를, 그리고 맺혀 있는 (꽃잎)에는 거의 닿지 않은 채 하늘만 돌아보면서, 자신의 눈물 같은 슬픈 빛으로 반짝이는지를, 왜냐하면 하늘로부터 너무 오래 떨어져 있었기 때문에." 위에 밑줄 친 두 단어는 how 문장의 본동사다. 시인은 이슬방울을 눈물과 비유하여 하늘을 떠나 꽃잎에 맺힌 걸 슬퍼하여 흘린 눈물로 묘사한다.

보라, 어떻게 그것이 내린 자리에는 거의 닿지 않고,
대신 하늘을 돌아보면서,
자줏빛 꽃을 무시하는지를,
또 자기의 눈물방울처럼
슬픈 빛을 띠고 빛나는지를,
하늘에서 너무 멀리 떨어졌다고.

Lines 15-18

Restless it rolls and unsecure,
Trembling lest it grow impure,
Till the warm sun pity its pain,
And to the skies exhale it back again.

• 15행을 어순대로 쓰면, it rolls restless and unsecure. 형용사 restless와 unsecure는 동사 rolls를 수식하는 게 아니라, 주어 it를 수식한다. 이 말을 하는 이유는 우리말로는 부사처럼 들리기 때문이다. "이슬은 불안정하고 불안하게 굴러다닌다." 이슬의 상태가 "불안정하고, 불안한" 것이지, 굴러다니는 동작이 불안정하고 불안하다는 말이 아니다. 비슷한 예) It tastes good. "맛이 좋다." it의 맛이 좋은 거지, 맛이 나는(tastes) 동작 자체가 좋다는 뜻이 아니다.

• 16행의 trembling lest it grows impure 역시 분사로 주어 이슬(it)를 수식한다. 요즘은 unsecure를 insecure로 쓴다. "더럽혀지지 않으려고 벌벌 떨면서." 동그란 이슬방울이 꽃잎 위에서 굴러다니면서 파르르 흔들리는 모양을 이렇게 묘사한다.

• 그런데 언제까지 불안에 떠냐면, till 이후까지. 17-18행을 다시 쓰면, till the warm sun pities its pain, and exhales it back again to the skies.

그것은 불안하고 불안정하게 굴러다닌다,
불결해질까 두려워하면서,
따뜻한 태양이 그 고통을 불쌍히 여겨
그것을 하늘로 다시 증발시킬 때까지.

Lines 19-26

> So the soul, that drop, that ray
> Of the clear fountain of eternal day,
> Could it within the human flow'r be seen,
> Remembering still its former height,
> Shuns the sweet leaves and blossoms green,
> And recollecting its own light,
> Does, in its pure and circling thoughts, express
> The greater heaven in an heaven less.

• 19-26행은 한 문장이라서 구문파악을 위해 연결해서 봐야 한다. 이제부터 인간의 영혼에 대한 묘사를 이슬과 비교하면서 시작한다. 보통 새로운 연으로 바꾸지만, 이 작품에서는 그런 구분이 없다. 첫 단어인 So는 앞선 부분의 내용과 같다는 동등비교를 예고하는 말이다. 즉 "이슬이 그런 거처럼," 이 문장의 주어인 "영혼"(soul)도 그렇다.

• So 문장의 골격만 어순대로 쓰면, So the soul shuns the sweet leaves and green blossoms, and does express the greater heaven. 이슬이 꽃잎 위에서 더럽혀지지 않으려고 바들바들 떨다가 공기 중으로 증발해버리는 것처럼, 그렇게 사람의 영혼도 잎과 꽃으로 비유된 육체를 피하고 영혼의 고향인 천국을 바라본다.

• 사람을 들의 풀로 묘사한 것은 성경을 인유한 것이다. "그러므로 모든 육체는 풀과 같고 그 모든 영광은 풀의 꽃과 같으니 풀은 마르고 꽃은 떨어지되"(For all flesh is as grass, and all the glory of man as the flower of grass. The grass withers, and the flower thereof falls away, 벧전 1:24). 이슬과 영혼의 공통점을 육체라는 풀과 꽃에 떨어진 것에서 찾는다.

• 나머지는 앞서 설명한 것처럼 전부 문장의 골격을 장식하는 수식구, 절, 분사구문 등이다. 먼저 주어 "영혼"에 동격으로 추가된 명사는 "그 한 방울, 그 한 줄기 빛"(that drop, that ray). 영혼을 이슬처럼 하늘의 샘에서 인간의 몸에 떨어진 한 방울의 물이고 한 줄기의 빛이란 개념으로 사용한다.

• 21행의 could로 시작하는 문장은 가정법으로 삽입된 절이다. 이걸 if를 넣어 어순대로 쓰면, If it could be seen within the human flower. "만약 영혼이 인간이란 꽃 속에서 볼 수 있다면." 영혼은 인간의 눈으로 볼 수 없지만, 마치 이슬이 꽃잎에 맺혀 있는 것처럼 육체 안에 존재하는 영혼을 볼 수 있다고 가정한다면, 영혼은 하늘의 샘에서 떨어진 물방울이고 빛줄기로 보일 거란 의미다.

• 22행의 remembering은 마찬가지로 본동사 "shuns + does express"의 동작과 동시에 벌어지는 분사구문이다. 여기까지 의역하면, "만약 (영혼이) 인간이란 꽃 안에 존재하는 것을 (눈으로) 볼 수만 있다면, 하늘의 맑은 샘에서 내려온 한 방울의 물, 한 줄의 빛인 영혼은 이전에 살았던 높은 곳을 여전히 기억하면서~." 아직 문장은 끝나지 않았다.

• 24행의 recollecting 역시 remembering과 같은 분사구문의 기능으로 동시에 "~을 회상하면서." 본동사 다음부터 이어서 의역하면, "(그렇게 영혼도 인간의 육체인) 달콤한 잎사귀와 초록빛 꽃을 피하고, 자기 자신의 빛, 과거의 영광을 회상하면서, 순수하고 회전하는 생각 속에서, 더 작은 천국 속에서 더 큰 천국을 표현한다."

• 여기서 25행의 circling thoughts는 해석하기 난해한 구절이다. 영혼을 인간의 육체 속에 존재하는 정신과 같은 것으로 여긴다면, "회전하는 생각"은 무엇을 의미할까? 이것은 독일어의 관용적 표현에서 찾을 수 있는데, 우리를 성가시게 하고(nag), 걱정하게 만들고(worry), 마음의 평화를 앗아가는 생각을 가리킬 때 사용한다. 그걸 이 시에 적용하면, 영혼은 이슬처럼 오직 하늘로 돌아갈 생각으로 자신을 끈질기게 괴롭히는 상태에 있다고 해석할 수 있다. 아니면 늘 생각을 굴리며 사는 인간의 모습을 묘사하는 것으로 해석할 수 있으나 확실한 뜻을 파악하기는 쉽지 않다.

• 26행의 in a heaven less는 인간이 사는 이 땅을 "작은 천국"으로 부른 성경을 인유한다고 볼 수 있다. "하나님의 나라는 너희 안에 있느니라"(the kingdom of God is within you, 눅 17:21). 따라서 영혼은 인간의 육체라는 작은 천국 속에서 하늘에 있는 더 큰 천국을 표현한다고 시인은 말한다.

그렇게 영원한 날의 맑은 샘에서 온
한 방울, 한 줄기인 영혼도,
만약 인간이란 꽃 속에서 볼 수 있다면,
여전히 이전의 높았던 자리를 기억하고는
아름다운 잎새와 푸른 꽃잎을 피한다.
그리고 그 자체의 빛을 회상하면서
순결하고 회전하는 생각 속에서
작은 하늘 안에다 더 큰 천국을 그려낸다.

Lines 27-36

In how coy a figure wound,
Every way it turns away:
So the world excluding round,
Yet receiving in the day,
Dark beneath, but bright above,
Here disdaining, there in love.
How loose and easy hence to go,
How girt and ready to ascend,
Moving but on a point below,
It all about does upwards bend.

• 이 부분 역시 영혼은 이슬처럼 이 땅을 무시하면서 오직 영혼이 태어난 곳인 하늘만 바라본다는 말을 계속한다. 문장의 골격은 Every way it turns away. "(영혼은) 사방을 다 피합니다." 그리고 나머지도 역시 과거분사, 현재분사로 영혼의 상태를 다양하게 수식한다. wound는 wind의 과거분사로 몸을 돌돌 말아 "움츠린 채," excluding "배척하면서," receiving "받아들이면서," disdaining "경멸하면서," in love "사랑하면서."

• 여기서 계속 대조되는 것은 우리가 사는 이 세상과 죽으면 돌아갈 하늘나라이다. 세상은 어둡고, 천국은 밝다는 빛의 이미지를 또한 사용한다.

• 이렇게 아무리 복잡해 보여도 문장의 골격을 찾으면, 나머지는 그것을 계속 뒤에서 연결하여 수식하는 장식임을 알 수 있다. 영어는 이렇게 수식하는 구절이 달려 복잡해 보일 뿐, 제대로 구문을 파악하면 우리말과 별반 다르지 않다는 걸 발견할 수 있다. 따라서 영어에 대한 이

해력이 높아지고 특히 높은 수준의 영작을 할 때면, 영어는 우리말과 같아 보이는 단계에 이른다. 그때 비로소 진정한 영어 실력을 갖추었다고 말할 수 있다.

• 33행부터 두 개의 how 절은 단순하게 이슬의 상태를 묘사하는 독립된 구(phrase)로 해석하는 게 자연스럽다. "얼마나 ~한 상태인지." girt는 gird의 과거분사로 "어떤 행동을 시작하기 전 단단히 묶다, 준비하다." "얼마나 느슨하고 쉽게 갈 준비가 돼 있는지" 정도로 이해하면 된다.

• moving은 앞에서와 마찬가지로 it를 묘사하는 분사구문이다. 따라서 이 문장의 골격은 36행이다. 어순대로 고쳐 쓰면, It does bend upwards all about. "그것(영혼)은 온 사방에서 위를 향하고 있다."

• 여기서 a point below는 인간의 정체성을 말하는 의미심장한 표현이다. 앞서 공부한 조지 허버트는 "The Pulley"에서 인간을 a span, "한 뼘"에 불과한 존재라고 이야기했다면, 마벨은 인간을 이 땅에서 움직이는(moving) "한 점"에 불과하다고 말한다. 이 "한 점"은 지구라는 공간으로 해석할 수도 있다.

> 얼마나 부끄러운지 몸을 움츠린 채,
> 그것은 온 방향으로 몸을 피한다.
> 그렇게 세상을 동그랗게 배척하면서,
> 그러나 밝은 날은 받아들이고,
> 어둠은 아래로 내리고, 밝음은 위로부터 받고,

이곳은 경멸하고, 저곳은 사랑에 빠져 있다.
얼마나 느슨하고 떠나기 쉬운지,
얼마나 단단히 올라갈 준비가 되어 있는지,
그것은 단지 한 점 위에서 움직이며,
온 사방을 둘러 위로만 향하고 있다.

Lines 37-40

Such did the manna's sacred dew distill,
White and entire, though congealed and chill,
Congealed on earth: but does, dissolving, run
Into the glories of th' almighty sun.

• 마지막 부분은 이스라엘 백성이 출애굽하여 광야를 지날 때 하늘로부터 공급받은 만나(manna)를 영혼과 비유한다. 성경은 만나를 다음과 같이 묘사한다. "아침에는 이슬이 진 주위에 있더니 그 이슬이 마른 후에 광야 지면에 작고 둥글며 서리 같이 가는 것이 있는지라"(in the morning the dew lay round about the host. And when the dew that lay was gone up, behold, upon the face of the wilderness there lay a small round thing, 출 16:13-15).

• 이 문장의 골격만 쓰면, Such did the mann's sacred dew distill, but does run into the glories of the almighty sun. 여기서 시제가 두 가지(did distill + does run into)로 나누어진 이유는 만나가 내린 시점은 과거로, 태양에 녹아 증발하는 시간은 현재로 차이를 두기 위함이다. sun은 일종의 word pun으로 그리스도를 말하는 Son(아들)과 발음이 같다(단의 "A Hymn to God the Father" 참조).

• distill은 "증류하다," "방울로 떨어지다"라는 뜻이 있다. 나머지 역시 모두 만나의 상태를 묘사하는 형용사, 과거분사, 현재분사로 수식일 뿐이다. white and entire, congealed and chill, congealed on earth, dissolving. 여기서 entire는 "순수한, 순결한"이란 뜻이다.

> 그렇게 만나의 성스러운 이슬도 방울방울 내렸고,
> 비록 굳어지고 차갑고,
> 땅에 굳어진 채 있었지만, 녹으면서 달려간다,
> 전능한 태양의 영광 속으로.

마무리

이슬방울은 영혼을 비유하는 이 시의 주된 메타포다. 문학적으로 영혼은 물질세계와 영적인 세계의 중간에 자리 잡아 언제나 갈등하는 존재로 묘사돼왔다. 신학적으로 영혼은 인간의 육체와 대립하는 것으로 여겨져 왔다. 시인은 이슬이 증발하듯이, 영혼은 잠시 머물던 인간의 육체를 떠나면 원래의 자리인 하늘로 돌아간다는 기독교 신학과 고대 그리스의 철학을 다 반영하고 있다.

이 시에서 육체를 아름다운 꽃과 풀로 묘사했다면, 그것은 영혼을 유혹하는 방해물임을 상징한다. 따라서 이 작품은 더럽혀지지 않기 위해 몸부림치는 이슬과 영혼의 공통점에 착안하여 도저히 비교 대상이 아닌 것을 비교함으로써, 형이상학적 기상을 만들어낸다. 마벨의 섬세한 관찰력의 결과물이 아닐 수 없다.

문학을 통하여 영어를 가르치는 사람으로서 자신 있게 말하자면, 복잡하고 어려운 문장을 완전하게 분석하고 나면, 그 문장을 귀로 들어도 의미를 파악할 수 있을 정도로 머릿속에 완벽한 구문이 형성된다는 사실이다. 영어 실력은 그렇게 쌓아 나가는 것이라고 확신한다. 시는 문법하고 관계없이 쓰였다고 생각하는 것은 큰 착각이다. 특히 17세기 형이상학파 시는 어느 시대 작품보다 더 논리적이고 문법에 딱 맞는 특징을 가지고 있어 영어 공부, 특히 영작문을 하기에 가장 좋은 교재 중 하나다. 이 시를 완벽하게 분석한 다음, 눈으로 따라 읽고 머릿속으로 구문이 파악되고 번역이 술술 된다면, 성공했다고 간주해도 충분하다.

제5장

Henry Vaughan

(1621-1695)

Introduction

헨리 보온은 웨일스(Wales)의 브레컨셔(Breconshire)에서 태어났다. 1638년 그는 후에 연금술로 명성을 얻은 쌍둥이 형제와 함께 옥스퍼드에 입학한 것으로 추정된다. 1640년 옥스퍼드를 떠났고, 런던에서 법을 공부하던 중 왕과 의회가 싸우는 내란(Civil War)이 일어나면서 학업을 중단한다. 그는 왕을 지지하는 로열리스트(Royalist)가 돼 사우스 웨일스에서 활동한다.

1650년 보온은 종교시를 모은 *Silex Scintillans*, 영어로 "The Glittering Flint"(번쩍이는 부싯돌)란 의미의 제목으로 시집을 출간한다. 제목은 자신의 돌 같은 마음에 쇠붙이 같은 하나님의 권능이 그어질 때 불꽃이 일어난다는 걸 의미한다. 제목처럼 그의 시는 매우 성경적이고 종교적 확신으로 가득 찬 것으로 유명하다. 1655년 재판된 시집의 서문에서 보온은 자신이 경험한 영적 깨달음은 "복된 조지 허버트 목사의 시(the poems of the blessed man, Mr. George Herbert)에서 온 것"이라고 고백한다. 당시 허버트의 지극히 종교적인 시가 영국 사회에 미친 영향을 증명한다. 깊이 감추어져 있던 보온의 작품은 20세기에 이르러 존 단의 형이상학적 시가 부활하면서 빛을 보게 된다.

Radcliffe Camera,
Oxford University

Man

Weighing the stedfastness and state
Of some mean things which here below reside,
Where birds, like watchful clocks, the noiseless date
And intercourse of times divide,
Where bees at night get home and hive, and flow'rs
Early, as well as late,
Rise with the sun and set in the same bow'rs;

I would—said I—my God would give
The staidness of these things to man! for these
To His divine appointments ever cleave,
And no new business breaks their peace;
The birds nor sow nor reap, yet sup and dine;
The flow'rs without clothes live,
Yet Solomon was never dress'd so fine.

Man hath still either toys, or care;
He hath no root, nor to one place is tied,
But ever restless and irregular
About this Earth doth run and ride.
He knows he hath a home, but scarce knows where;
He says it is so far,
That he hath quite forgot how to go there.

He knocks at all doors, strays and roams,
Nay, hath not so much wit as some stones have,
Which in the darkest nights point to their homes,
By some hid sense their Maker gave;
Man is the shuttle, to whose winding quest

And passage through these looms
God order'd motion, but ordain'd no rest.

*****

Lines 1-9

Weighing the stedfastness and state
Of some mean things which here below reside,
Where birds, like watchful clocks, the noiseless date
And intercourse of times divide,
Where bees at night get home and hive, and flow'rs
Early, as well as late,
Rise with the sun and set in the same bow'rs;
I would—said I—my God would give
The staidness of these things to man!

• 지금까지 분석한 대부분의 시가 그렇듯이, "Man" 역시 매우 난해한 작품이다. 먼저 스스로 번역한 다음, 그걸 가지고 이 책에 설명된 내용과 비교하면서 무엇이 맞고 무엇이 잘못된 것인지 파악하고 이해할 때 진정한 공부가 된다.

• 1연(1-7행)의 구문을 제대로 파악하는 것이 이 시를 이해하는 관건이다. 앞서 배운 시 중에서 한 연이 반드시 완전한 문장이 아닌 경우를 여러 번 봤는데, 바로 이 시도 거기에 속한다. 일단 그것을 알기 위해서는 먼저 두 가지를 생각해야 한다. weighing이 1) 동명사로서 첫 문장의 주어인지, 아니면 2) ~ing로 종속절을 이끄는 분사구문인지. 전자라면 본동사를 찾아야 하는데 1연의 동사 reside, divide, get, rise, set 중

weighing을 받는 동사는 없어 보인다. 따라서 동명사로 만든 주어는 아니다.

• 후자인 종속절을 이끄는 분사구문이라면 주절을 찾아야 한다. 그런데 1연에 있는 주어 + 동사의 형태는 모두 which나 where로 받은 문장 안에서 있으므로 주절이 될 수 없다. 그렇다면 주절은 2연의 8행 I would가 된다.

• stedfasteness를 현대식 철자로 바꾸어 첫 문장의 골격만 풀어쓰면, When I weigh the steadfastness and state of some mean things, I would my God would give the staidness of these things to man! 여기서 I would 다음에 동사가 붙지 않는 걸 이상하게 여겨야 한다. would는 조동사가 아니라 I wish를 의미하는 동사다. 예) Would that she were here! "그녀가 여기 있으면 좋았을 텐데!" 이것은 현재 이루어질 수 없는 불가능한 소망을 말한다.

• 3행의 like watchful clocks, 즉, 새를 "감시하는 시계"로 비유한 것은 시계의 잠자지 않는 특성에 착안한 직유법(simile)이다. 날과 때는 noiseless, 즉 조용히 지나가지만, 새들은 시계처럼 그것을 정확하게 나눌 수 있는(divide), 다른 말로 때를 파악할 수 있는 능력을 갖추고 있다. 반면 인간은 시계가 알려주지 않으면 시간을 알 수 없는 존재임을 상기시킨다.

• 나머지는 모두 앞에 있는 말을 뒤에서 꾸며주는 수식이다. 이 문장을 어순대로 바꿔 산문처럼 써보면 다음과 같다. 참고로 아래 푸른색

은 문장의 골격이고, 밑줄 친 단어는 주격 관계대명사 which와 그 동사, 장소의 관계부사 where 속의 주어와 동사를 표시한 거다.

> When I weigh the steadfastness and state of some mean things / which here below reside, / where birds, like watchful clocks, divide the noiseless date and intercourse of times, / where bees get home and hive at night, and flowers rise early with the sun and set, as well as late, in the same bowers / I would—said I—my God would give the staidness of these things to man!

• 이 부분을 다시 설명하면, 2행의 which는 some mean things를 수식한다. "여기 아래 사는 어떤 미물들." 그다음 where는 "여기 아래, 이 땅"을 수식한다. where 문장의 첫 번째 주어 + 동사는 1) birds divide. "새들이 시간을 지키는 시계처럼 소리 없는 날과 계절의 왕래를 나누는 여기 아래, 이 땅." 즉, 이 땅에 사는 새들은 시계가 없어도 하루의 시작과 끝을 알고, 계절의 변화를 안다.

• where 문장의 두 번째 주어 + 동사는 2) bees get home and hive. "벌들은 저녁이면 집에 돌아와 밤을 지내고." 세 번째 주어 + 동사는 3) flowers rise and set. "꽃들은 태양과 함께 일찍 뜨고 마찬가지로 늦게 같은 처소에서 지는 여기 아래, 이 땅."

> 이 아래 사는 몇몇 미물들의
> 한결같음과 당당함을 생각해볼 때,
> 새들은 잠 안 자는 시계처럼 소리 없는 날과
> 시간의 오고 감을 나누고,
> 벌들은 집에 돌아와 밤을 지내고,

꽃들은 일찍이나 늦게나
태양과 함께 일어나 같은 자리에서 지는 여기 아래 세상에서,
나는 바라건대 (나는 말했습니다) 하나님께서 인간에게
이런 것들의 한결같음을 주셨으면!

Lines 10-15

for these
To His divine appointments ever cleave,
And no new business breaks their peace;
The birds nor sow nor reap, yet sup and dine;
The flow'rs without clothes live,
Yet Solomon was never dress'd so fine.

• for는 "왜냐하면." these는 birds, bees, flowers를 가리킨다. 10-12행을 어순대로 쓰면, for these ever cleave to His divine appointments and no new business breaks their peace. 이 땅의 미물들은 하나님께서 정하신 약속대로 살고, 다른 일을 하겠다고 평화를 깨지 않는다는 말이다. 예를 들면, 벌이 수천 년 동안 하던 꿀 따기가 지겹다고, 개미처럼 땅에서 먹을 걸 구하는 일로 바꾸지 않았다는 얘기다.

• 13-15행은 예수님의 말씀을 그대로 옮긴 내용이다. "공중의 새를 보라 심지도 않고 거두지도 않고 창고에 모아들이지도 아니하되 너희 하늘 아버지께서 기르시나니"(Behold the fowls of the air: for they sow not, neither do they reap, nor gather into barns; yet your heavenly Father feeds them, 마 6:26). "들의 백합화가 어떻게 자라는가 생각하여 보라. 수고도 아니하고 길쌈도 아니하느니라. 그러나 내가 너희에게 말하노니 솔로몬의 모든 영

광으로도 입은 것이 이 꽃 하나만 같지 못하였느니라"(Consider the lilies of the field, how they grow; they toil not, neither do they spin: And yet I say unto you, That even Solomon in all his glory was not arrayed like one of these, 마 6:28-29).

> 왜냐면 이런 미물들은
> 하나님이 정해주신 약속에 충실하고,
> 새로운 일로 그들의 평화를 깨지 않기 때문입니다.
> 새들은 파종이나 추수 안 해도 먹고 마시고,
> 꽃들은 옷 없이 사는데도,
> 솔로몬은 그만큼 잘 입지 못했습니다.

Lines 16-22

> Man hath still either toys, or care;
> He hath no root, nor to one place is tied,
> But ever restless and irregular
> About this Earth doth run and ride.
> He knows he hath a home, but scarce knows where;
> He says it is so far,
> That he hath quite forgot how to go there.

• 이제 3연은 인간의 상태를 묘사한다. toys와 care는 상반되는 개념이다. toys는 인간이 즐기는 쾌락이나 오락이고, care는 근심과 걱정을 말한다. 이것은 인간이 살면서 갖게 되는 두 가지 요소를 상징한다. 17-18행은 not A, but B의 문장이고, 21-22행은 so that 구문이다. 특별히 어려운 구문은 없다.

인간은 여전히 즐거움이나 근심으로 살아가고,
그는 뿌리도 없고, 한 곳에 매여 있지도 않습니다.
그 대신 끊임없이 불안하고 불규칙하게
이 땅을 달리고 또 타고 다닙니다.
그는 고향이 있는 건 알지만, 어디 있는지도 모르고,
그는 그게 너무 멀리 있어,
어떻게 가는지도 이미 잊었다고 말합니다.

Lines 23-29

He knocks at all doors, strays and roams,
Nay, hath not so much wit as some stones have,
Which in the darkest nights point to their homes,
By some hid sense their Maker gave;
Man is the shuttle, to whose winding quest
And passage through these looms
God order'd motion, but ordain'd no rest.

• 모든 문을 두드린다는 건 인간의 무한한 호기심과 온갖 지적인 활동을 상징한다. 동시에 인간은 정함이 없이 방황하고(strays) 떠돌아다니는(roams) 존재이기도 하다. 그러면서도 인간은 어두운 밤에 방향을 가리키는 나침판이나 자석보다 못한 존재임을 선언한다. 인간을 만물의 영장이라고 생각할 때, 이 선언은 대단한 역설이다.

• some stones는 lodestone, "자철석, 천연자석"을 의미한다. 이것은 방향을 가르쳐주는 돌로 고대 그리스나 중국에서 최초의 나침판에 사용됐었다.

• 27행에서 마지막으로 시인은 인간을 옷감 짜는 베틀의 북(shuttle)에 비유한다. 난해한 부분은 winding quest라는 표현이다. 베틀에 있는 장치를 말하는 건지 추상적인 의미가 있는지 알 수 없다. 옷감 짤 때 좌우로 왔다 갔다 하는 베틀 북처럼 왕복 운동을 끊임없이 하는 이미지를 가리키는 것으로 볼 수 있다.

• 보온은 운명(Fate)이 인간의 삶을 옷감 짜듯이 짠다는 클래식 이미지를 운명이 아니라 하나님이 인간의 삶을 주관한다는 기독교적 이미지로 전환한다. 이것은 허버트의 시처럼 인간은 하나님 안에서 안식(rest)을 찾을 때까지 불안할 수밖에 없다(restless)는 성 오거스틴의 신학적 개념에서 출발한 이미지다.

그는 모든 문을 두드리고, 길을 잃고 방황합니다.
아니, 창조주가 부여한 숨겨진 감각으로
가장 어두운 밤에도 그들의 고향을 가리키는
어떤 돌이 가진 지혜의 절반만큼도 없습니다.
인간은 베틀 북입니다, 하나님이
그 좌우로 움직이는 베틀 안의 길을
움직이라고 명령하셨지만, 안식은 허락하지 않은.

마무리

이 시는 조지 허버트의 "The Pulley"에서 강하게 영감을 받은 작품으로 알려져 있다. 두 시 모두 인간의 "불안"(restlessness)을 주제로 한다. 허버트의 경우 인간에게 불안함이 주어진 이유는 도르래처럼 밀고 당기듯 하나님을 찾게 만들기 위한 창조주의 배려라면, 보온의 경우 불안은 하나님을 떠난 인간의 무분별한 행실이 자초한 결과다. 이 시는 오직 인간에게만 주어진 자유가 인간을 오히려 창조주의 약속대로 사는 미물보다 못한 존재로 만들었다는 시인의 불만이다. 그것은 만물을 다스릴 권세를 부여받았음에도, 한 방향을 가리키는 돌보다 못한 존재로 곤두박질친 상태와 함께 창조의 가장 큰 아이러니다. 시인은 또 하나님을 바라보고 살아야 함에도 방향 감각을 상실한 인간의 현주소를 고발하고 있다.

결론에서 이제 불안을 명령한 주체는 하나님으로 바뀐다. 자유를 가지고 마음대로 살던 인간은 도리어 베틀 북의 움직임에 고정되어 같은 동작을 쉼 없이 반복하는 창조의 또 다른 아이러니가 된다. 불안이 허버트에게는 하나님의 배려였다면, 보온에게는 하나님의 징계가 된 것이다.

사실 보온은 정치적으로 찰스 1세를 지지하는 왕당파에 속한 사람이었고, 다음에 등장하는 벤 존슨(Ben Jonson)이 주도한 궁정시인 그룹의 멤버였다. 그러나 내란이 일어나는 혼란한 상황에서 그는 단과 허버트의 영향을 받아 세속 시에서 종교시로, 궁정 풍에서 형이상학적 시풍으로 전향한다. 그의 작품은 그러나 삼백 년 이상 주목받지 못하고 묻혀 있다가 20세기 들어 세상에 모습을 드러냈다.

제6장

Ben Jonson

(1572-1637)

Introduction

벤 존슨은 목사인 그의 부친이 사망한 지 한 달 만에 런던에서 유복자로 태어난다. 웨스트민스터 스쿨(Westminster School)에서 역사학자인 윌리엄 캠든(William Camden)의 가르침을 받아 그의 폭넓은 지성의 영향을 받았고, 두 사람은 스승과 제자면서 친구가 된다. 캠든에게서 받은 학문적 유산은 존슨의 문학과 문체에 뚜렷한 흔적을 남긴 것으로 알려져 있다. 그 후 존슨은 케임브리지에서 공부할 것으로 예상했으나 학업을 포기하고, 대신 벽돌공인 양부 밑에서 원치 않는 도제 생활을 시작한다. 존슨과 같은 시대를 살았던 역사학자 토마스 풀러(Thomas Fuller)는 런던에 있는 Lincoln's Inn의 정원 벽은 이 시절 존슨이 쌓았다고 기록하고 있다.

그는 벽돌공의 직업을 싫어하여 군에 입대했고, 현재는 벨기에(Belgium)인 플랜더스(Flanders)에서 복무한 후 영국으로 돌아와 극단에서 배우 겸 작자로 활동한다. 1597년 존슨은 토마스 내쉬(Thomas Nashe)와 함께 『개들의 섬』(*The Isle of Dogs*)이란 풍자극을 공동 저작한다. 그러나 영국 왕실의 추밀원(Privy Council)은 이 작품이 음란하고 중상 모략적인 내용을 담고 있다는 이유로 모든 런던 극장에서의 공연을 금지하고, 두 사람을 템스강 남쪽에 위치한 악명 높은 마샬시 감옥(Marshalsea Prison)에 투옥한다. 일 년 후 존슨은 동료 배우와 결투를 벌이다 그를 살해하는 일까지 저지른다. 그러나 그는 "성직자의 특권"(benefit of clergy)을 주장하여 교수형을 면한다. 그 외에도 존슨은 동시대 작가들과 논쟁과 다툼을 일삼고 여러 차례 체포되고 투옥될 정도로 폭발적인 성격을 가진 사람으로 알려져 있다.

참고로 "성직자의 특권"이란 목사가 사형에 처할 중죄를 범했을 때, 세속적인 사법권 관할 구역에 속하지 않고 교회법에 지배를 받던 목사는 세속 법정이 아니라 교회 법정에서 재판을 받겠다고 주장하고 거기서 형벌을 피할 수 있었던 제도다. 이것은 12세기 가톨릭교회의 주교(bishop)가 재판을 주관하던 영국의 전통적인 법정 제도에서 출발한 것으로, 이후 평신도 범죄자도 법정에서 성경의 한 구절인, "하나님이여 주의 인자를 따라 내게 은혜를 베푸시며 주의 많은 긍휼을 따라 내 죄악을 지워주소서"(Have mercy upon me, O God, according to thy lovingkindness: according unto the multitude of thy tender mercies blot out my transgressions, 시 51:1)를 라틴어로 읽을 줄 알면 이 특권을 적용하여 사형을 면하는 편법으로 많이 남용되었다. 이 성구는 목숨을 살려주는 구절이라고 해서 "neck verse"로 부른다. 엘리자베스 시대에는 90% 이상의 성직자 유형의 범죄자들이 이 특권을 주장하여 사면된 것으로 기록돼 있다. 평신도인 존슨의 사면은 그 대표적인 사례로 남아 있다. 단, 이 특권을 두 번 사용할 수 없도록 모든 재산을 몰수하고 엄지손가락에 중범죄자의 표식을 찍고 풀어주었다. 존슨 역시 엄지에 표식을 받고 풀려났다.

1598년 공연된 『십인십색』(*Every Man in His Humor*)은 로드 챔벌린 극단(Lord Chamberlain's Men)이 글로브 극장(Globe) 무대에 처음 올린 존슨의 대표작이다. 이 공연에서 셰익스피어는 등장인물로 무대에 오른다. 이것은 여러 기괴한 성격을 대표하는 인물들이 무대에 올라, 그 시대의 사회적 위선을 풍자하고 비판하는 내용으로, 기질 희극(humor comedy)을 유행시킨 중요한 작품으로 잠깐 대중의 인기를 누리고, 그를 따르는 작가들도 생기기 시작한다. 존슨은 런던의 칩사이드(Cheapside)에 소재한 술집 머메이드 타번(Mermaid Tavern)에 정기적으로 모이는 문인 그룹의 리더가 되고, 단과 함께 젊은 작가들에게 영향을 끼친다. 그 후 이들은 벤 존슨의 이름을 따 "벤의 아들들"(Sons of Ben) 혹은 "벤 지파"(Tribe of Ben)라는 이름으로 불리고,[24] 후에 궁정시인(Cavalier Poets) 혹은 왕당파 시인(Cavalier Poets)으로 명명된다.

궁정 시인들은 앞서 공부한 형이상학파 시인들과 동시대 작가들이면서도 다른 시풍을 보인다. 원래 "왕당파"(Cavalier)는 영국의 내란 당시 찰스 1세를 지지한 군인이나 궁정 신하들을 그룹 짓는 말인데, 찰스 1세 치하에서 문인으로 활동하며 그를 지지한 시인들을 가리키는 용어로도 사용된다. 예술을 사랑한 찰스 1세는 자신이 좋아하는 스타일의 작품을 쓰는 시인들을 모아 후원했다. 그들은 당시 의회를 지지하는 청교도주의자들(Puritans)과 달리 종교적으로 자유롭고 분방한 삶을 살았고, 그런 그들을 경멸하여 부른 호칭인 "왕당파"가 그들의 명칭이 됐다. 따라서 로버트 헤릭(Robert Herrick) 같은 몇몇 시인을 제외하고 왕당파 시인들은 대부분 찰스 1세의 신하로서 궁정에서 활동한 문인들이다.

왕당파 시의 특징은 전통적인 시가 다루는 종교, 철학, 예술 등과 같은 무거운 주제가 아닌, 쾌락과 즐거움을 강조하고 진선미를 찬양하고 술과 사교와 같은 가벼운 주제를 다룬다. 이런 삶의 자세가 하나의 목표를 향한다면 그건 *carpe diem*(seize the day)이라는 주제로 귀결된다. 로마의 시인 호라티우스(Horace)가 그의 송시(*Odes*)에서 노래한 *carpe diem*이 그보다 이전 고대 그리스의 철학자 에피쿠로스(Epicurus)의 가르침과도 일치하고, 형이상학파 시인들과 궁정 시인들에게도 중요한 문학적 주제로 다루어진 걸 보면, "오늘을 즐겨라, 기회를 놓치지 마라"는 사상은 시대를 초월하여 문학이 추구했던 가장 인간적이고 실용적이고 보편적 가치로 여겨졌다는 의미를 준다.

---

24) "벤 지파"는 구약시대 이스라엘의 "베냐민 지파"를 패러디한 이름이다. 참고로 영어 이름에서 Ben은 Benjamin의 줄인 말이다.

Song to Celia: Drink to me

Drink to me, only, with thine eyes,
And I will pledge with mine;
Or leave a kiss but in the cup,
And I'll not look for wine.
The thirst that from the soul doth rise,
Doth ask a drink divine:
But might I of Jove's Nectar sup,
I would not change for thine.

I sent thee, late, a rosy wreath,
Not so much honoring thee,
As giving it a hope, that there
It could not wither'd bee.
But thou thereon didst only breathe,
And sent'st it back to mee:
Since when it grows, and smells, I swear,
Not of itself, but thee.

*****

Lines 1-8

Drink to me, only, with thine eyes,
And I will pledge with mine;
Or leave a kiss but in the cup,
And I'll not look for wine.
The thirst that from the soul doth rise,

Doth ask a drink divine:
But might I of Jove's Nectar sup,
I would not change for thine.

• 첫 문장은 명령문이다. drink to 하면 "~을 위해 건배하다." 그런데 축배를 드는데 눈으로만 해달라는 말은 무슨 뜻일까? 보통 잔을 드는 목적은 와인을 마시기 위해서다. 그러나 시인은 여인이 와인을 마시기보다, 그녀의 눈으로 축배를 들어주길 갈망한다. 와인으로 상징되는 육체적 사랑보다, 눈으로 전달되는 정신적 사랑을 원하고 있음을 의미한다.

• 그러면서 2행에서 화자는 drink를 pledge로 대체함으로써, 와인 마시는 행위를 사랑을 맹세하는 상징적인 행위로 높인다. 존슨은 여인의 눈, 장미, 와인과 같은 전통적인 이미지를 사용하면서도 사랑을 교감하는 방식을 매우 창의적인 이미지로 바꾼다. 사랑하는 여인의 마음을 와인을 매개로 요구한 다음, 자신은 사랑의 맹세로 응답한다. 친밀함을 원하는 화자의 의지를 보여주면서 독자를 화자가 주도하는 세계로 들어오도록 유도한다.

• 3행의 but은 1행의 only와 같은 뜻이고, 1행 "그대의 눈"은 2행에서 "입맞춤"으로 발전한다.

• 4행에서도 와인보다 술잔에 찍힌 여인의 입술 자국에 집중한다. 육체적 사랑을 상징하는 와인은 기대하지 않겠다는 의지의 표명이다. 잔에 찍힌 키스 자국은 육체적 사랑의 그림자일 뿐이다.

• 이제 화자의 의도는 구체적으로 드러난다. 자신의 목마름은 육체적 갈증이 아니라 영혼이 느끼는 갈급함이다. 5-6행을 어순대로 쓰면, The thirst that does rise from the soul does ask a divine drink.

• 여기서 "신성한 음료"를 요구하는 것이 그것을 증명한다. 그렇기에 7행에서 Jove의 넥타를 말하는 거고, 그것보다 사랑하는 여인이 주는 음료를 더 우위에 올려놓음으로써, 신의 넥타 이상으로 신성한 것임을 암시한다.

• 5-6행 doth, doth, drink, divine. "d"로 시작하는 alliteration은 반복된 소리로 파열음의 둔탁한 음향효과를 주면서 여인에게 사랑을 요구하는 분위기를 어둡게 만든다.

• 7행의 sup은 "저녁을 먹다" 외에 "홀짝홀짝 마시다"라는 뜻이 있다. Jove는 로마 신화 Jupiter의 다른 이름이고 그리스 신화의 Zeus에 해당한다. 7행은 If I might sup of Jove's Nectar를 도치한 문장이다. 여기서 if는 though로 봐야 하고, sup of에서 of는 from의 의미다.

• 8행에서 여인의 와인(thine)을 신의 음료인 넥타와도 바꾸지 않겠다고 한 것은 여인을 향한 사랑의 영원함을 의미한다. 관용적으로 nectar of the gods는 특별히 맛있고 행복과 도취감을 주는 음료를 가리킬 때 사용한다. 예) Oh, coffee, nectar of gods! I simply wouldn't be able to function without it. "오, 커피는 신의 음료야! 나는 그거 없이는 작동할 수가 없어."

나를 위해 오직 그대의 눈으로만 잔을 들어주시오.
그럼 나는 나의 눈으로 맹세하리다.
아니면 입맞춤을 단지 술잔에 남겨주시오,
난 와인은 찾지 않으리니.
영혼에서 우러나는 갈증은
신성한 음료를 요구합니다.
그러나 나는 신의 음료를 마실 수 있다 해도,
그대의 것과 바꾸지 않으리라.

Lines 9-16

I sent thee, late, a rosy wreath,
Not so much honoring thee,
As giving it a hope, that there
It could not wither'd bee.
But thou thereon didst only breathe,
And sent'st it back to mee:
Since when it grows, and smells, I swear,
Not of itself, but thee.

• 2연에서 반전이 일어난다. 화자는 최근 여인에게 장미 꽃다발을 보냈다고 얘기한다. 1연에서 화자가 구했던 신성한 사랑과 달리 장미꽃은 섹슈얼한 이미지와 육체적 사랑을 상징한다.

• 구문파악을 위해 문장의 골격을 풀어쓰면, I sent you a rosy wreath, lately. 그리고 동시에 벌어지는 분사구문의 부대 상황은 honoring thee와 giving it a hope이다. 여기에 not so much as라는 동등비교의 부정이

삽입된다. that 이하는 hope를 받은 명사절이다.

• 10-11행에서 두 가지 행동을 비교한다. A를 하려는 것만큼 B 하지 않으면서 보냈다. 직역하면, "꽃다발에 ~한 희망을 주는 것만큼 그대를 존중하지는 않으면서." 그리고 희망의 구체적인 내용은 that 이하의 사실이다. "당신 곁에서(there) 장미가 시들 수가 없을 거란 희망." 전체를 의역하면, 여인을 존중해서 장미를 보냈다기보다, 장미가 여인 곁에 있으면 시들지 않을 거라는 희망에서 보냈다.

• 화자가 꽃을 선물로 선택한 이유는 여인을 위해서가 아니라, 꽃 자체를 위해서라는 말이다. 이것은 역설이고 일종의 과장법으로, 오히려 낭만적인 의도가 들어 있는 전략적 시나리오로 해석할 수 있어야 한다. 화자는 장미가 여인과 함께 있으면 시들지 않을 거란 최고의 찬사를 보낸 것이다.

• 장미가 시든다는 것은 육체적 사랑의 유한함을 상징한다. 따라서 여인이 화자의 사랑을 받아준다면, 그 사랑은 시들지 않고 영원한 생명력을 얻을 것이란 강한 소망을 내포한 의도였다. 동시에 시들지 않는 장미는 7행에서 사랑하는 여인의 와인을 "신의 음료"와도 바꾸지 않겠다고 한 말을 뒷받침하는, 사랑의 불멸성을 강조하는 중요한 연결고리가 된다.

• 그러나 13-14행에서 반전이 일어난다. 장미꽃은 되돌아온다. 여인은 화자의 사랑을 의미하는 장미를 간직할 것으로 기대했지만, 돌려보내고 만다. 육체적 사랑을 거부했다는 의미다. 그런데 그냥 보낸 게 아니

라, 꽃 위에 숨을 내뿜고 돌려보낸다.

• 여인의 행동은 의도적인 것으로 해석할 수 있다. 즉, 그녀는 자신의 호흡이 담긴 꽃다발을 다시 받은 화자가 어떤 반응을 보일지를 알았다는 의미다.

• 마지막 15-16행에서 since는 앞뒤의 문맥과 인과관계가 없으므로 단순히 "그 후로부터"라는 시간적 부사로 해석한다. 그다음 부분이 난해하다. 1) when이 종속절이라면 and를 없애고, it를 넣어야 말이 되고, 그때 I swear는 삽입이 된다. Since when it grows, it smells (I swear) not of itself, but thee; 2) I swear이 삽입이 아니라 주절이라면, Since when it grows, I swear it smells not of itself, but thee; 3) 혹은 when을 없애면 단문이 된다. Since it grows, and smells (I swear) not of itself, but thee. 번역은 똑같이 해도 무방하다.

• 화자는 돌아온 장미꽃이 이전과 다른 향기를 품고 있다는 걸 발견한다. 바로 여인의 향기다. 화자는 여인의 호흡을 육체적 사랑이 아니라, 정신적 사랑의 감각으로 받아들인다. 그의 상상력에서 오는 사랑이고, 그것은 한 여인을 진심으로 사랑할 때만 느낄 수 있는 특별한 향기이기 때문이다. 그러므로 이 시는 육체적 사랑을 뛰어넘는 정신적 사랑을 칭송하는 연시로 해석할 수 있다.

나는 그대에게 최근 장미 꽃다발을 보냈습니다,
그대를 존중해서라기보다
그것이 그대 곁에서 시들지 않을 거란

더 큰 소망을 품고서.
그러나 그대는 그 위에 숨만 내쉬고,
내게 돌려보냈습니다.
그 후로 장미는 자라면서, 내 맹세하노니,
그 향기가 아니라 그대의 향기를 풍깁니다.

마무리

시 전체를 대충 읽어봐도 앞선 형이상학파 시와 구문의 난이도에서 큰 차이가 나는 걸 쉽게 알 수 있다. 문장이 쉬운 만큼 혼자 힘으로 완벽하게 이해할 수 있는지 시험해보는 것도 좋은 훈련이다. 그러나 쉬워 보여도 문학은 그 속에 언제나 이차적 의미를 지니고 있기에 늘 긴장해야 하고 또 그걸 찾으려는 노력을 기울여야 한다.

이 시는 사랑이란 주제 아래 두 가지 중요한 하위 주제를 가지고 있다. 육체적 사랑과 정신적 사랑의 갈등이다. 1연은 정신적이고 신성한 사랑의 개념으로 시작한다. 이것은 화자의 시적 페르소나의 영혼으로부터 발현된 사랑이다. 눈만으로도 소통할 수 있는 사랑이고, 두 영혼의 교감만으로도 하나가 될 수 있는 사랑이다.

그러나 2연에서 화자는 영적인 사랑을 육체적 사랑으로 이어지게 하려고 장미 꽃다발을 보낸다. 그러면서 시들 수밖에 없는 섹슈얼한 사랑에 영원성을 부여하려고 역설과 과장법으로 여인을 설득한다. 그러나 여인은 꽃을 돌려보냄으로써 육체적 사랑을 거절한다. 단, 장미 위에 그녀의 호흡을 담아 보내면서. 이에 화자는 장미 속에서 꽃의 향기가 아닌 여인의 향기를 맡고는 다시 정신적 사랑으로 돌아선다. 화자는 육체적으로 떨어져 있고, 결합하지 않을지라도 영적 사랑은 유지할 수 있다는 결론에 이른다.

Song to Celia: Come, my Celia, let us prove

Come, my Celia, let us prove,
While we can, the sports of love;
Time will not be ours forever;
He at length our good will sever.
Spend not then his gifts in vain.
Suns that set may rise again;
But if once we lose this light,
'Tis with us perpetual night.
Why should we defer our joys?
Fame and rumor are but toys.
Cannot we delude the eyes
Of a few poor household spies,
Or his easier ears beguile,
So removèd by our wile?
'Tis no sin love's fruit to steal;
But the sweet thefts to reveal,
To be taken, to be seen,
These have crimes accounted been.

*****

• 이 시는 존슨의 희곡 『볼포네』(*Volpone*)에 나오는 주인공의 대사 중 일부이고, 앞선 시와 같은 제목이면서 독립된 시로 읽히는 작품이다. 주인공의 이름 Volpone는 이탈리아어로 "교활한 여우"(sly fox)라는 뜻이다. 탐욕과 욕정을 무자비하게 풍자하는 이 작품은 존슨의 작품 중

가장 많이 공연되는 드라마이고, 영국 제임스 1세 시대(Jacobean Era) 최고의 작품 중 하나로 평가받는다.

• 이 노래는『볼포네』3막 7장 166-83행에 나오는 장면이다. 주인공인 화자 볼포네는 탐욕스럽고 부유하고 자식이 없는 베니스의 귀족이면서 거물급 인사다. 그는 코르비노(Corvino)의 정숙한 아내인 실리아(Celia)를 유혹하기 위하여 이 노래를 부른다. 이 시 역시 주제는 *carpe diem*이다.

• 이런 형식의 내용은 고대 로마 시대 최고의 서정 시인인 카툴루스(Catullus, c.84-c.54 BC)의『송시』(*Odes*)에서 영감을 받은 것으로, 같은 시대 오비디우스(Ovid)와 베르길리우스(Virgil)에게도 영향을 주었고, 중세에 그의 작품이 부활하면서 페트라르카(Petrarch)에게까지 영향을 끼친다. 카툴루스의 스타일은 개인적이고 유머러스하며 감성적이다. 노골적인 성적 이미지를 그려내는 것도 그의 특징으로 남아 있다.

Lines 1-4

Come, my Celia, let us prove,
While we can, the sports of love;
Time will not be ours forever;
He at length our good will sever.

• 특별히 어려운 부분은 없다. 단어의 의미를 설명하면, prove에는 "경험하다"라는 뜻이 있다. 그러나 "증명하다"라고 해도 사랑을 확인한다는 개념에서 의미상 큰 차이는 없다. sports의 경우, 17세기에는 현대적

의미의 스포츠는 없었다. "유희, 놀이"로 해석한다. While we can, "우리가 할 수 있는 동안"은 *carpe diem* 주제에서 시간의 한정된 범위 안에서 최선을 다해 즐기자 혹은 노력하자는 뜻을 담고 있다.

• Time은 영국 시에서 많은 경우 대문자로 써서 의인화하고 남성의 개념인 He로 받는다. 4행을 어순대로 쓰면, He will sever our good at length. 여기서 good은 "행복, 기쁨" 등 인생의 좋은 것을 의미한다.

이봐요, 나의 실리아, 우리 증명(경험)합시다,
우리가 할 수 있는 동안, 사랑의 유희를.
시간은 영원히 우리 것이 아니고,
끝내 우리의 행복을 갈라놓을 겁니다.

Lines 5-8

Spend not then his gifts in vain.
Suns that set may rise again;
But if once we lose this light,
'Tis with us perpetual night.

• 시간이 주는 선물(his gifts)이라면 젊음, 아름다움, 힘 등이라고 생각할 수 있다. in vain은 부사적으로 하면 "헛되이," 형용사적으로는 "헛되다, 헛일이 되다." 예) He tried in vain to stop the car. "그는 차를 헛되이 세우려고 했다." → 차를 세우려는 시도는 헛일이 됐다; He did his best, but all was in vain. "그는 최선을 다했으나 모든 것은 헛일이 됐다."

• 6행에서 "태양"을 복수인 Suns로 썼다. 화자는 매일 아침 뜨는 태양을 횟수로 계산한 것이다. 태양이 뜨는 횟수만큼 세월이 흘러간다는 느낌을 주고, 인간이 사는 동안 뜨는 태양의 숫자는 셀 수 있다는 유한함을 암시한다. 그러므로 Suns는 "오늘을 즐기자"라는 주제를 강조한다.

그러니 그의 선물을 헛되이 쓰지 마시오.
지는 해는 다시 떠오르겠지만,
한번 이 빛을 잃으면,
우리에겐 영원한 밤이 됩니다.

Lines 9-10

Why should we defer our joys?
Fame and rumor are but toys.

• 10행의 fame은 "명성"이지만, 남녀 관계에서는 "정조, 지조"를 의미하고, 그것을 지킬 때 사회적으로 칭송을 받는다는 이야기다. 우리의 옛 문화와 비교하면, 정조를 지킨 여인이 열녀의 명예를 얻는 것과 같다.

• 반면 rumor는 글자 그대로 "소문"이지만, 요즘 개념으로 남녀 간의 "스캔들, 추문"을 가리킨다. toys, "장난감"이라는 단어 속에는 정조를 지키거나 추문에 휩싸이는 걸 하찮은 일로 경시하는 속내가 숨어 있다.

왜 우리는 우리의 즐거움을 미뤄야 하나요?
명예와 추문은 그저 하찮은 것인데.

Lines 11-14

Cannot we delude the eyes
Of a few poor household spies,
Or his easier ears beguile,
So removèd by our wile?

• 12행의 poor는 "가난하다"보다 "가엾다, 가련하다" 등에 더 가깝다. household spies는 부정한 애정행각을 엿보고 감시하고 관찰하는 집안의 가족이나 하인 등 식솔들을 가리킨다. 13행에서 동사 beguile은 14행의 wile과 운을 맞추기 위해 행 끝에 놓았고, cannot 뒤에 붙어야 한다. 순서대로 다시 쓰면, Or (cannot we) beguile his easier ears?

• easier ears는 남의 말에 "잘 속는 귀," 실리아의 남편 코르비노(Corvino)를 가리킨다. 그는 탐욕스럽고 이기적인 상인이다. 다른 남자들이 아내 실리아를 보는 것조차 질투하여 집에 가두고 창가에도 접근하지 못하게 하는 남편이다. 이렇게 일부(ears)로 전체(코르비노)를 대신하는 것을 제유법(synecdoche)이라고 한다. 예) We need more hands. "우리는 더 많은 일손이 필요하다." → 더 많은 사람이 필요하다.

• 그런 귀를 가진 남편의 상태를 과거분사 removed로 뒤에서 수식한다. "우리의 속임수로부터 그렇게 멀리 떨어져 있는." "우리의 계략"이라고 해서 실리아가 볼포네와 함께 이미 남편을 속이고 있다는 뜻은 아니다. 둘이 속이더라도 남편은 알아차리지 못할 거라고 유혹하는 말이다.

우리는 집 안에 있는 가련한 감시자들의
눈을 기만할 수는 없을까요?
아니면 우리의 계략에서 저리 멀리 떨어진
그의 여린 귀를 속일 수는 없을까요?

Lines 15-18

'Tis no sin love's fruit to steal;
But the sweet thefts to reveal,
To be taken, to be seen,
These have crimes accounted been.

• not A, but B의 문장이다. 전체를 어순대로 풀어쓰면, It is no sin to steal love's fruit, but to reveal the sweet thefts. To be taken, to be seen, these have been accounted crimes.

• love's fruit는 그 둘이 나눌 불륜의 사랑을 가리키는 메타포다. sweet thefts는 절도한 것을 달콤하다고 부르는 모순어법(oxymoron)이다. taken은 "걸리다"는 의미의 수동태로 여기서 seen과 같은 뜻이다.

사랑의 열매를 훔치는 게 죄가 아니고,
그 달콤한 도둑질을 드러내는 것이 바로 죕니다.
걸리는 것, 발각되는 것,
그런 것들이 죄로 여겨져 왔지요.

• 바람둥이만이 할 수 있는 그럴싸한 표현이다. 발각되지 않으면 죄가 아니라는 감언이설로 정숙한 여인을 유혹하는 화자의 능글능글한 논리를 본다. 어쩜 이것은 불륜을 저지르는 자들에게는 보편적 자기 합리화라고 해석할 수 있다.

마무리

드라마 속의 대사지만, 17세기 시의 색다른 면을 볼 수 있다. 형이상학파 시의 특징인 기상(conceit)은 안 보이고, 시적 기교, 문체의 화려함과 정교함은 부족하고, 철학적 사유와 종교적 성찰, 이성과 감성의 통합, 시를 전개하는 논리적 무게감은 부재한 가벼운 시풍이다. 사실 셰익스피어와 달리, 동시대 작가들은 불륜을 코미디의 소재로 삼았고, 그런 전통은 현대 할리우드와 브로드웨이, 우리나라의 영화나 드라마에 이르기까지 이어져 왔다. 그런 점에서 존슨의 작품은 형이상학파 시와 구별되고, 그에게 영향을 받은 문인들은 왕당파 시인 혹은 "벤 지파" 등의 이름으로 그룹 지어 같은 시대에 다른 시풍을 형성했다는 점에서 영문학사의 한 부분을 차지한다고 평가할 수 있다.

제7장

William Shakespeare

(1564-1616)

Introduction: from *Sonnets*

윌리엄 셰익스피어는 그 이름의 위대함에 비해 개인적으로 알려진 바가 거의 없는 신비에 쌓인 인물이다. 드라마 작가로서의 셰익스피어에 대해서는 작품 속 인물들과 그들의 대사, 주제와 사건의 전개 속에 드러나는 그의 철학과 호불호를 규합하여 어렴풋이 알 뿐이지, 그 이상 그의 신념이나 사상에 대해서는 알려진 바가 없다. 그가 쓴 154편의 소네트에도 시인 자신에 관한 정보는 극히 제한돼 있고, 1609년 4절 판(quarto edition)[25]으로 처음 출판된 소네트 시집의 출판 과정, 헌정된 인물, 내용의 사실성, 등장인물들의 관계 등 전기적인(biographical) 정보 역시 온통 신비에 싸여있다.

그의 소네트에는 시인 자신과 그가 사랑하는 젊은 귀족 남자이며 후원자인 Fair Youth, 욕정의 대상인 Dark Lady, 그리고 라이벌 시인이 등장한다. 지금까지 학자들은 이들이 셰익스피어의 삶에 실재했던 인물인지 아닌지, 실재했다면 누구를 가리키고, 어떤 관계를 맺은 사이인지에 대해 끊임없이 질문을 던지고 증거를 찾으려고 했다. 그러나 추측만 난무할 뿐 밝혀진 바가 없다는 사실은 여전히 셰익스피어를 신비 속에 가둔다. 그만큼 셰익스피어는 드라마뿐 아니라, 시에서도 자신에 대한 흔적을 거의 남기지 않았다. 그러나 여기서는 그런 작품 외적인 이야기는 생략하고, 소네트 세 편을 선택하여 읽고 이해하고 감상하는

25) quarto 판은 한 장의 종이 앞면에 4쪽, 뒷면에 4쪽을 인쇄하여 절단한 후 8쪽을 만들어 묶는 방식이다. folio 판(2절 판)은 quarto의 절반인 총 4쪽으로 만든 큰 사이즈의 책이다.

close reading에 집중한다.

셰익스피어 소네트는 그의 위대한 희곡과 비교하여 사실 오랫동안 방치되거나 무시돼왔다. 그 이유는 이들 시에 그려진 동성애적인 사랑, 욕정으로 가득한 불륜, 한 여인을 사이에 둔 삼각관계, 그런 관계를 묘사하는 씁쓸한 톤, 어두운 이미지 등 때문이라는 의견이 있다. 긍정적인 면에서 그의 시에는 당시 소네트의 전통적 패턴을 깬 특징들이 많이 나타난다. 원래 소네트라는 정형시의 스테레오타입은 우상화되고 접근이 불가한 여인 때문에 한 남자의 고통이 끊임없이 이어지는 이야기다. 앞선 단의 작품에서도 이런 페트라르카 전통이 깨진 예를 많이 봤다. 그런데 단과 형이상학파 시인들은 재치와 비현실적인 과도한 과장법과 기상으로 이 전통을 가볍게 여겼다면, 셰익스피어는 그와 반대되는 방향으로 나간다. 그는 현실을 가차 없이 반영하는 사실주의로 여성에 대한 신비함과 이상주의를 벗겨내고 지극히 인간적인 모습을 드러낸다.

페트라르카 풍의 시에서는 고통받는 젊은 남자가 처량한 달빛과 투명한 샘물, 짧은 봄날의 장미와 큐피드의 상처받은 사랑을 노래했다면, 셰익스피어의 연인(lover)은 나이의 짐을 지고 지나간 삶을 후회하는 중년의 남자이고, 잃어버린 우정과 이루지 못한 꿈을 슬퍼하는 시인일 뿐이다. 그는 잘못된 소문과 비난에 지치고 인생의 허탈함에 빠져 From this vile world, with vilest worms to dwell, "혐오스러운 세상을 떠나 땅에 묻혀 더 혐오스러운 구더기와 살기 원하는" 지극히 염세적인 사람이다. 그의 여인 역시 눈도 태양 같지 않고, 피부도 검고, 머리도 금발이 아니고, 여신도 아닌, 한 사람의 인간일 뿐이다. 셰익스피어는 그런 관계 설정에서 오는 현실적 사랑의 감정과 원초적 욕망을 여과 없이 드러낸다.

소네트의 형식을 잠깐 논하자면, 이 시는 특별한 효과를 내기 위해 강세에 변화를 주는 극히 드문 경우를 제외하고, 약강오보격(iambic pentameter)을 철저히 지키는 14행의 정형시다. 각운의 운율체계(rhyme scheme)도 대부분 셰익스피어 형식인 abab cdcd efef gg를 지킨다. 이런 틀 안에서 규칙을 지켜야 하는 소네트는 이 책의 머리말에서 예를 든 테니스 경기와 비슷하다. 소네트라는 형식 안에서 시인의 언어적 기교와 문학적 천재성은 강세와 리듬과 의미가 조화를 이루면서 펼쳐진다. 희곡과 마찬가지로 그의 시에는 어려운 단어, 철학적 사유, 현학적 표현, 고전을 인유하는 지식의 유희는 없다. 그는 쉬운 단어로 함축된 구문을 만들고, 모든 사람이 무릎을 치고 동의할 보편적인 비유를 창조한다. 앞서 단의 종교시에서 설명했듯이, 셰익스피어는 영국식 소네트를 최고의 수준으로 완성한 시인이다.

소네트 세 편만 읽고 시인 셰익스피어를 알았다고 할 수는 없다. 그러나 앞서 배운 형이상학파 시와 다른 점을 발견한다면, 의미 있는 공부가 될 것이다. 또 이 책의 목적이 시를 통하여 영어를 공부하는 것이라면, 단어, 구절, 문장을 꼼꼼하게 이해하는 과정에서 이를 달성하게 될 것이다. 반드시 철저히 읽어내는 훈련이 필요한 이유다. 셰익스피어의 스타일, 구문, 어휘, 수사법 등을 분석하여 올바른 의미를 파악하고 그 결과에 감동한다면 성공한 것이다. 문학을 하는 목적은 즐거움에 있고 즐거움을 통하여 지식을 쌓는 데 있다. 셰익스피어는 그 두 마리 토끼를 잡게 해주기에 충분한 위대한 작가임이 틀림없다.

II

When forty winters shall besiege thy brow
And dig deep trenches in thy beauty's field,
Thy youth's proud livery, so gazed on now,
Will be a tattered weed, of small worth held.
Then being asked where all thy beauty lies—
Where all the treasure of thy lusty days—
To say within thine own deep-sunken eyes
Were an all-eating shame and thriftless praise.
How much more praise deserved thy beauty's use
If thou couldst answer, "This fair child of mine
Shall sum my count and make my old excuse,"
Proving his beauty by succession thine.
  This were to be new made when thou art old,
  And see thy blood warm when thou feel'st it cold.

*****

Lines 1-4

When forty winters shall besiege thy brow
And dig deep trenches in thy beauty's field,
Thy youth's proud livery, so gazed on now,
Will be a tattered weed, of small worth held.

• 이렇게 4행을 묶어서 quatrain이라고 한다. 대부분 한 문장으로 구성되거나 한 가지 아이디어를 전개한다. 다른 시인들도 완벽한 문장

을 구사하지만, 셰익스피어의 문장은 특히 압축된 강도가 강하고 펼치는 이미지는 내용과 기가 막히게 들어맞아 모든 사람의 공감을 끌어낸다.

• 첫 quatrain의 1-2행을 이해하기 위해 알아야 할 중요한 점은 세월을 겨울에 비유하고, 또 겨울을 군대로 은유하여 젊음을 공격하는 이미지를 사용한 거다. 아름다운 이마는 젊음을 상징하지만, 그 공간은 필연적으로(shall) 세월이란 적에게 포위를 당하는 전쟁터가 될 수밖에 없다는 놀라운 비유다. 마흔 번의 겨울이란 복수(plural)로 된 주어 winters는 하나하나 셀 수 있는 세월의 누적과 시간의 중단 없는 연속성을 의미한다. 일 년에 사계절이 있음에도 세월의 공격을 겨울로 묘사한 것은 겨울의 암울함과 추위, 고통과 어둠을 담기 위해서다. 앞서 여러 차례 언급했듯이, 영국 문학에서 겨울은 죽음과 비유되는 계절이기 때문이다.

• 이렇게 설명하면 이 부분의 전체적인 내용 파악은 끝났다고 볼 수 있다. 구체적인 단어를 보면, besiege, "포위하다," trenches, "참호," field, "전장." 이것들은 전쟁과 군대 이미지를 준다. "마흔 번의 겨울이 그대 이마를 포위하여 그대 아름다움의 들판에 깊은 참호를 팔 때면." 겨울이란 군대가 넓은 이마(들판)를 포위하고 거기에 참호를 파는, 세월의 공격성과 파괴적 이미지를 그림처럼 생생하게 보여준다.

• 참고로 셰익스피어가 이 소네트에서 세월이 이마를 공격하여 참호를 팠다는 비유와 비슷한 관용적인 표현이 있다. Time left his foot-prints on her brow. "세월은 그의 발자국을 그녀의 이마에 남겼다, 그녀

의 이마에 주름살이 생겼다.” 시간을 남성으로 의인화했고, 주름살을 발자국이란 메타포로 바꾼 비유적이고 문학적인 표현이다.

• 그다음 3-4행은 이 문장의 주절이고 의복을 메타포로 사용한다. livery는 과거 하인이나 마부가 입던 화려한 “제복”이다. 요즘 큰 호텔 앞에서 투숙객을 안내하는 포터(porter)나 벨보이(bellboy)가 입고 있는 제복을 생각하면 된다. 3행에서 livery를 수식하는 뒷부분을 풀어서 쓰면, which is so gazed on now, “지금은 그렇게 보이는.”

• 4행의 뒷부분 역시 weed를 수식한다. which will be held of small worth, “작은 가치로 여겨질, 적은 가치를 가진.” 여기서 of worth는 추상명사에 전치사 of가 붙어 형용사가 된다. 예) It is of importance. → It is important. 마찬가지로 of small worth → a little worth, not worth much 등 형용사적인 의미다.

마흔 개의 겨울이 그대 이마를 포위하고
그대 아름다움의 들판에 깊은 참호를 팔 때면,
지금 그리 자랑스럽게 보이는 젊음의 제복은
별 가치 없는 낡은 누더기가 되어버리리라.

• 젊음을 화려한 제복으로 여겼는데, 그것이 늙으면 누더기 같은 잡초가 된다는 말은 앞선 앤드류 마벨의 “On a Drop of Dew”에서 인간의 육체를 들의 풀로 묘사한 것과 연결된다.

Lines 5-8

> Then being asked where all thy beauty lies—
> Where all the treasure of thy lusty days—
> To say within thine own deep-sunken eyes
> Were an all-eating shame and thriftless praise.

• 두 번째 quatrain은 분사구문으로 이뤄진 문장이다. 문제는 종속절의 being asked와 주절의 to say의 주어가 일치하지 않는 거다. 현대 문법에서는 잘못된 건데 셰익스피어 당시에는 가능했을지 모른다. To say 앞에 부정사의 주어인 for you가 생략됐다면, 의미상 주어는 일치한다고 볼 수 있다. 8행의 be 동사 were는 이 문장 전체를 가정법으로 만든다. 주절은 to 부정사가 주어인 2형식 문장이다. 풀어서 쓰면, (For you) to say ~ is an all-eating shame and thriftless praise. "(그대가) ~이라고 말하는 것은 수치다."

• 주절에서 within your own deep-sunken eyes 앞에는 5-6행 질문의 all your beauty와 all the treasure of your lusty days를 받는 they are가 생략된 거다. 문장 전체를 산문으로 풀어쓰면, Then when you are asked where all your beauty lies, and where all the treasure of your lusty days lies, for you to say (that) they are within your own deep-sunken eyes were an all-eating shame and thriftless praise.

> 그다음 그대의 모든 아름다움은 어디 갔으며,
> 그대 한창 시절의 모든 보화는 어딨느냐고 물을 때,
> 그대의 푹 꺼진 눈 속에 들어 있다고 말하는 것은
> 모든 걸 앗아가는 수치요 무익한 찬사가 되리라.

Lines 9-12

> How much more praise deserved thy beauty's use
> If thou couldst answer, "This fair child of mine
> Shall sum my count and make my old excuse,"
> Proving his beauty by succession thine.

• 마지막 quatrain은 어순을 바꾸지 않아도 될 완벽한 문장이다. 그럼 셰익스피어 소네트의 어려움은 어디에 있을까? 압축된 표현을 문맥에 맞게 이해하지 못하고 단어의 가장 적당한 뜻을 찾지 못할 때 엉뚱한 해석이 나온다. 여기서도 9행의 beauty's use를 직역하면, "아름다움의 사용"인데, 이 시에서 이게 무슨 의미일까? 또 11행의 sum my count, "내 계산을 합산하다"라는 건 무슨 뜻일까?

• 이 문장의 주절은 9행이다. 직역하면, "그대 아름다움의 사용이 얼마나 더 많은 칭찬을 받을 자격이 있으리." 그럼 "아름다움의 사용"은 젊음과 관계가 있고, 젊은 시절의 아름다움을 사용한다는 건 10행에 나오는 아이를 갖는 것이 된다.

• If 절은 시의 청자인 젊은이가 인용부호 속의 내용으로 대답할 수 있다면, 주절처럼 될 것이란 가정이다. 인용부호 속 문장은 직접화법으로 젊은이가 하는 말이다. my count는 "나를 계산한 것, 내가 가진 셀 수 있는 장점"이란 뜻으로 해석할 수 있다. "만약 나의 이 아름다운 아이가 나의 셀 수 있는 장점을 다 합산한 것이라면." 즉, "이 아이가 젊은 시절의 나의 장점을 다 닮아 합산한 모습을 보여준다면." make my old excuse는 make reparation (excuse) for my own (old) age. 즉 "나의 늙은 나이를 보상해 주다"는 의미다.

• 그러면서 계속해서 현재진행형으로 부대 상황을 말한다. "이 아이의 아름다움(his beauty)이 그대의 아름다움(thine)을 대를 이어(by succession) 증명하면서."

> 만약 그대가 이렇게 답변할 수 있다면 그대의 미를 사용한 일은
> 얼마나 더 많은 찬사를 받으리오. "나의 이 아름다운 아이는
> 나의 장점을 다 합치고, 나의 늙음을 보상하리라"라고,
> 아이의 아름다움이 대를 이어 그대의 것임을 증명하면서.

Lines 13-14

> This were to be new made when thou art old,
> And see thy blood warm when thou feel'st it cold.

• 13행의 어순은 made new로만 바꾸면 된다. 문장의 형식은 be to 용법이고 가정법의 의미로 be 동사 were를 썼다. This were to be made new, and this were to see your blood warm. 나머지는 그대로 번역하면 된다. this는 fair child를 가리킨다. 14행 마지막의 it는 thy blood이다.

> 이 아이는 그대가 늙었을 때 새롭게 지어질 것이고,
> 그대의 피가 차갑게 느껴질 때 그걸 따뜻하게 해주리라.

마무리

이 시는 시인이 사랑하는 젊은 남자(Fair Youth)에게 늙기 전에 똑같이 생긴 아름다운 후손을 낳으라고 계속해서 충고하는 첫 17편의 소네트 중 두 번째이다. 여름이 아니라 겨울이 세월을 대표하는 계절인 이유는 모든 식물이 시들고 황폐해지는 시간이기 때문이다. 세월의 공격으로 아름다운 젊음이 사라지는 걸 이겨낼 유일한 방법은 똑같이 생긴 아이를 생산하는 것이란 시인의 주장은 당시만 해도 창세기의 "생육하고 번성하라, 땅에 충만하라"는 창조주의 명령을 따르는 매우 중요한 가치였다. 어쩜 그의 충고는 사백 년이 훌쩍 넘었지만, 저출산 시대인 현재에도 적용되는 또 다른 면의 보편성을 지닌 것은 아닐까 생각한다.

XVIII

Shall I compare thee to a summer's day?
Thou art more lovely and more temperate:
Rough winds do shake the darling buds of May,
And summer's lease hath all too short a date;
Sometime too hot the eye of heaven shines,
And often is his gold complexion dimm'd;
And every fair from fair sometime declines,
By chance or nature's changing course untrimm'd;
But thy eternal summer shall not fade,
Nor lose possession of that fair thou ow'st;
Nor shall death brag thou wander'st in his shade,
When in eternal Lines to time thou grow'st:
  So long as men can breathe or eyes can see,
  So long lives this, and this gives life to thee.

*****

Lines 1-4

Shall I compare thee to a summer's day?
Thou art more lovely and more temperate:
Rough winds do shake the darling buds of May,
And summer's lease hath all too short a date;

• 셰익스피어의 소네트 중에서 가장 유명한 작품 중 하나다. 1-17편까지 Fair Youth을 향하여 젊을 때 아이를 낳아 아름다움을 계승하라고 일관되게 주장한 다음 시작하는 첫 소네트이다. 앞선 주제가 젊은이

의 아름다움을 보존하라는 강력한 메시지라면, 이 소네트의 주제는 자신의 시가 영원히 살아남게 되리란 문학의 불멸성이다. 사백 년이 지난 지금도 영국에서 볼 때 지구의 동쪽 끝에 있는 우리가 이 시를 읽고 있다는 사실에서 셰익스피어의 말은 예언적 메시지가 된다. 거기에 더해 그의 천재성은 시와 Fair Youth를 연결하는 데서 드러난다. 즉, 자신의 시가 영원하다면, 시에 담긴 Fair Youth도 영원할 것이란 놀라운 통합의 능력이다.

• 첫 문장은 의문문이면서 이 소네트 전체의 topic sentence다. 그다음부터 사랑하는 사람과 여름날의 구체적인 비교는 시작된다. 영국인들에게 여름은 화려한 봄이 계속 이어지는 아름다운 계절이다. 셰익스피어는 그런 여름을 Fair Youth와 비교하면서 단점이 보이는 계절로 만들어버린다.

• 이 시의 구문은 다른 소네트에 비해 그리 어렵지 않다. 단어의 뜻을 알면 쉽게 번역할 수 있을 정도로 어순은 단순하다. 3행의 the darling buds of May는 5월에 피기 시작하는 “사랑스러운 꽃봉오리”이고, rough winds는 봄날 꽃샘추위를 가져오는 “거친 바람”이다. 이 바람이 아직 피지도 않은 꽃망울을 흔드는 이미지는 전통적인 관점에서 피지도 않은 사랑을 뒤흔드는 위기와 어려움과 고통을 그린다. 그러나 이 시의 청자인 젊은이는 꽃을 샘내는 거친 바람이 부는 계절보다 더 “사랑스럽고 온화하다.”

• 4행은 여름의 짧은 기간을 단점으로 지적한다. 위도가 높은 영국의 여름은 6, 7, 8월의 길지 않은 시간이고, 시인은 그것을 Fair Youth가 가

진 아름다움의 지속성과 비교한다. 여름날의 기간을 lease, "임대 기간"이라는 메타포를 사용하여 땅이나 집을 주인에게 임대받은 것과 같은 이미지를 창조해낸다.

> 내 그대를 여름날과 비교해 볼까요?
> 그대는 더 사랑스럽고 더 온화합니다.
> 거친 바람은 오월의 사랑스러운 꽃망울을 뒤흔들고,
> 여름날의 임대 기간은 너무도 짧기에 말입니다.

Lines 5-8

> Sometime too hot the eye of heaven shines,
> And often is his gold complexion dimm'd;
> And every fair from fair sometime declines,
> By chance or nature's changing course untrimm'd;

• 여름날의 상반된 두 가지 다른 약점이 전개된다. 하나는 태양이 너무 뜨겁다는 것, 다른 하나는 구름에 가려져 어둡고 암울한 상황이 찾아온다는 것. 태양은 "하늘의 눈"이고, hot는 hotly와 같은 뜻의 부사다.

• 6행에서 태양은 "황금빛 얼굴"로 비유된다. 우리는 붉은 태양이라고 하지만, 영어에서는 golden sun이란 노란색의 황금빛으로 묘사한다. complexion은 얼굴 피부색을 말하는데, 보통 밝기의 정도에 따라 여러 가지 형용사로 표현한다. fair, light, normal, tanned, brown, dark 등등. complexion은 여성 화장품 라벨에 어떤 피부색이 맞는지를 알려주는 정보에 반듯이 들어 있는 단어다.

• 7-8행은 이 시에서 어려운 부분이다. 어순을 바로 잡아 다시 쓰면, And every fair sometimes declines from fair, untrimmed by chance or nature's changing course. 여기서 untrimmed는 과거분사로 주어 every fair를 수식하고 every fair가 declines된 결과, untrimmed 상태가 되었다는 말이다. 다른 문장으로 예를 들면, The man arrived home, undressed from the swimming pool. 문장 그대로 번역하면, "그 남자는 집에 도착했다, 수영장에서부터 옷을 벗은 채."

• 마찬가지로 화자는 세상의 모든 아름다움은 그 아름다움으로부터 쇠퇴하고(declines), 그 결과는 untrimmed, 즉 모든 장식이 떨어져 나간 상태가 된다. 무엇에 의해서? "우연 혹은 자연의 변화 과정에 의해서." chance는 사고나 불운을 말하고, nature's changing course는 시간이 흐른 결과를 말한다. sometime은 at any moment, "어느 순간, 언젠가는."

• nature's changing course에는 monthly courses (*Oxford English Dictionary* 27)를 가리키는 여성들의 생리 주기(cycle)가 암시돼 있다. 셰익스피어는 Fair Youth가 남성이기에 이런 "자연의 변화 과정," 다른 말로 생리 주기에 영향을 받지 않는다고 함으로써, 남성의 아름다움을 여성의 아름다움과 구별하고 있다고 해석할 수 있다.

때때로 하늘의 눈은 너무 뜨겁게 내리쬐고,
가끔 그의 황금빛 안색은 가려집니다.
모든 아름다움도 우연이나 자연의 변화로
언젠가 아름다움으로부터 쇠퇴하여 장식을 잃게 됩니다.

Lines 9-12

> But thy eternal summer shall not fade,
> Nor lose possession of that fair thou ow'st;
> Nor shall death brag thou wander'st in his shade,
> When in eternal Lines to time thou grow'st:

• 이렇게 거칠고 단점도 많고 변화하는 자연의 계절과 비교한 후, 시인은 청자인 Fair Youth를 "영원한 여름"으로 비유한다. 그런데 영원하다고 한 데에는 조건이 있다. 12행의 when으로 시작하는 문장이 그 조건이다. 순서대로 쓰면, When you grow to time in eternal lines. 여기서 to time은 역사의 마지막 시간이 끝나는 지점까지를 가리킨다. 셰익스피어를 모르면 이 구문을 이렇게 해석하는 건 쉽지 않은 일이다. 그의 소네트에는 시간을 주제로 한 작품이 많고, 시간에 대한 의인화나 이미지가 다양하게 펼쳐져 있다. 이런 해석은 그런 시를 많이 접하고 공부할 때 가능하다.

• grow는 "성장하다"는 뜻보다, 사전에 있는 다른 의미인 "발전하고, 살아남고, 번성하다"는 개념으로 해석한다. 또 pace와 같은 뜻으로 "견디어내다"라고 번역할 수 있다. 그다음 eternal lines에서 lines는 셰익스피어가 자신의 시를 지칭할 때 주로 쓰는 단어다. 그는 자신의 시가 영원할 것을 알고, "그대가 영원한 시 속에서 시간이 끝나는 날까지 살아남고, 견디어낸다면," Fair Youth는 이 시 속에 동화되어 영원히 살아남을 거란 통합의 메시지를 전달한다.

• 이런 조건이 완성되면, 9-11행의 일들이 벌어진다. 9-10행의 주어는 your eternal summer, 동사는 shall not fade, nor shall lose. 11행의 주어는 death, 동사는 nor shall brag. 나머지는 이 골격을 보충하는 구절이다. 10행에서 lose의 목적어는 possession of that fair (which) you own. "그대가 가진 아름다움의 소유권."

• 11행, 죽음이 떠벌리고 자랑하지 못할(nor shall brag) 내용은 you wander in his shade, "그대가 그(죽음)의 어두운 그림자 아래서 방황하고 있다"는 사실. 모든 사람은 죽음의 그늘을 벗어나 살아남을 수 없지만, Fair Youth는 그렇지 않고 영원히 살게 되리란 선언이다. 단, 시 속에 기록되는 조건이 성립해야 한다.

> 그러나 그대의 영원한 여름은 시들지 않고,
> 그대가 가진 아름다움의 소유권도 잃지 않을 것이고,
> 죽음도 그대가 그 어둠 아래 방황한다고 떠벌리지 못하리라,
> 그대가 영원한 시 속에서 세상 끝날까지 견디어낸다면.

Lines 13-14

> So long as men can breathe or eyes can see,
> So long lives this, and this gives life to thee.

• Fair Youth와 시는 영원히 함께 갈 것이란 결론이다. so long as는 "~하는 한, ~하는 동안." 두 행에 특별히 어려운 구문은 없다.

인간이 숨을 쉬는 한, 아니면 눈으로 볼 수 있는 한,
그렇게 이 시는 살고, 또 그대에게 생명을 주리라.

마무리

1-17번의 소네트에서 젊은이의 아름다움과 미덕은 후손을 생산하지 않으면 증명할 방법이 없기에 오직 자녀를 낳으라고 권고했다면, 18번 소네트에서 시인은 Fair Youth의 뛰어남을 시의 위대함으로 전환하여, 이제는 후손이 아니라 시가 주제가 되어 자신의 문학이 영원할 것임을 노래한다. 셰익스피어는 여러 편의 소네트에서 문학의 불멸성과 시의 영원함을 주제로 삼아, 자신의 작품은 영원할 것이란 메시지를 남긴다. 이 소네트는 그중의 하나다.

Oxford University

CXXX

My mistress' eyes are nothing like the sun;
Coral is far more red than her lips' red;
If snow be white, why then her breasts are dun;
If hairs be wires, black wires grow on her head.
I have seen roses damasked, red and white,
But no such roses see I in her cheeks;
And in some perfumes is there more delight
Than in the breath that from my mistress reeks.
I love to hear her speak, yet well I know
That music hath a far more pleasing sound;
I grant I never saw a goddess go;
My mistress, when she walks, treads on the ground.
 And yet, by heaven, I think my love as rare
 As any she belied with false compare.

*****

• 130번 역시 셰익스피어의 대표적인 소네트다. 이 시는 르네상스 시대의 페트라르크카 전통을 정면으로 조롱하고 반박하고, 자신의 애인을 지극히 현실적인 한 인간으로 묘사한 작품으로 유명하다. 사실 이상적인 여인이나 미(ideal beauty)를 향한 동경은 고대 그리스와 로마의 시에서 시작하여 유럽의 courtly love로 이어지고 이탈리아의 페트라르크카에서 완성된 유구한 전통이다. 아름다운 여인을 하늘에서 내려온 여신(goddess), 밤하늘의 별, 황금빛 태양, 붉은 장미로 찬양하는 것이 모든 시인의 의무처럼 여겨지던 시절, 셰익스피어는 구태적인 시인

들이 사용하는 과장법을 풍자하여 이상과 현실의 괴리를 파괴해버린다. 그는 여러 가지 자연의 아름다움을 끌어오지만, 자신의 여인은 분명 거기에 미치지 못한다는 진실을 고백한다. 그러면서도 이 시의 결론은 여인에 대한 진한 사랑을 누구보다 강하게 드러낸다. 시의 구문도 다른 소네트에 비해 상당히 평이하다. 단어 역시 어렵지 않고 평범하다. 이렇게 단순한 재료를 가지고 셰익스피어가 묘사하는 세상은 화려하고 과장되고 어렵고 복잡한 시가 그리는 것보다 훨씬 더 아름답고 찬란하다.

Lines 1-4

My mistress' eyes are nothing like the sun;
Coral is far more red than her lips' red;
If snow be white, why then her breasts are dun;
If hairs be wires, black wires grow on her head.

• mistress는 부인이 아닌 정부(情婦)를 말한다. 셰익스피어는 아내를 고향에 두고 런던에서 활동한 것으로 알려져 있다. 이 소네트에서 Dark Lady와의 관계를 보면, 그는 그녀를 애인으로 두고 있었음을 알 수 있다. 그러나 이 여인이 누구인지, 별칭처럼 흑인인지, 금발이 아니어서 붙인 이름인지, 마지막은 과연 실존했는지조차 확인된 바가 없다. 다른 소네트에서 알 수 있는 내용은 이 여인은 셰익스피어에게 욕정의 대상이었다는 것, 다른 남자와 사랑에 빠진 문란한 여인, 삼각관계로 괴로움을 준 사람이란 사실이다. 물론 유부남인 셰익스피어에게 면죄부를 주는 것은 아니지만, 당시 남성 위주의 시각에서 본 평가다.

• 자세히 볼 부분은 4행이다. wires는 당시 황금 실로 세공된 여자들의 머리를 꾸미는 장식품을 말한다. 다른 의미는 금발의 미인을 염두에 두고, 그렇지 않은 자신의 애인을 비교한다고 볼 수 있다. 그렇게 황금 빛으로 머리를 장식하거나 아예 금발 머리를 가진 여인과 비교할 때, 시인의 여인에게서는 검은 머리털이 자란다고 말한다. 당시 미인의 기준으로는 여인을 비하하는 묘사일 수 있다.

> 내 애인의 눈은 조금도 태양 같지 않습니다.
> 산호가 그녀 입술의 붉은 빛보다 더 붉고요.
> 눈이 하얗다면, 내 참, 그녀의 가슴은 암갈색입니다.
> 머리털이 금줄이라면, 그녀 머리엔 검은 실이 자랍니다.

• 3행의 why then은 의문사가 아니라, well 정도의 "글쎄, 그런데, 내 참" 정도로 이해하면 된다.

Lines 5-8

> I have seen roses damasked, red and white,
> But no such roses see I in her cheeks;
> And in some perfumes is there more delight
> Than in the breath that from my mistress reeks.

• damasked는 시리아의 다마스커스(Damascus) 장미를 가리키면서 연분홍색을 말한다. 어떤 주석에 보면 그다음 red and white로 나누어진 것을 합쳐서, damsked, "화려한 색"이라고 했다고 해석한다. 암튼 셰익스피어가 세 가지 색의 장미를 말한 건지, 붉은색과 흰색의 장미를 화려

하다고 한 건지는 불분명하다.

• 6-8행을 어순대로 쓰면, But I see no such roses in her cheeks; and there is more delight in some perfumes than in the breath that reeks from my mistress. 이렇게 산문처럼 써서 보면 해석의 어려움은 사라진다. 시는 구문파악이 됐을 때 완벽하게 이해할 수 있다는 것을 말한다. 그리고 중요한 것은 시는 절대로 문법을 어기고 쓴 문학이 아니라는 사실이다. 시를 제대로 분석하고 번역할 능력을 기르면, 산문은 비교할 수 없이 쉬어진다는 것을 경험해야 한다.

나는 연분홍빛, 붉고, 하얀 장미는 본 적 있지만,
그녀의 뺨에서 그런 장미는 보지 못합니다.
또 어떤 향수에는 더 큰 기쁨이 있습니다,
내 애인에게서 뿜어져 나오는 입 냄새보다.

Lines 9-12

I love to hear her speak, yet well I know
That music hath a far more pleasing sound;
I grant I never saw a goddess go;
My mistress, when she walks, treads on the ground.

• 특별히 설명이 필요한 어려운 부분이 없어서 바로 번역하면,

나는 그녀가 말하는 걸 듣기 좋아하지만, 나는 잘 압니다
음악이 훨씬 더 좋은 소리를 낸다는 걸.

인정하건대 나는 결코 여신이 걷는 걸 본 적이 없고요,
나의 애인은 걸을 때 땅을 디디고 다닌답니다.

Lines 13-14

And yet, by heaven, I think my love as rare
As any she belied with false compare.

• 중요한 결론이다. 자신의 애인을 하나의 평범한 인간으로 묘사한 후, 화자는 다른 시인들의 과장된 비교를 "거짓 비교"(false compare)라고 선언한다. 어려운 단어는 14행의 belie다. 의미는 "거짓으로 표현하다." 여기서 주어 she는 화자의 애인인 my love가 아니라, 다른 시인들이 칭송하는 이상적인 여인이다. 따라서 풀어쓰면, anything which she belied, "그런 여자가 자신은 그렇지 않은데도 그런 것처럼 거짓으로 표현하는, 그런 척하는, 어떤 비교 대상만큼," 그만큼 내 사랑도 귀하다는 말이다.

• 이 결론은 지금까지 자신의 애인은 전혀 아름답지 않다고 한 말을 한 번에 뒤집는 선언이다. 그녀가 과장되고 거짓된 비유로 묘사된 이상적인 여인만큼 귀하다면, 가장 현실적인 여인이 가장 이상적인 여인과 같은 수준이 되는 놀라운 반전이다. 셰익스피어는 그것을 노렸는지 모른다.

그러나 맹세코 나는 내 사랑을 그만큼 귀하다고 여깁니다,
다른 여인이 거짓 비교로 그런 척하는 그 어떤 것만큼.

마무리

셰익스피어는 전통적인 시에서 여인을 이상화(idealized)하고 우상화(idolized)한 것을 액면 그대로 받아들이고 과장법인 걸 모른 척하면서, 세상에 그런 여인은 없다고 사뭇 진지하게 진실을 밝힌다. 통상 문학적으로 읽으면 받아들일 수 있는 영역을 현실이란 잣대로 견주어 거기에 딸린 모든 장식과 과장과 비현실을 벗겨낸다. 사실 엘리자베스 시대의 소네트 작가들이 사용한 비현실적인 메타포는 그때 당시 이미 진부한 표현으로 간주하기는 했지만, 여전히 사랑의 시를 쓰는 기술로 받아들여지고 있었다. 셰익스피어는 그 전통과 기교를 뒤집어서 하얀 피부의 금발 미인이 아니라, Dark Lady와 검은 머리라는 정체성을 가진 지극히 인간적인 여인을 향한 진실의 노래를 부른다.

앞서 읽었던 단 역시 이런 페트라르카 전통을 철저히 깨고, 눈물-홍수, 한숨-태풍, 냉정-감기, 열정-열병으로 확대되는 전형적인 남자의 냉가슴앓이 짝사랑을 새로운 차원의 사랑으로 바꾼다. 단에게 이상적인 사랑은 남녀가 똑같이 뜨겁게 사랑하는 균형 잡힌 사랑이고 마지막엔 종교적으로 승화하는 사랑이다. 셰익스피어가 그의 드라마에서 보여주는 사랑도 마찬가지다. 진정한 사랑은 오직 첫눈에 반한 열정적인 사랑(romantic love)이고 남녀 모두 죽음을 불사하는 사랑이다. 이처럼 위대한 시인들은 전통의 틀 안에서 전통의 굴레를 벗겨내는 이율배반적 문학의 행로를 걸어간 선구자들이다. 셰익스피어를 비롯하여 이 책에 담긴 시인들이 남긴 발자취가 그것을 증명한다.